育训共同体
高素质技术技能人才培养的融合创新范式

孙兵 著

郑州大学出版社

图书在版编目(CIP)数据

育训共同体:高素质技术技能人才培养的融合创新范式 /
孙兵著. — 郑州:郑州大学出版社, 2020.11(2024.6 重印)
ISBN 978-7-5645-7257-0

Ⅰ. ①育⋯ Ⅱ. ①孙⋯ Ⅲ. ①职业教育 - 人才培养 - 研
究 - 中国 Ⅳ. ①G719.2

中国版本图书馆 CIP 数据核字(2020)第 166989 号

育训共同体:高素质技术技能人才培养的融合创新范式
YUXUN GONGTONGTI GAO SUZHI JISHU JINENG RENCAI PEIYANG DE
RONGHE CHUANGXIN FANSHI

策划编辑	王卫疆	封面设计	苏永生
责任编辑	胡佩佩	版式设计	苏永生
责任校对	吴 静	责任监制	李瑞卿

出版发行	郑州大学出版社	地　　址	郑州市大学路40号(450052)
出 版 人	孙保营	网　　址	http://www.zzup.cn
经　　销	全国新华书店	发行电话	0371-66966070
印　　刷	廊坊市印艺阁数字科技有限公司		
开　　本	710 mm×1 010 mm　1 / 16		
印　　张	16.75	字　　数	308 千字
版　　次	2020 年 11 月第 1 版	印　　次	2024 年 6 月第 2 次印刷

书　　号	ISBN 978-7-5645-7257-0	定　　价	88.00 元

前　言

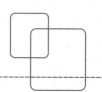

2017年10月,党的十九大报告指出要完善职业教育和培训体系,深化产教融合、校企合作。2019年1月,国务院印发的《国家职业教育改革实施方案》进一步明确提出要完善学历教育与培训并重的现代职业教育体系,健全多元化办学格局;落实职业院校实施学历教育与培训并举的法定职责,按照育训结合的要求,面向在校学生和全体社会成员开展职业培训。如何在办学实践中贯彻落实国家职业教育"育训结合"的改革要求,实现职业教育与人力资源市场直接对接,是摆在职业院校面前亟待解决的重要问题。

完善学历教育与职业培训并重的现代职教体系是当前职业教育化解人才培养供给侧与产业发展需求侧之间矛盾的重要方略。虽然国家通过实施1+X证书制度、国家学分银行制度等一系列措施加快学历证书和职业技能等级证书互通衔接,实现学历教育与职业培训并重并举,但怎样从职业院校所在区域的产业实际出发,依托区域产教融合型企业以及大量中小微企业,以专业设置对接产业需求、课程内容对接职业标准、教学过程对接生产过程为手段,在课程层面实现"育训结合",激活学历教育与职业培训并重的"神经末梢",打通学历教育与职业培训并举的"最后一公里",为1+X证书制度在微观层面的职业院校课程学分与企业岗位技能等级证书的结合与转换清通"毛细血管",培养服务区域经济社会发展与产业转型升级的高素质技术技能人才,仍然需要各地区职业院校在教育教学改革中不断进行研究和探索。

为此,江苏工程职业技术学院立足南通及长三角区域实际,秉持多方协同参与、共商共建共享的教育治理理念,在聚焦产教融合的基础上创新提出技术技能人才培养的融合创新范式——育训共同体。通过统筹区域教育与产业的内外部资源,从单体合作走向多元共治,从单一的校企合作实训基地向综合的集团化共享平台提升,从离散的阶段化的人才培养向集成的系统化数字化全周期人才培养与服务转化,促进学历教育与职业培训并重并举的现代职教体系建设,实现职业教育与产业发展的同频共振,进而带动区域职业教育在持续高质量发展方面取得一定的成效。

本书主要基于共同体理论和教育生态理论,创新地提出了育训共同体范式与内涵特征,丰富了新时代中国特色职业教育在育训结合方面的理论研究,将视角由学校一元主体转向政行企校多元并举,构建了育训共同体生态型组织架构,并在职业教育改革与实践中实现了育训共同体作为推进产教融合连接器和转换器的运行机理,对完善产教融合理论及应用具有积极的促进作用。本书在国内技术技能人才培养现状研究和国内外产教融合人才培养模式比较研究的基础上,结合江苏工程职业技术学院实践,重点研究了以下内容:

(1)育训共同体的理论缘起与基本内涵研究。育训共同体遵循共同体的理论基础,在解决职业教育供需矛盾以及学历教育与职业培训"两张皮"问题的过程中应运而生。育训共同体的范式建构源自对产教融合服务区域经济社会发展的贡献度和适配度的思考与分析,带有产教融合、校企合作的基因,也有其独特性,即育训共同体是跨境跨界多元融合的技术技能人才培养联合体、学历教育与职业培训之间的连接器和转换器、可持续稳定协调发展的现代职教综合生态体系。

(2)育训共同体的组织体系与构建模式研究。为了兼顾各组成要素的利益愿景,育训共同体遵循生态系统生态多样性原理探索实施产教融合的创新路径。在组织体系建设上,育训共同体根据育训结合的多元主体合作要求,走政行企校多元主体驱动、育训结合多种模式协作的生态型发展之路。在构建模式选择上,育训共同体按照学历教育与职业培训生态一体化的要求确定为"一体、两端、三平台"的组织架构,实现学历教育与职业培训互为考量、互相作用、互通转换,学习领域与工作领域统一分析、统一标准、统一实施。

(3)育训共同体的运行机制与实现案例研究。基于育训共同体"一体、两端、三平台"生态型组织架构与"教育培训两转换、前台后台两连接、体内体外两循环"工作机理,通过生存发展机制、协调共享机制、新陈代谢机制、动态稳定机制等以实现育训共同体各方互惠共生、协同发展为目标的长效合作机制分析,同时结合育训共同体范式在江苏工程职业技术学院育训结合教育教学改革中的实践案例分析,全面阐述了将育训共同体范式成功应用于技术技能人才培养实践的关键在于要"因地制宜"实现育训共同体的运行机理,即重点解决组建"两转换、两连接"具体执行机构和开发"两循环"赋能平台这两个方面的实现问题。

本书是江苏省教育科学"十三五"规划 2020 年度重点课题"产教融合国际化背景下高素质技术技能人才培养'育训共同体'构建研究"(项目编号:

B-b/2020/03/08）的研究成果之一。

职业教育改革是一项复杂艰巨的系统工程,其教育与职业的双重属性决定了在改革实施过程中,必须实现教育改革与产业发展的紧密对接,实现职业院校与行业企业的密切合作,这是国内外职业教育的普遍共识。希望育训共同体的理论范式及其实践探索能够进一步丰富职业教育在学历教育与培训并重的现代职教体系建设方面的理论研究,完善职业教育产教融合、校企合作、工学结合、知行合一的实施路径,为我国新时代职业教育改革与发展做出新的贡献。

作　者
2020 年 5 月 6 日

目 录

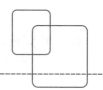

第三部分　实践篇

第一部分　认识篇

2019 年《国家职业教育改革实施方案》的公布，为我国职业教育发展指明了方向，标志着我国职业教育伴随着新时代中国特色社会主义建设事业的发展步入新的历史阶段。职业教育改革是一项复杂艰巨的系统工程，其教育与职业的双重属性决定了在改革实施过程中，必须实现教育改革与产业发展的紧密对接，实现职业院校与行业企业的密切合作，这是国内外职业教育的普遍认识。综观职业教育发达国家的教育教学理念与方法，其共同特点和成功经验无不是职业教育与区域产业相互融合、相互促进的结果，企业在人才培养中起到关键重要作用。本篇在分析职业教育高素质技术技能人才培养的背景、内涵、要求与策略的基础上，通过对比研究职业教育发达国家的产教融合与校企合作的思想理念、模式、方法及路径，以期对国内职业教育产教融合、校企合作的顺利实施运行有所借鉴与启示。

1 高素质技术技能人才培养观

进入 21 世纪,随着经济社会的飞速发展,我国高等职业教育得到了前所未有的大发展。在职业教育大发展的过程中,职业教育尤其是高等职业教育的人才培养规格得到了进一步明确。从 2006 年《教育部关于全面提高高等职业教育教学质量的若干意见》首次提出"高素质技能型专门人才",到 2012 年《国家教育事业发展第十二个五年规划》提出"高级技术技能人才和专家级技术技能人才",再到 2019 年《国家职业教育改革实施方案》中明确提出"高素质技术技能人才",这既是明确高等职业教育人才培养规格定位的过程,也是逐步界定高素质技术技能人才基本内涵的过程。

1.1 高素质技术技能人才提出背景与内涵特征

1.1.1 高素质技术技能人才提出背景

我国自发展高等职业教育以来,其人才培养目标规格的表述经历了不断变化和调整,大致可以分为应用人才、技能人才和技术人才三个阶段。第一阶段的应用人才主要包括早期依次提出的应用型人才、高级职业技术人才、高等技术应用性专门人才;第二阶段的技能人才主要包括技能人才、高技能人才、高素质技能型专门人才和高端技能型人才;第三阶段的技术人才指当前定位的高素质技术技能型人才和复合型技术技能人才,逐步形成了具有高等职业教育特色的培养目标。

1991 年,全国高等职业技术教育研讨会提出高等职业教育的培养目标是在生产服务第一线工作的高层次实用人才。该类人才主要是在生产、加工、服务一线中从事技术操作,具备精湛技能,能够解决技术技能难题的人才。

1999 年,教育部高职高专教学工作会议提出高职高专教育是我国高等教育的重要组成部分,要培养拥护党的基本路线,适应生产、建设、管理、服务第一线需要的德、智、体、美等方面全面发展的高等技术应用型专门人才。

2004 年,国务院《2003—2007 年教育振兴行动计划》(国发〔2004〕5 号)

提出大力发展职业教育,大量培养高素质的技能型人才特别是高技能人才,把高等职业教育人才培养规格定位为高技能人才。

2006 年,《教育部关于全面提高高等职业教育教学质量的若干意见》(教高〔2006〕16 号)提到以服务为宗旨,以就业为导向,走产学结合发展道路,为社会主义现代化建设培养千百万高素质技能型专门人才,提出了高素质技能型专门人才的概念。

2011 年,《教育部、财政部关于支持高等职业学校提升专业服务产业发展能力的通知》(教职成〔2011〕11 号)继续使用了高素质技能型专门人才概念。

2011 年,《教育部关于推进高等职业教育改革创新引领职业教育科学发展的若干意见》(教职成〔2011〕12 号)指出高等职业教育以培养生产、建设、服务、管理第一线的高端技能型专门人才为主要任务。

2012 年,教育部《国家教育事业发展第十二个五年规划》(教发〔2012〕9 号)进一步明确指出高等职业教育重点培养产业转型升级和企业技术创新需要的发展型、复合型和创新型的技术技能人才;完善高等职业教育层次,建立高级技术技能人才和专家级技术技能人才培养制度。

2014 年,《国务院关于加快发展现代职业教育的决定》(国发〔2014〕19 号)指出要加快现代职业教育体系建设,深化产教融合、校企合作,培养数以亿计的高素质劳动者和技术技能人才。

2014 年,教育部《现代职业教育体系建设规划(2014—2020 年)》(教发〔2014〕6 号)提出现代职业教育是服务经济社会发展需要,面向经济社会发展和生产服务一线,培养高素质劳动者和技术技能人才并促进全体劳动者可持续职业发展的教育类型。

2019 年,《国务院关于印发国家职业教育改革实施方案的通知》(国发〔2019〕4 号)进一步明确指出高等职业学校要培养服务区域发展的高素质技术技能人才,重点服务企业特别是中小微企业的技术研发和产品升级,加强社区教育和终身学习服务。这说明高职教育人才培养的定位已从技能型专门人才调整到技术技能人才,高职教育的人才培养目标定位为高素质技术技能人才。

1.1.2　高素质技术技能人才内涵特征

从生产、工作活动的过程和目的角度进行分类,社会人才共分为两类:一类是发现和研究客观规律的人才,即学术型人才,包括科学型和理论型人才;另一类是应用客观规律为社会谋取直接利益的人才,即应用型人才[①]。

① 夏建国.基于人才分类理论审视技术本科教育人才培养目标[J].中国高教研究,2007(5):5-8.

如图 1-1 所示,根据 H·W·French 提出的职业带理论,他将技术工人、技术员和工程师三种类型的人才从左向右依次分布在职业带的三个不同连续区域上。不同区域代表理论知识与操作技能两个方面的不同能力结构要求:越偏向职业带的左边,对操作技能要求越高,对理论知识要求愈低;靠右则反之。技术的不断升级带动职业带上三种类型的人才的结构与分布随之演化并向右移动、向上提升。

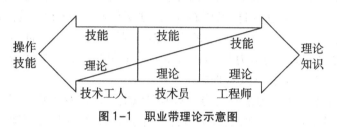

图 1-1　职业带理论示意图

1.1.2.1　高素质技术技能人才基本特征

随着我国职业教育质量的不断提高,高素质技术技能人才是高职教育人才培养新的目标任务。高素质技术技能人才是综合能力很强、技术能力较高的技术人员,应具备高素养和高技术技能两种特征。一方面,这类人才拥有扎实的理论素养和知识水平以及技术手段;另一方面,这类人才拥有比较高超的操作技艺与动手能力,具有综合职业能力和专业基本素质,能够在工作中运用关键技术解决复杂工艺问题,也能够通过改革创新促进企业技术改造、技术创新。

(1)高素质。"素质高"强调人才的综合能力,是时代进步永远不可或缺的部分,体现为高职教育培养的是真善美统一的完满职业人格的职业人,而不是只会技术活的机器人。因此,高职教育不仅要培养学生胜任岗位的能力,而且要提升学生的道德素养、职业素养、人文素养、科学素养和创新意识。

(2)高技术技能。"技术技能高"强调工作能力,要求在实际工作中能够解决遇到的技术含量高的难题,体现为高职教育培养的学生不仅专业理论知识功底深,而且掌握了精湛的专业技术技能,能将所学知识和技能应用于生产实践之中,具有良好的岗位适应能力、技术操作能力、解决问题的能力和创新创业能力。

由此可见,高素质技术技能人才的基本特征包括:良好的职业道德与行业认同感、必要的基础知识与基础理论、良好的人际交往技能、全面的现代信息处理能力、主动思辨与创新能力、丰富的实践经验、较强的动手操作能力、灵活解决生产实际操作难题的能力。

1.1.2.2 高素质技术技能人才培养规格

(1)专业人才培养定位、目标与规格。进入新时代,高等职业教育主要培养适应生产、建设、管理和服务一线需要的爱国友善、敬业诚信、技术扎实、技能过硬、勤奋实干、素质优良、全面发展、视野开阔、勇于创新、敢于担当的高素质技术技能人才,能综合应用现代科技知识理论和专业技术,学会一定的管理经营和技术经济学知识,掌握一定的专业技术技能,具有较强的应用技术实践能力、应用技术创新能力、创新创业就业能力,较高的综合素质和优良的职业素养,具备初步的应用创新、技术创新、工艺创新、技术改进等方面的创新意识与能力[1],毕业后主要从事制造、施工、维修、开发、运行、营销、财务、服务等技术或管理岗位工作。

(2)基本知识能力素质结构。基本知识主要包括专业基本理论知识、专业技术知识、人文社科知识、数学与自然科学知识、经济与管理知识、信息技术知识等。基本能力主要包括方法能力(文献检索、资料查询、信息运用、知识获取、环境适应、终身学习等方面的能力)、专业能力(岗位操作、工程实施、创新应用、新品开发等方面的能力)、社会能力(组织协作、沟通交流、团结互助、语言表达、竞争合作等方面的能力)等。基本素质主要包括政治思想素质、基本职业素质、人文社科素质、法律环保素质、身心健康素质、体育艺术素质等。职业素质主要包括职业道德、职业态度、职业精神、职业技能素质、职场应变素质、职业创新素质等。

(3)人才培养侧重点。首先是职业技能,这是高素质技术技能人才必须具备的基本素质。一方面以取得职业资格等级证书为目标,掌握基本的职业技能操作方法和操作规范,达到企业上岗所要求的熟练程度;另一方面以国家制定的相关职业标准为依据,树立基本的职业意识,形成与职业或岗位相对应的较完备、合理的专业知识结构,从而保证在既定的工作岗位上胜任工作。其次是职场应变能力,这是高素质技术技能人才灵活、适时应对职场要求变化的能力。如及时把握特定职业在职场中的发展趋势和最新动态的能力;自主学习新的职业技能的能力;掌握先进的职业理念和操作方法的能力;扩大知识面,形成更全面的具有延伸性知识结构的能力。最后是专业创新能力,高素质技术技能人才同样需要具备创新能力,不断发现现存事物的不足,不断寻找创造性解决新问题的方法,不断根据工作需要拓展专业知识,不断在具体实践中创新设计与开发,从而使高素质技术技能人才的工作能力得到更大提升,并把握创新创业的机会,实现由单纯谋职就业到自身能

---

① 郭广军.高素质应用型技术技能人才培养模式探索与实践[J].中国职业技术教育,2015(15):71.

力和事业获得综合发展的重大转折。

1.2 高素质技术技能人才培养现状的问题透视

目前,我国正处于产业结构调整升级的过程中,经济已经由高速增长阶段转向高质量发展阶段,正处在发展方式转变、经济结构变革、增长动力转换的攻坚期,但高素质技术技能人才供给需求之间的结构性矛盾仍然突出,亟需加快发展现代职业教育,优化人才结构,扩大有效供给,为促进经济社会发展和提高国家竞争力提供人力和人才支撑。

1.2.1 人才培养质量与现实需求脱节

随着社会经济的不断发展,产业结构的不断升级调整,劳动力市场需求的不断调整,企业转型升级的速度日益增长,但作为与产业结构以及劳动就业联系最为紧密的高职教育,在人才培养的诸多方面却存在滞后现象,造成了人才培养质量与社会需求的脱节。培养高素质技术技能人才是市场对于高职的要求,这类人才如何培养,高素质如何体现,人才培养质量如何评价,是高职教育需要重点解决的问题。

从区域产业发展与转型的角度来看,当前高职教育存在一些共性问题。在专业结构方面,同一区域内的高职院校专业设置同质化严重,区域特色、办学特色、行业特色不鲜明,专业设置缺乏前瞻性,对区域重点发展领域关注度不高,专业结构没有与产业结构相对接,与区域产业发展需求相匹配的专业设置不足。在课程建设方面,课程设置对于职业岗位能力的需求响应不足,缺乏企业元素的融入,与企业岗位工作内容相关的实训课所占比例较低,课程实施方式单一,信息化教学手段应用不足,课程标准与内容不能完全匹配职业岗位培训标准与内容,导致学历教育与职业培训的结合度不高。此外,实训基地建设不足,双师型教师比例不高,产教融合程度不够等都导致了人才培养质量与市场需求之间的差距。不少学生在毕业后难以达到就业市场对于高素质技术技能人才的实际要求,使得即使在人才需求缺口如此巨大的情况下,仍然存在着学生"就业难"和企业"用人难"的双重困境。

1.2.2 人才培养规格与社会需求脱节

高职教育的快速发展为我国经济社会的发展提供了人力支撑和智力支持,但高职教育的人才培养质量还不能适应经济社会发展和产业转型升级的需要,人才培养规格与区域经济发展的需求严重脱节,造成人才培养的结构性矛盾突出。根据中国人力资源市场信息检测中心对 98 个城市的公共就业服务机构市场供求信息的统计分析,2017 年第一季度各技术等级或专业技术职称的岗位空缺与求职人数的比率均大于 1,其中高级工程师、高级技师、高级技能岗位空缺与求职人数的比率较大,分别为 2.35、2.18、2.08[①]。由此可见,在我国总体劳动力供大于求的背景下,技能型人才的短缺反映了供需领域的结构性矛盾,这种现象无疑不利于产业的转型升级。因此,实现人才培养规格与区域产业结构的良好对接,培养区域经济发展需要的人才是高职教育转型必须把握的风向标。

1.2.3　人才培养内容重技能轻素养

因传统办学模式的影响及对高职教育人才培养定位的理解偏差,部分高职院校为迎合市场需求,过于急功近利,在人才培养的过程中一定程度地存在重技能、轻素养的现象,主要表现为重视学生动手能力、操作能力等"硬技能"的培养,忽视职业素养、人文素养、创新素养、团队协作等"软技能"的提升。根据北京青年压力管理服务中心和腾讯网教育频道联手推出的《2015 年中国大学生就业压力调查报告》中"大学生就业时最应具备的基本素质"的调查结果,沟通能力和专业技能最受求职者关注,道德修养、组织能力、独立能力、协作能力、进取心、刻苦精神与工作热情这些用人单位与社会所看重的基本素质,却被求职的大学生相对忽略,因而当前高职院校培养的人才与社会、企业所需的人才还存在一定的差距。

1.2.4　人才培养模式流于形式

产教融合、校企合作、工学结合作为我国当前高职教育的典型人才培养模式,有效提高了高职教育人才培养的实效性和针对性。近年来,高职教育基于这一人才培养模式在学历教育与职业培训相结合方面进行了积极探索,虽然取得了一定的成绩,但也存在一些问题,主要表现在校企合作形式单一、育训结合不够深入,校企共同实施高素质技术技能人才培养的合作机制不健全、合作范围不广、合作动力不足等,普遍面临着"重学历教育、轻职业培训"的局面。根据相关资料统计,企业对校企合作的依赖性并不高,在统计样本中,大约 67% 的企业每年新招聘的员工来自职业院校的比例低于20%,大约 60% 的企业委托职业院校培训的员工数量占全体员工数量的比

① 中国人力资源市场信息监测中心.2017 年第一季度部分城市公共就业服务机构市场供求状况分析 [EB/OL]. http://www.mohrss.gov.cn/SYrlzyhshbzb/jiuye/gzdt/201704/t20170414_269460.html.

例不足5%,而90%的院校都采用校企合作的办学方式①。因此,产教融合、校企合作、工学结合人才培养模式在推进过程中常常流于形式、浮于表面,严重影响高职教育人才培养的质量。

1.3 产教融合背景下高素质技术技能人才培养

1.3.1 产教融合理念概述

"产教融合"是一种教育理念,它包括两个层面的内涵。宏观层面上,产教融合中的"产"指产业、行业或企业,而"教"在本书中则专指职业教育。微观层面上,产教融合是"生产"与"教学"的融合,是基于学校与企业合作关系的一种现代职业教育提倡的教学模式,包括生产过程与教学过程、生产技术技能与教学内容等成分的融合②。产教融合是在产业和教育渗透交融的格局与机制下,人才供给侧和产业需求侧结构要素的全方位融合,是产业结构转型升级和区域经济发展提高的迫切要求,是一种提高职业教育质量的有效途径。当前,我国人才教育供给侧和产业需求侧存在着明显的结构性矛盾,在结构、质量以及水平上还不能完全适应。如何深化产教融合,促进高素质技术技能人才培养是当前职业教育关注的重要问题。

产教融合可以概括为三个方面的"融合"内容,一是产业发展与职业教育的要素融合,产业领域与职业教育领域两大领域通过人员、资金、物质、信息等资源要素之间的交换、匹配与相互融合,实现职业教育人才培养与产业转型升级协同发展③。二是职业院校与行业企业的融合,具体表现为校企协同育人,校企双方建立高素质技术技能人才培养协同机制,共同承担招生就业、人才培养、教学师资、教学设施、教学方法、课程体系、管理机制和评估方式等方面的任务,继而从招生与招工、学历教育人才培养方案与职业岗位技能培训方案、教学条件和教学设施与工作环境和设施设备、课程内容与岗位内容、职业院校课程标准与行业企业培训标准、职业院校管理机制与行业企业管理机制、职业院校教学评估方式与行业企业岗位能力考核方式等方面相互借鉴,共同形成成熟、适用和先进的思想理念与方法成果,进而融合形

---

① 练玉春.校企合作,看上去很美?[N].光明日报,2015-11-10(15).

② 陈星.应用型高校产教融合动力研究[D].西南大学,2017.

③ 李薪茹,茹宁.多学科视域下我国职业教育与产业协同发展研究综述[J].高等职业教育探索,2019(01):4-10.

成新的理论成果①。三是生产与教学的融合,为实现人才培养目标与行业企业人才需求相适应的技术技能型人才培养,使人才培养质量与工作岗位能力要求相适应,教学过程与实际工作过程应配合对接。产教融合是在校企合作基础上的进一步深化,形成各主体间利益相关、各要素间相互渗透与融合的发展格局。就人才培养而言,在融合构成的大环境中,信息的流通与共享使得教育主体能够及时和全面地掌握产业发展趋势、获取市场中与人才需求和人才培养有关的信息,以便对人才需求趋势做出判断,及时修正和提前调整人才培养计划,培养或储备市场所需的人才。资源共享不仅大大提升了信息的价值和使用率,形成学校、企业与社会间长期密切合作的良好关系,借助资源互补的优势,能够在节约成本的条件下培养出符合企业和社会需求的优质人才。

1.3.1.1　产教融合相关政策背景

我国经济结构与产业结构的转型升级持续加快,对技术技能人才的需求越来越迫切,职业教育的作用越来越明显。现代职业教育体系是现代经济体系建设的重要支撑,职业教育的发展对经济社会和人类的全面发展有着十分重要的作用。近年来,为了促进产教融合与校企合作,国家先后发布了一系列意见、决定和方案,如表1-1所示。其中,《关于深化人才发展体制机制改革的意见》提出建立产教融合、校企合作的技术技能人才培养模式;《十九大报告》指出应优先发展教育事业,完善职业教育和培训体系,深化产教融合、校企合作;《关于深化产教融合的若干意见》建议出台深化产教融合的政策措施,并将其列入年度深化经济体制改革重点工作,这是第一次从国家层面提出深化产教融合的意见,对产教融合起路径性的指引,标志着产教融合从职教政策上升为国家战略。贯彻落实这一国家战略,不仅要在国内搭建产教融合平台,还要通过引进国际优质职教资源提高产教融合水平;《职业学校校企合作促进办法》是落实《国务院关于加快发展现代职业教育的决定》要求的具体举措;《国家职业教育改革实施方案》给出了具体的组合支持政策,鼓励产教融合型企业真正参与到人才培养过程之中。

职业教育是我国培养专业化人才的有效途径,与社会经济发展的各个方面都有着密切联系,因此在经济发展的同时促进职业教育的协同发展,既是新时代对职业教育的新要求,也是职业教育适应经济发展的新常态。更好地整合产业系统和教育系统,从而使企业与学校之间能够充分熟悉、相互理解并密切合作。

---

① 顾绘.产教深度融合:学理依凭、机制内涵与实施寻径[J].中国职业技术教育,2017(33):8-11.

表1-1 产教融合相关文件、政策

序号	发布时间	文件名称	发布机关/会议
1	2014年5月	《国务院关于加快发展现代职业教育的决定》	国务院
2	2014年6月	《现代职业教育体系建设规划（2014—2020年）》	教育部等六部门
3	2015年6月	《教育部关于深入推进职业教育集团化办学的意见》	教育部
4	2016年3月	《关于深化人才发展体制机制改革的意见》	中共中央
5	2017年10月	决胜全面建成小康社会，夺取新时代中国特色社会主义伟大胜利	中共中央
6	2017年12月	《国务院办公厅关于深化产教融合的若干意见》	国务院
7	2018年2月	《职业学校校企合作促进办法》	教育部等六部门
8	2019年2月	《国家职业教育改革实施方案》	国务院

1.3.1.2 产教融合要素

产教融合系统的要素主要包括人、物、事。

"人"的要素包括了不同的群体，如政府部门、行业协会、用人企业、职业院校、在校学生、企业员工、社会人员等不同群体。在产教融合系统中，政府起主导作用，是各种政策的制定者、执行者、监督者；学生是职业教育的直接参与者与受益者，处于核心地位；职业院校教师与企业技术培训人员是实施职业教育的主体；校企合作过程中还需要管理运营、技术支持、专业建设等各类人才的参与；行业协会及其他组织都是由人组成的，因此人是产教融合系统中最基本的组成要素。

"物"的要素主要包括资金、场地、仪器、设备等资源。企业在产教融合中投入场地、资金和设备等培养学生的实践能力；政府和职业院校投入资金提高办学条件和教育质量；学生除了在学校学习基本理论知识外，还需要到各类实训基地借助一定的设备进行技能培训。由此可见，"物"的要素贯穿于整个产教融合发展的始终。学生在各种资源的协助下，达到学校要求的学分获得毕业证书，同时获取相应专业的职业资格等级证书，为就业创业打下坚实的基础。

"事"的要素是指各种与产教融合相关的政策规章、管理机制、保障措施等。政策规章包括财税用地政策、财政金融支持政策、产教融合实施规定与建设试点等,实现对产教融合过程的指导、促进和规范。管理机制包括对校企合作的管理、对职业院校学生以及企业员工的管理、对师资队伍建设的管理、对专业及课程的建设管理等。保障措施则是促使产教融合系统人、物、事等各要素协同配合、发挥最大效益的具体举措。

1.3.1.3　产教融合组成部分

产教融合是一个系统概念,产教融合系统由成员、资源、机制、功能四个部分组成。如图1-2所示,各组成部分之间相互联系、相互影响、相互制约,整个系统处于多种环境之中,系统与环境之间进行各种物质、能量、信息的交互、转换,保持着非线性、多重反馈的联系,从而使产教融合系统呈现出更加复杂多变的特性。

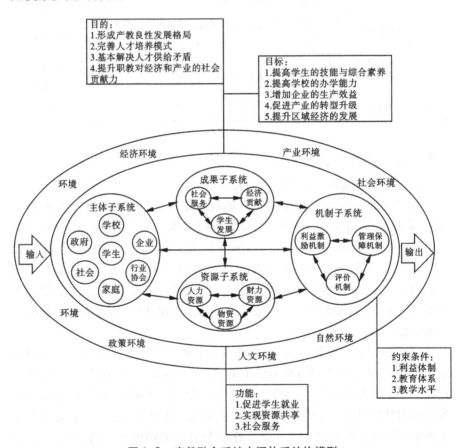

图1-2　产教融合系统内涵体系结构模型

（1）产教融合的成员。从产教融合参与者的角度,可以把产教融合系统细分为政府、行业协会、企业、学校、社会、家庭、学生七个二级子系统,产教融合人才培养模式的质量则取决于这些子系统相关利益主体间密不可分的联系[①]。根据利益相关者理论,利益相关者分为核心利益者、间接利益者和边缘利益者,分别形成核心层、中间层、外部层三个层次。

产教融合系统的主体子系统内涵体系结构模型如图1-3所示。

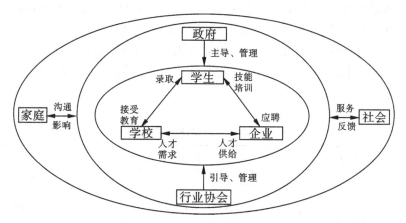

图1-3　产教融合系统主体子系统内涵体系的结构模型

其中,核心利益者包含企业、职业院校、学生这三个二级子系统,是产教融合系统直接利益相关者和参与者。学生子系统在校就读期间,根据自身所读专业在学校与企业间交替培训,接受学校的学历教育和企业的岗位培训。学校子系统包括专业设置、课程开发、人才培养、就业指导与创新创业。学校的专业类型可设置为农林牧渔类、资源环境类、能源与新能源类、土木水利类、加工制造类、石油化工类、轻纺食品类、交通运输类、信息技术类、医药卫生类、财经商贸类、旅游服务类、文化艺术类、公共管理与服务类、教育类、体育与健身、司法服务类等。学校应该根据自身的专业优势,通过校企合作,为教师和学生提供实验基地与实习岗位[②]。企业子系统包括职业岗位技能培训和校企之间的其他合作,企业根据各自所属的产业类型分为第一、第二、第三产业,涵盖了上述学校所设的专业。

间接利益者包含政府、行业协会这两个二级子系统。政府子系统包括各级政府及其职能部门。政府制定各种政策并管理、协调、监督学校、行业协会、企业的合作,起主导作用。行业协会子系统由各行业的协会组成,引

---

①　JOHNSEN H,TORJESEN S,ENNALS,R. Higher Education in a Sustainable Society[M]. Chan:Springer International Publishing,2015.

②　Joel Yager."Adapting to Decreased Industry Support of CME:Lifelong Education in an Industry-Lite World"[J]. Academic Psychiatry,2011,101-105.

导学校与企业间的合作。

边缘利益者包含社会、家庭这两个二级子系统。其中社会子系统包括了其他社会组织、社会氛围等。

（2）产教融合的资源、机制和功能。在深化产教融合的过程中,最重要的主体是职业院校和行业企业,这两个主体间的对接是最基本也是最必要的条件,即专业设置与产业需求对接、课程内容与职业标准对接、教学过程与生产过程对接、学历证书与职业技能等级证书对接、职业教育与终身学习对接[①]。在对接过程中,我们可以把具体对接内容划分为资源、成果和机制的管理归属,如表1-2所示。

表1-2　五个对接指标体系

对接类型	对接内容	管理归属
专业设置与产业需求对接	专业设置动态调整	机制
	专业设置与区域产业匹配率	机制
	培养模式	机制
	学生对口就业率	成果
	校企合作的企业数量	机制
课程内容与职业标准对接	校企合作共同开发课程	成果
	校企合作共同编写教材	成果
	课程标准	机制
	考核标准	机制
	职业技能竞赛	成果
教学过程与生产过程对接	工学结合课时比例	机制
	专业顶岗实习标准	机制
	校企共建实训基地	资源
	实训设备与生产设备同步	资源
	师资队伍	资源
	教师企业实践	机制
	教学模式	机制

① 吕景泉.职业教育高质量发展:制度创新永远在路上[J].中国职业技术教育,2019(7):24-28.

续表 1-2

对接类型	对接内容	管理归属
学历证书与职业技能等级证书对接	双证获取率	成果
	职业技能等级证书代替相应课程学分	机制
职业教育与终身学习对接	职业辅导教育	成果
	职业继续教育	成果
	劳动者终身学习	成果
	学习模式	机制

从管理归属的角度可以将产教融合系统分为三个二级子系统:资源子系统、机制子系统、成果子系统。资源子系统包括人才资源(即师资队伍,如专业带头人、专任教师、双师、企业兼职教师等)、物质资源(即共建实训基地,如与相关专业配置相应的实验实习设备、教学仪器设备、校内外实训基地等)、财力资源(包括学校及企业的运营资金、政府对职业教育的财政性教育经费等)等。机制子系统包括教学保障机制(专业设置、教学模式、就业指导、师资管理、培训机制等)、激励机制、评价机制等。成果子系统包括学生发展(如职业技能竞赛获奖情况、就业情况、双证获取率等)、社会服务(如学校对社会人员的职业技能培训、校企合作对区域经济的贡献)等。

1.3.1.4 产教融合目的

系统科学认为,系统具有目的性,并朝着某个方向进行发展。明确实施产教融合的目的对产业发展与职业教育融合具有至关重要的作用。产教融合系统中的核心要素是学生,学生的就业率以及就业对口率在一定程度上反映了产教融合的成效,但这并不完全就是产教融合的目的,因为产教融合不仅仅是为了确保学生的就业率及就业对口率,更是要确保培养高素质技术技能人才,要让学生在掌握所学专业技能的同时提高自身综合素质,真正符合企业的用工需求,从而促进区域经济的发展。因此,产教融合的目的主要体现在以下几个方面。

(1)推动教育与产业的整体发展。促进教育与产业联动发展,实现实体经济、科技创新、现代金融、人力资源的协调发展,最终形成教育与产业统筹融合、良性互动发展的新格局。

(2)完善需求导向的人才培养模式。学生毕业后进入社会,需要就业,企业的需求就是学校培养人才的目的。企业作为就业市场的人才需求方,从人才的岗位素养、职业能力、用人规格等方面都是最直接的需求主体①。因此,学校在了解企业需求的同时,要调整自身的培养方案与课程设置,企业则要主动参与到教学实践中,不断健全完善人才培养模式。

(3)解决人才的教育供给与产业需求的结构性矛盾。如果学生毕业后只有学历证书而无一技之长,则无法满足企业的需求。只有通过"需求侧"实施"供给侧"改革,才能从根本上解决高素质技术技能人才培养的供需矛盾。

(4)提升职业教育对区域经济发展和产业升级的社会贡献力。我们正处于新科技革命和产业革命的新时代,在人工智能、大数据、移动通信等新领域和新科技推动社会生产力和生产方式快速创新的过程中,人才是支撑发展的第一资源,是对接区域产业链的第一环,而职业教育则是培养这些新科技与新产业的人才后盾。

1.3.1.5 产教融合目标

系统的目标一般比系统的目的更具体,在确定产教融合系统的目标时既要满足产教融合系统的基本要求,又要符合产教融合目标的基本特点,根据区域产业布局与发展的实际情况进行确定。

(1)增强对职业教育重要性的认识。培养高素质技术技能人才是产教融合的基本目标和落脚点。只有让社会真正改变对职业教育以往的观念和态度,重视职业技能的重要性,才能鼓励和支持更多的学生参与职业教育,进一步促进普职融通,提高学生就读职业院校的信心。

(2)提高职业院校的办学综合能力。在产教融合、校企合作的过程中,职业院校学生把学习到的技能和职业素养投入企业,提高了企业的用人满意度,就会促使企业有意愿投入更多的资源到进一步的深入合作中。这样,职业院校不仅获得良好的社会声誉,还能密切跟踪和对接区域产业的发展和转型升级,吸引更多的行业企业参与办学,从而内外联动提升学校的综合办学能力。

(3)增加企业的生产效益。企业在参与产教融合的过程中,一方面与职业院校联合培养出一批素质高、能力强的学生,能够为企业将来的用工储备一定的人力资源;另一方面,这些通过产教融合联合培养的学生毕业后进入企业,能够直接上岗,减少了企业上岗再培训的各种成本费用,能够快速为企业创造价值,提高了企业的人才利用率和生产效益。同时,职业院校在与企业的合作中,还为企业提供技术研发和服务,从而提高企业的自主创新能

---

① 宋志敏.深化产教融合、校企合作的"双主导双主体四驱动"模式探析[J].高等职业教育(天津职业大学学报),2018(3):36—41.

力和核心竞争力。

（4）促进产业的转型升级。区域产业转型升级更有利于当地经济社会的可持续发展，特别是推动新兴产业的优势发展。区域产业在技术、管理、市场等多个渠道的转型升级，最大的困难和压力来自人才的供给，企业职工需要不断补充、调整与培训，这就需要职业院校的大力配合。由此可见，企业对人才的培养和学校对人才的培养密不可分，这是人才供给的迫切需求，只有通过校企联合培养的学生才能在技术能力和创新能力方面更好地服务于区域经济社会的发展。

（5）提升区域经济的发展。区域经济的发展主要依靠主导产业和支柱产业带动，主导产业和支柱产业随着科学技术的进步而不断优化、更替和迭代。科技进步与经济发展都是人才驱动的结果，因此产教融合在促进高素质技术技能人才培养的同时，又依托高素质技术技能人才提升区域经济的发展动能。

1.3.1.6　产教融合功能

系统结构是系统功能的内在依据，系统功能是系统结构的外在表现，系统结构决定了系统功能。根据上述产教融合系统的目的和目标，能够进一步明确实现产教融合的如下功能。

（1）推进就业创业。产教融合系统在校企合作与对接过程中能够不断提升学生的操作技能、职业素养、创新创业能力等，以应对新时代企业对高素质技术技能人才的需求，实现快速就业、精准上岗，从而提高就业率和就业对口率。

（2）促进资源共享。能实现职业院校与行业企业之间各种软硬件资源的最优配置，形成资源的优势互补与利益最大化。打破传统校企合作单一点对点的资源配置模式，在各自原有资源配置的基础上以产教融合型企业或产教融合集成实践与创新平台为载体，通过混合所有制改革，形成有效的互补机制与重构整合机制，就能够在充分利用原有资源的同时，还能衍生出新的资源，从而有效促进校企之间资源联结，实现校企间的利益共赢。

（3）增进社会服务。做好终身教育，广泛承担社会人员在岗培训、就业再培训、转岗培训，特别是残疾人、退伍军人等社会人群的培训，为区域经济社会发展提供育训结合手段与人才支撑，同时积累校企之间技术技能人才培养经验，推动新技术、新装备的应用，促进科技成果的转化。

1.3.1.7　产教融合环境

系统科学观认为环境是指系统外一切与之相关的因素的集合，任何系统的产生、运行和演化都是在一定的环境中进行的，因此系统不可能完全封闭,否则会走向灭亡①。作为一个开放的系统,它需要不断地与外部的环境进行能量、信息、物质的交流,产教融合系统也不例外。产教融合系统的外部环境包括经济环境、产业环境、社会环境、政策环境、人文环境和自然环境等,如表1-3所示。

表1-3　产教融合系统的环境类型与环境内容

环境类型	环境内容
经济环境	国际经济形势、国内总体经济现状、各地经济现状、经济体制、经济结构等
产业环境	产业布局、产业规模、各产业的结构比例等
社会环境	职业结构、家庭背景、社会资源、人才供给、社会治安等
政策环境	主要指国家针对产教融合制定的相关法律法规及政策。包括职业教育法及其配套法律的修订、财税用地政策、金融支持政策、产教融合发展工程、建设试点、国际交流合作等,直接影响企业对产教融合合作的主动性和积极性,是合作成败的关键
人文环境	历史文化传统、家庭观念、社会观念、风俗习惯、宗教信仰、价值观、校园文化、企业文化、职业道德、社会舆论等
自然环境	校企所在区域的自然地理条件。包括气候、温度、自然资源、地理位置、交通状况等,在一定程度上影响着该区域产业的定位、企业的竞争力、毕业生的就业选择等

　　产教融合系统中的人、物、事等各组成要素在交互融合的过程中,经济环境、产业环境、社会环境、政策环境、人文环境和自然环境等外部环境与产教融合系统之间存在相互影响的作用。例如,企业的用人需求随着产业环境、经济环境、政策环境的变化而变化;学生是否愿意接受职业教育受到社会环境、人文环境、政策环境的影响,毕业后能否顺利就业受到经济环境、产业环境、社会环境、自然环境的影响;职业院校的专业设置、课程设置、培养方案需要符合经济环境、产业环境、政策环境的变化。由此可见,环境的不同对系统的影响也不同。每个地区的产业管理、学校管理环境不一样,使它们的经济环境、产业环境、社会环境、政策环境、人文环境和自然环境出现不同的差异,从而表现为环境的差异对系统产生不同的影响。例如,长三角经济一体化地区的经济比较发达,产业环境特别是新兴产业发达,人才的需求

①　HOLLAND J H. Adaptation in natural and artificial systems［M］. Cambridge：MIT Press,1992.

量大,产教融合的特色显得更突出;在经济相对滞后的地方,产业布局和发展动能不足,更应该注重校企合作的模式创新。因此,产教融合需要考虑不同地区不同产业所处的系统环境的差异性,形成适合自身特色、发挥自身优势的产教融合系统。

1.3.1.8 产教融合条件

产教融合系统既会受到其所处环境的正面影响,也避免不了受到环境的负面影响。环境一般难以在短时间内发生变化,其负面影响就会对系统产生约束作用。认识系统的约束因素可以使我们更好地了解系统存在的问题及改进的方向。产教融合系统的约束条件主要有以下几个方面。

(1)利益体制的约束。由于产教融合相关方的利益没有得到相应的保障,在现有体制下的产教融合过程中,企业和学校的资源共享虽然并不完全以利益作为纽带,但是约定的利益分配仍会受到众多因素的限制,企业有时难以及时获取应得的利益。政府对企业参与产教融合的税收减免和融资政策还需要进一步强化指引和执行力度,才能使企业方便、快捷地获得资金支持,促进产教融合各方形成长期有效的合作关系。

(2)教育体系的约束。社会上传统观念普遍认为职业院校的学生学习成绩比较差,素质不高,对职业院校的声誉和名誉都不看好,造成职业院校的毕业生社会地位不高,待遇也不理想。这在一定程度上也给产教融合的进一步深入造成了负面影响。只有从政府到社会各界真正认识到职业教育的重要性,真正把职业教育看作一种与普通教育同等重要、不同类型的教育,真正将职业教育的中高层次贯通实施,才能使产教融合、校企合作摆脱传统教育体系的束缚,走上快速发展的良性轨道。

(3)教学水平的约束。职业院校的教师普遍存在理论知识丰富、实践技能不足的问题,特别是在当前工业4.0背景下面临日新月异的技术发展,如果不能紧跟产业技术的更新,就无法传授实际需要的知识给学生。同时,职业教育更趋向能力本位教育,埃莉(Elly)通过对荷兰的教学创新、能力本位的职业教育进行案例分析,发现教师实施新教育概念的方式和他们经验的不确定性、困境和实践难题对教师的教学行为有显著影响[①]。费德里卡·罗西(Federica Rossi)通过分析数据,验证得出教育与产业融合的关键驱动因素是知识的转移和创造[②]。以现代学徒制为例,有些企业师傅在实操培训时

① ELLY D B. Teaching in Innovative Vocational Education in the Netherlands [J]. Teachers and Teaching:Theory and Practice,2012,18(6):637-653.

② FEDERICA R. The governance of university – industry knowledge transfer [J]. European Journal of Innovation Management,2010,13(2):151-171.

可能只注重实际操作与工作经验的教学，一些工作原理没有说清楚，学生一知半解，导致学生在跟着企业师傅按部就班地操作时没有问题，但当自己独立操作时就会遇到各种无法自行解决的问题，知识并没有从教师转移到学生那里，也就无法创造更多价值。

1.3.2　产教融合背景下高素质技术技能人才培养要求

现代工作变化的速度随着自动化生产的提高日益加快，具体表现为许多传统工作岗位的消亡或合并，对工人专业知识、能力要求也相应拓宽[①]。与以往需求的具有较强动手实践能力的专门人才不同，现代网络信息化时代所需要的是能应对产业转型升级以及技术日新月异的具有创新意识及能力的复合型的人才。

1.3.2.1　培养目标的要求

（1）知识目标要求。在知识方面，高素质技术技能人才培养要求重知识发展，更重知识更新。知识是一切技能得以发展的基石，掌握一定的知识是能力提升的必要条件。技术技能人才属于应用型人才，培养的重点是能将专业知识应用于实际生产过程中的人才。在现代网络信息化时代大力发展高端绿色制造业的背景下，更是强调能够将前沿的科技知识转化为先进生产力的人才。

首先，要筑牢专业知识。职业院校在制定技术技能人才培养目标时，要重视专业知识积累，包括专业基础知识和专业技能知识。"千里之行，始于足下"，只有拥有了扎实牢固的专业知识，才能在后续专业技能和专业素质的学习中游刃有余。同时要加强学生对于知识创新的兴趣及激励，鼓励学生不断更新、充实自己的知识库。

其次，要扩展综合知识。由于科学技术的不断发展，产业间的互补合作越来越深入，单一的专业知识已很难应对实际工作中的复杂性，必须具备相应的与未来产业发展方向与趋势相关的其他综合知识。高职学生在掌握专业基础知识的基础上，还必须掌握跨学科、跨专业、利于迁移的综合性知识。如新能源汽车专业，学生不仅应具备相应的汽车工程知识、新能源汽车设计原理以及技术技能方面的知识，还应具备新能源开发与运用原理以及一定的大数据、人工智能、物联网方面的产业相关知识与跨界融合知识，从而能够更好地服务当前的工作市场以及更快地适应产业快速升级给工作内容带来的变化。

---

① 刘晓，石伟平."机器换人"背景下的职业教育发展策略[J].职教论坛，2016（34）：16.

最后,要更新工具知识。2015 年 5 月,国务院正式印发《中国制造2025》,并在其基本方针中提出要坚持创新驱动,推动跨领域跨行业协同创新,促进制造业数字化网络化智能化发展。在当前互联网与各传统行业深度融合的"互联网+"时代下,互联网、云计算、大数据等技术与工业生产的联系愈加紧密,这对技术技能人才提出了新的要求,即必须具备一定的互联网信息应用知识。同时,由于国际交流与合作日益频繁,职业教育与培训的行业标准国际化进程也日益加快,外语知识的学习和提高也是技术技能人才培养过程中必不可少的重要环节,不仅对专业自主学习有积极的促进作用,还能开拓学生的思维和眼界,增强同国际接轨的速度,进而促进能力和素质的发展。

(2)能力目标要求。在能力方面,高素质技术技能人才培养要求重能力提升,更重能力创新,可以将技术技能人才所需的能力分为三种类型:一般能力、专业能力和综合能力。

①一般能力。随着科学技术发展速度越来越快,产业变革的速度也随之加快,技术技能人才必须具备良好的认知与学习能力,紧跟知识技术的每一次更新,还要具备自身的适应与反应能力,以跟上产业行业的最新发展动态与趋势。在区域产业链布局中,不同行业间的联系越来越紧密,同行业不同部门之间的合作也越来越频繁,良好的沟通与表达能力是工作能够顺利、有效开展的基本要求。此外,为了实现中国制造向中国创造、中国产品向中国品牌的转变,创新意识与能力的培养也必不可少,有助于技术技能人才的专业自主发展和职业可持续性发展。

②专业能力。由于技术技能人才需要直接面对实际生产过程,将科学技术转为生产力,因此必须具备一定的操作能力、管理能力、故障发现及诊断能力、维修护理能力等从事实际工作过程的专业能力。目前,市场人才需求呈现出多样化、综合化等特点,这就要求技术技能人才具备多样化的生产技能以及岗位迁移能力。此外,随着"机器换人"进程的不断推进,传统的机械技术劳作将逐渐被机器取代,企业生产"制造"逐步向"智造"转变,要想不被机器所取代,技术技能人才还必须必备相应的数字信息化技术、自动化技术、智能化技术操作以及机器维护、管理使用等方面的知识技能。

③综合能力。鉴于信息更新与传播速度的加快,技术技能人才还必须掌握能够把工具性知识应用于实际的综合能力。例如,运用互联网知识搜索和筛选信息,利用外语知识了解国际行业最新发展动态和技术学习和交流的能力。

(3)素质目标要求。在素质方面,高素质技术技能人才培养要求工匠精神与终身学习意识并重。

第一,为了实现《中国制造 2025》提出的中国产品向中国品牌的转变,技术技能人才必须具备精益求精的工匠精神,保证"中国制造"的质量,创立"中国产品"的口碑。工匠精神是从业人员对待职业的一种态度,是职业精神的重要内容,是职业教育的必然诉求①。日本、德国等制造业强国在培养人才时都十分注重工匠精神的塑造,将其视作产品质量的基本保障。因此,我国职业院校在对技术技能人才进行知识技能培养的同时,更要关注职业精神,尤其是工匠精神的塑造。

第二,树立终身学习意识。时代不停前进,科技高速发展,职业岗位工作内容及要求随着产业变革而处于持续变化当中。按照企业生命周期理论,企业一般会经历发展、成长、成熟、衰退等阶段,这意味着工作具有相对不稳定性。因此,在对技术技能人才知识技能培养的同时,还必须培养其终身学习的意识与态度,以终身学习理念为基础强化学生的自我学习能力,确保在现实工作中能紧跟产业的每一次升级转型,把面对不断变化的工作要求的压力内化为自我提升的动力,从而增强应对不断变化的工作岗位与要求的适应能力。

1.3.2.2 培养内容的要求

(1)强化专业设置的市场性和区域性。高等职业教育与区域经济有着不可分割的联系,是区域经济发展的重要组成部分。高职教育的区域性决定了高职院校专业的选择必须以市场需求为依据,与地方经济产业结构的变动趋势相适应②,使专业设置成为高职教育与社会需求紧密结合的纽带。首先,高职院校要结合自身条件和区域经济发展方向,加大对区域重点发展领域相关专业的覆盖程度,不仅要立足区域产业发展现状,还要考虑其未来可能面临的产业结构更新调整的方向和趋势来删减或调整专业,确保其专业设置能跟上时代的要求和市场的呼唤,以产业的发展动态以及岗位的现实需求为基础及时增减专业,确保每一个专业都是实际岗位需要的反映。其次,要加大对专业质量的评价及监控力度,从生源基地、师资队伍、课程设置、企业评价、毕业生满意度、市场需求匹配度等多方面全方位提高专业质量,确保专业的生命力及可持续发展。最后,为了培养复合型技术技能人才,要打破专业间的界限,以专业群为基础,让专业群内的各专业跨界融合在一起,拓宽学生的知识面、拓展未来的就业面。同时,信息技术的不断发展所展现出的复杂化和融合化,使得很多职业群之间的联系日益紧密,不同

---

① 王丽媛.高职教育中培养学生工匠精神的必要性与可行性研究[J].职教论坛,2014(22):66.

② 贾文胜.高职教育专业建设的五大问题浅析[J].高等工程教育研究,2014(4):165.

职业群之间所涉及的工作及范围出现大量交叉的情况,使得高职院校在设置专业时必须避免专业内容雷同或同质化严重的现象。

(2)构建三位一体的课程模式。职业教育是与普通教育不同类型的教育,其课程体系必须从"微缩化"的本科学科模式课程体系向"职业能力本位"的对接职业岗位(或岗位群)知识技能模式的课程体系转变。本科学科模式是一种"先知识,后能力"的模块化两段教学模式,人为地割裂了知识和能力的内在联系,过分强调学科知识的系统性和完整性,课程体系的岗位针对性不够。事实上,人的认知规律决定了一个人的知识和能力的提高是一个相互伴生的过程,加之高职教育的职业属性和技能性特点,更加要求我们在开发高职课程体系时应遵守"职业能力本位"的基本策略,将知识学习和技能、能力的培养过程有机地融合在一起,只有这样,我们才能把学生培养成既符合企业需求,又拥有足够的职业可持续发展能力和自主学习能力的职业人[①]。因此,高职课程体系应该具有明显的职业特征,既要考虑专业理论知识,也要考虑职业技能训练等方面的要求,真正做到育训结合。基础理论知识遵循"必需、够用"的原则,以应用为目的,课程设置注重理论知识的实用性、针对性。同时,在技术技能人才培养的课程改革方面,也要避免过于突出单一职业能力培养的弊端,让课程形式与内容朝着多元化发展,构建知识、技能、素质并重的三位一体的课程模式,三者相辅相成,相互渗透融合。

①马克思主义哲学指出"理论来自实践并指导实践,实践高于理论并检验理论"。高职院校在课程开发前要先结合所在区域的产业布局和行业企业特色进行岗位需求调研,深入分析相关岗位群的现状及未来发展趋势,了解专业所对应的相关产业的发展方向、人才结构与人才需求,明确专业的岗位定位与培养目标,从而确定职业和岗位能力的需求,并在课程开发中加以体现和融入。这里所说的岗位群是以某一岗位为中心所辐射出的与之相关联的所有岗位的集群。高职院校培养的是具有创新意识的发展型的技术技能人才,而不是具有熟练技艺的实用型操作工。因此,课程开发的目的不能单纯局限于就业导向,而应立足于促进学生职业生涯的可持续发展,在课程体系中增加创新创业知识,加大对创新创业意识的教育,在实践教学中加强工匠精神熏陶,全面提高学生的综合素质。

②高职教育的课程标准要与企业的职业标准相对接。课程开发以工作过程为主线,根据工作的实际需要挑选相应的学习内容;以工作任务为中

① 华文立等.基于关键岗位能力的高职课程开发研究与实践:以软件技术专业编程方向为例[J].中国大学教学,2012(5):46-47.

心,把行业具体要求和职业资格作为标准,以真实工作任务和工作过程所需要的知识、能力、素质要求为依据,构建以职业岗位宗旨能力为导向的专业课程体系,突出实践技能培养目标,实践教学贯穿整个教学全过程,涵盖职业岗位的全部基本技能①,以产业升级转型所需实际岗位的职业标准为基础开发课程标准与内容,确保课程内容体现最新的职业标准动态,让学生直面工作实际,全面系统地了解企业生产类型与过程,培养其发现问题、解决问题的能力,确保学生在整个学习过程中能学其所需,学有所用。

③课程和课程群必须与典型工作任务有机衔接,按照工作任务所需的关键能力设计课程和课程群,摆脱学科课程的思想束缚,构建以岗位胜任能力为中心的工作任务引领的课程体系。同时,也要考虑到随着科技迅速发展给产业带来的巨大变化,智能制造与生产加快了"机器换人"的步伐,许多工作岗位已经消失或面临被机器取代的风险,因此单一的职业能力并不能满足学生适应未来职业生涯多变的发展需要,基于岗位群的多元化课程内容才能更有效地培养学生的岗位迁移能力及岗位创新创业能力。

(3)加大教材开发的校企合作力度。教材是体现课程教学内容和要求的知识载体,教材的呈现形式具有多样化和层次化的特性。在教材编写过程中,多样化表现为教材媒体的选择和使用,层次化则表现为校企合作的深入程度,尤其是企业的参与度。高职院校只有加强与企业合作,以企业实际工作岗位要求所需来共同编制或开发教材,才能确保教材形式的新颖性和适用性,以及教材内容的实用性和时效性。

①编写教材时必须以学生为中心,充分认识到学生不只是知识技能的接收者,更是知识技能的践行者。以《中国制造2025》为例,其中强调培养具有创新能力的技术技能人才,要求职业教育的教材编写不能只是对已有教学经验的罗列与总结,而要在引导学生、启发学生方面有所突破。教材并不是教师传授知识的简单素材,而应转变为促进学生思考创造的启迪工具,一方面要通过提供与工作背景和过程相关的内容激发学生的学习兴趣;另一方面又要做到方向指引,让学生有继续探索思考的内在动力和外在需求。符合新时代职业教育要求的教材,其真正的功能并不在于为课堂教学提供辅助呈现,而在于引导学生在整个学习过程能够实现自我探寻与创新思考。

②教师是教材编写的主力军,高职院校要积极鼓励专职教师和兼职教师参与到教材的开发建设当中,尤其是企业的兼职教师。教材应是教师专业素养和能力的有效载体,应是教师教学水平和教学组织的充分体现,应与教师的教学方式与教学内容充分契合。每名教师都有属于自身的独特

---

① 彭小红.高职新能源汽车技术专业人才培养模式研究[J].求知导刊,2015(11):49.

的教学特点与方式,要把教材作为教师教学创新的重要载体,引导教师更好地组织和运用教学内容,充分激发教师的教学创造力,帮助教师更好地构建教学方式及完善教学过程,促进教师教学能力的自主发展与提升。同时,也要加强双师型教师培养,鼓励并组织教师进企业培训再教育,这样有利于教师把优秀的企业文化与理念,以及先进的生产方式与手段融入教材的教学当中。

③教材的呈现方式应具有多样性,要体现网络化、多样化的特点。教材不应局限于教科书等形式,而应充分利用互联网与多媒体等信息技术与媒介进行多样化教材开发,扩宽学生知识获取的渠道、激发学生的学习热情与兴趣、丰富教学形式,让教材的概念更立体更全面。一方面可以开发贴近学生生活、突显学校特色的校本教材,另一方面可以利用多媒体等方式与企业合作开发网络课件,使教学内容更加生动灵活。

④教材的编写与开发要尽可能采用校企联合开发的方式,在教材编写中充分体现高职理论知识"必须、够用"的原则。通过与企业的合作,在理论知识重组的基础上进行教材内容的重构,从而能够更好地均衡教材内容的科学性与实用性。这就要求学校要与企业建立紧密的合作伙伴关系,成为利益共同体,邀请企业管理人员以及工程技术人员全程参与到相应教材的开发与建设之中,不仅包含对职业岗位需求进行分析、对职业活动与流程进行调研,还包含对教材设计进行编写、对使用情况进行评价,以及其后续的修订完善等方面[①]。

1.3.2.3 培养方式的要求

技术技能人才在培养过程中要确保其专业设置反映实际岗位需求,其课程内容体现最新的职业标准动态,其教学实践体现实际生产过程,了解国际产业发展动态并且具备不断提升自我工作能力以紧跟每一次产业转型升级的可持续发展能力。这就对技术技能人才的培养方式提出了更高的要求。

(1)加强校企合作深度。校企合作被视作职业教育培养人才的重要方式,最早出现于19世纪末的德国,是学校与企业利用各自优势进行紧密合作,共同培养人才的一种办学模式。目前,国际上有多种成功的校企合作方式,如德国的"双元制"模式,以企业为主导,从招生、培训到培养计划的制定,培训设置的配备以及大部分培养经费都由企业承担,学校主要配合企业对学生进行专业理论知识和综合素质相关的教育,政府从中起协调作用并

① 黄玲青.六位一体课程模式高职教材开发的探索与实践[J].教育与职业,2008(36):125.

通过法律给予政策制度方面的保障。澳大利亚的"TAFE（technical and further education）"模式,即职业技术教育学院,由政府直接管辖,通过财政投入来确保职业院校为企业的发展服务,适应企业发展和产业升级的需要①。

在对发达国家校企合作成功经验的研究中,不难发现政府都在其中发挥了重要作用。我国校企合作的开展同样需要加大政府的宏观调控作用,从制度、财政等方面全面调动企业与职业院校合作的积极性,并保证其合作的稳定性和长效性。国外的校企合作模式都具有其鲜明的地域特色,各国发展情况和产业结构不同,并没有放诸四海而皆准的统一参考模式,因此在借鉴国外校企合作的同时,也要积极探索适合我国国情以及国内各区域实情的校企合作模式。当前我国校企合作最大的问题是企业参与热情不高,产教深度融合不够。技术技能人才的培养并不是高职院校单方面的责任,企业也应发挥主体地位的作用,全程参与人才培养的全过程,积极主动与学校探索制定最佳的人才培养方案,共同实施专业设置与课程开发等,与学校形成利益共同体,保障校企合作的有效实施,不断增强校企合作规模,加深合作形式、合作内容、合作范围的融合力度。

（2）扩大国际合作广度。经济全球化导致了全球产业结合的调整和经济发展方式的转变,以及国际分工的产生。新时代背景下,世界高端制造业回流,各主要国家都制定了重振制造业以求突破经济发展瓶颈的策略。为此,美国制定了《先进制造业国家战略计划》,德国制定了《德国工业4.0战略》,英国颁布了《英国工业2050战略》。《中国制造2025》重点是要发展技术密集型的先进智能制造业,闭门造车是不可取的,应广泛吸取国外先进经验,加强技术信息交流,互利共赢。因此,高素质技术技能人才的培养要注重开阔国际视野,给教师及学生提供国际学习交流的平台与机会。一方面,职业院校在立足区域发展重点以及自身办学优势的基础上,与国外的职业院校建立合作关系,扩大合作范围,从互派交换生的扩大到师资的共享及流通、课程的共同建设、教材的合作编写、培养形式的多样化和合作模式的多元化以及培养层次的高端化等方面。另一方面,随着企业对外投资的逐年增长,以及国家"一带一路"倡议的实施,许多中国企业开始走出国门。为实现这些跨国企业的本土化发展,高职院校可以通过合作的方式参与企业所在国的职业教育过程,立足于当地实际培养技术技能人才,更好地服务于跨国企业的需要和当地经济社会发展的需要。此外,国际合作的对象不局限于经济发达的国家,也要通过教育资源输出与援助的方式与经济条件欠发

---

① 周建松,唐林伟.高等职业教育校企合作长效机制研究[M].浙江:浙江工商大学出版社,2014.

达国家的职业院校建立合作关系,通过接收留学生、教师进修以及派遣优质教师等方式帮助其提高教学水平与质量。

1.3.3　产教融合背景下高素质技术技能人才培养策略

1.3.3.1　构建协同式培养体系

协同创新是指各创新主体之间共享创新资源,通过充分利用以及整合各自的资本、人力、信息、技术、硬件设施等方面的创新要素,深度合作进行创新再创造的过程。在职业教育领域,协同创新可视为职业院校、行业企业、地方政府投入各自的优势资源,相互协调、深度合作,以此来进行人才培养、服务社会,推动区域经济发展的一种机制。在协同创新理念的引导下,职业院校、行业企业、地方政府三位一体,集合各自的优势,共同促进技术技能人才的培养。

(1)明确政府的主导作用。政府的具体管理和指导工作体现在以下方面。

①建立科学的职业教育人才培养管理机制,利用资源调控以及组织力量,成为企业与高职院校对口合作的促进者,把职业教育成果列入相关部门的绩效考核当中,制定有助于职业教育人才培养的地方性政策法规。利用公共管理以及资源收集优势,做好年度区域人才需求报告及人才培养质量分析报告,建立信息共享网络交流平台,做企业与职业院校间深度合作的强大助手。

②从经济政策上给予积极参与职业教育的企业财政及税收优惠支持,以吸引更多的企业参与校企合作,提高企业融入职业教育乃至兴办职业教育的积极性,以及对职业教育及培训的资金投入。

③根据区域经济发展的特点和社会发展的实际需求,通过政策解读、文化宣传、经济发展需求和职业发展前景介绍等方式改善学生及家长重文凭轻技能的价值观念,加大社会对职业教育促进当地重点产业领域发展的认识,同时提高技术技能人才的薪资待遇,吸引更多的学生选择职业教育,选择学习与国家积极发展的重点行业相关的专业,并提高就业对口率。

(2)鼓励企业积极参与。企业可从以下工作的开展中发挥参与作用。

①企业要充分利用资金优势、技术优势、人才优势、信息优势。一方面与职业院校建立工学结合人才培养模式,以实习实训、现代学徒制或新型学徒制等工学结合方式提高学生的技能实践能力;另一方面根据行业发展动态及趋势,制定人才需求计划以及人才培养规划,与职业院校共同制定技术技能人才培养方案,参与到专业设置、课程建设、教材建设、质量评价等方面,将高素质技术技能人才培养的标准融入教学、实习、实践的全过程,做到

产教深度融合、校企协同育人,缩短技术技能人才培养的周期。同时,建立激励机制,鼓励能工巧匠及工程技术专家加入职业院校的兼职教师队伍,引导职业院校教师主动参与企业新品研发、技术改造与岗位培训,校企合作共同培养双师型教师,推动企业与职业院校之间人才的有效互动与交流。

②企业要树立正确的人才观及社会责任感,改善技术技能人才的经济待遇,明确职业教育培训对企业劳动生产率提高的作用,积极主动参与技术技能人才培养全过程,在技术、场地、师资、经费、就业等方面为高职院校提供支持。加强企业文化的建设,构建有利于技术技能人才成长进步的环境①。建立完整的员工培训机制,完善相关激励措施,充分利用高职院校的优势,优化员工的职前培训、职后素质提升再教育的过程,共同促进技术技能人才的可持续化发展。

(3)发挥学校的主体优势。具体做法如下。

①充分利用自身的师资优势、资源优势、设施优势,根据区域内人才需求分析,保障专业设置与地区经济发展结构相适应。高职教育培养的是服务区域经济发展的高素质技术技能人才,必然依据产业转型升级的需求优化调整专业结构,要与区域产业布局和企业发展相适应,科学合理设置专业,避免同质化专业设置。坚持市场导向原则,立足区域实际,紧跟产业转型升级需求,在充分调研的基础上预测产业发展动态,加强专业结构与产业结构的匹配度,优化现有专业结构,创新专业动态调整机制,构建专业群动态建设机制,形成与区域产业对接的专业布局与结构,将高职院校打造成技术技能积累的重要资源集聚地,培养区域产业发展所需的高素质技术技能人才。

②职业院校要扩大双师型教师的比例。教师是人才培养的关键,确保技术技能人才的培养质量必须加强双师型教师队伍建设。职业院校要鼓励教师走进企业,接受企业培训,加强对生产管理全过程的了解,提高技术水平,主动参与企业科研发展和难题攻克,增强教师专业自主发展的意识与能力。

③职业院校与职业院校之间也要加强科研与教学资源的交流共享合作,促进教学科研能力与课程建设水平的互动沟通。职业院校之间可以共同实施课程开发,以企业需求为导向,以职业能力为基础,以信息化为手段,对专业知识与技能的教学研究展开联合攻关,促进各校之间经验和成绩的交流与共享。

---

① 杨克.中国制造业多元制技能人才培养模式研究[D].武汉理工大学,2009:90.

1.3.3.2　形成国际化办学模式

国际化是当前我国产业转型发展的重要发展方向之一。以制造业为例,随着国际经济一体化的加剧,制造业国际分工在给每个制造企业带来机遇的同时也带来了挑战。企业必须不断强化自身优势力量,不断提高竞争力,才能在国际分工中占据更有利的位置。目前,我国制造业的国际化进程面临着两大问题,一是处于制造业全球链的中低端,生产的产品技术含量低,利润有限,缺少核心竞争力,可替代性强,这也是我国目前低端制造业流失严重的原因之一;二是缺少自主品牌,拥有创新能力的自主品牌是在激烈的国际竞争中突出重围的重要因素,也是提升我国制造业国际竞争力及获取更大利润的重要保障。因此,国家大力支持制造业通过国际合作的方式提高技术创新水平,加速自主品牌建设,提升国际化水平。在此背景下,高等职业教育也要相应地加快国际化建设步伐,保障人才培养的国际化水平,与经济发展对高职教育的需求相衔接。

(1)校际合作的国际化。国内外校际之间的国际合作交流是职业教育人才培养的重要模式之一,高职院校可根据自身特点和优势与国外学校建立合作关系。目前,我国高等职业教育和发达国家相比,在办学模式、办学层次、课程开发、师资水平等方面还存在着不小的差距。高职院校要正视存在的问题与不足,立足于自身办学条件和区域发展需要,引入先进的教育理念,充分借鉴吸收发达国家职业教育人才培养模式和教育教学经验与优势,分析国外模式成功的原因与条件,推进专业建设、课程开发与教学改革,构建具有自身特色的本土化发展道路。一方面,与拥有成功办学经验的国外职业院校签订合作协议,通过聘请客座教授、教师培训、派遣留学生、开展访问交流活动、共建互动交流平台等方式,加强不同教育理念与教育方式的沟通,扩展教师的教育教学能力与学生的国际视野与外语水平,为师生的综合素质的提升提供有效途径。另一方面,加强与国外高校合作办学的层次,积极探索建立多层次的国际人才培养模式。通过学分互认、双语授课、合作办学等方式与国外高校共同培养本科层次以上的技术技能人才,优化人才培养质量,拓宽技术技能人才的上升渠道。

(2)双师型教师队伍的国际化。双师型教师是职业院校教育教学改革的中坚力量,加大双师型教师队伍建设、扩大双师型教师比例是职业院校提高人才培养质量的有力措施。职业院校要鼓励专职教师进企业培训,提高技术水平,增强创新研发能力,加强教师专业自主发展意识,同时吸纳有经验的企业优秀人才来校任教,为人才培养带来多元化的活力与视野。为了更好地服务我国职业教育国际化的目标,要提升双师型教师的国际化程度。一是职业院校要加大选送双师型教师进入国外职业院校进行培训学习的力度,在对国外职业院校专业教学方式、课程设置、教材开发等方面深入了解的基础上,系统提升双师型教师的教学水平,增强科研能力。二是通过与国外企业的合作,鼓励双师型教师进入国外企业进修培训,了解国际先进的生产方式与生产理念,认识当前最新的科研成果,有助于其技能水平、教学水平和综合素质的提升。

(3)职业资格认证的国际化。职业资格等级证书是体现职业能力水平的凭证,受到企业和社会的广泛认可。国际上职业教育发展成功的国家,如德国、英国、瑞士、澳大利亚等,都拥有较为完善的国家职业资格制度与体系。我国在培养技术技能人才的过程中,要充分学习借鉴发达国家的成功经验,鼓励职业院校积极引进及推广国际通用的职业资格标准,建立与国际接轨的职业资格认证制度,提升人才的国际化认可度与地位。同时鼓励高职院校参与制定职业教育国际标准,提高我国职业教育的国际话语权。

1.3.3.3 优化复合型培养内容

(1)创新驱动发展模式需要创新意识的开发。高素质技术技能人才是"大众创业、万众创新"国家战略的人才支撑,因此加强创新创业教育是高职教育深化教学改革的迫切需要。创新驱动是指从个人的创造力和技术技能当中获取动力,通过对创造力的开发来获得发展资本与机会的发展模式。我国传统制造业以要素驱动为主,常见为劳动力密集型产业,其产品附加值低、利润低、可替代性大、发展潜力小。在改革开放初期,要素驱动模式助力我国实现了经济腾飞,但是随着经济的稳健增长,深化改革的步伐愈加深入,这种粗放型生产方式的弊端愈加显露,已经成为经济发展道路上的阻碍。由此可见,为了应对国际上竞争的白热化,必须改善国内产业发展现状,转变经济发展方式,增强创新驱动发展能力。

创新驱动发展战略背景下需要更多的创新人才。因此,对于技术技能人才的培养要从以往只注重技术技能向突出创新意识和能力转变。这是市场需求对职业院校人才培养供给的内在要求,也是新时代我国产业发展所必需的核心要素。创新意识和能力是社会进步和国家发展的助推力,创新性的技术技能人才符合当前科技转变、产业变革的需求。首先,实现创新必须具有一定程度的专业知识与技能,即在某一专业领域具有一定深度和广度的知识,以及熟练的技术技能水平。其次,实现创新必须具备探索精神和求知欲,以及较强的自我学习与研究能力,科学技术在不断更新发展,社会市场需求也在不断变化,只有拥有对新型事物的好奇与探索欲望,并且具备创造性改革与发展的能力,才能帮助技术技能人才不断提高自身的专业水平,与区域产业发展保持同步。最后,我们也应该看到,创新并不是闭门造车,单凭一己之力是难以完成的,往往需要多个部门之间信息共享、合力实施、协同进行,这就需要技术技能人才必须具有团队合作精神以及良好的沟通交流水平。

高职院校应将创新创业教育融入人才培养方案,在专业课程教学中嵌入创新创业理念,为学生提供培养创新意识的教育资源和环境,与企业、政府以及科研机构通力合作,建设大学生科技园、创业园、创业孵化基地和中小微企业创业基地等,丰富和拓展学生的创新创业平台,加强产学研协同创新,加强应用技术研究,创新人才培养机制,达到资源共享、机构共建、平台共用、互通有无的多赢局面,推动创新创业成果转化为实际项目,着重学生创新思维和批判思维的提高,培养学生善于发现、善于思考、善于解决问题的能力,激发学生的创新创业潜质。

(2)绿色制造要求把环保意识融入人才培养。目前,受气候变化的影响,全球产业转型朝着环保低碳方向发展,绿色增长成为全世界产业发展的共识,受到联合国的大力倡导。发展绿色经济一方面有利于减少对环境的不利影响,另一方面还有利于在新一轮产业革命中占据有利优势。我国经济发展迅速,制造业产量位居世界第一,但其背后所造成的严重的能源消耗和环境问题也不容小觑。以往粗放型的产业发展模式虽然促进了我国经济的高速发展,但也同时造成了能源和资源的巨大浪费,对生态环境也带来了严重的破坏,有碍经济的可持续发展。为了使我国经济加快从高速增长向高质量发展转化,改善我国产业高消耗低效率的问题,国家大力推行绿色环保制造,要求对现有制造业进行全面低碳绿色升级改造,加强我国制造业循环可持续发展的路径建设。

《中国制造2025》十大重点发展领域几乎都与绿色制造息息相关。为了与国家工业发展的绿色环保趋势相适应,职业教育也要加强对技术技能人才环保态度的培养,把环境意识融入人才培养的全过程。一方面以理论课堂为平台加强环保教育,可通过公共课、主题班会、专题讲座、知识竞赛、论文征集等方式引起学生对于绿色制造重要性的认识,在扩展学生知识面的基础上提高其对节能减排、绿色制造理念的认可度及积极性,让学生树立正确的能源观、环境观。另一方面建立绿色实训室,加强可循环实训操作,减少实训过程中的污染排放与资源浪费,促进实训过程中的资源低消耗,提高循环使用率。以小组为单位进行实训学习,对各组的资源使用效率进行排名评分,在强化学生绿色制造意识的基础上,强化学生的组织能力、管理能力与团队协作能力。与此同时,还可以结合区域产业布局,拓展与绿色制造相关的专业设置,培养更多的服务于绿色制造产业的专门技术技能人才。

(3)服务型制造呼吁对技术技能人才服务意识的培养。随着制造业的国际竞争日趋激烈,单纯的生产性制造可获取的利润越来越少,市场所关注的重心从以往片面注重产品本身,逐渐向产品的附加值以及所涵盖的服务支持转变,因为服务在制造业中所占的比例迅速升高,制造业服务化成为制造业企业的转型发展、提升竞争力以及获取更大盈利的重要方向。制造业服务化是指企业以顾客为中心,提供更加完整的配套方案,包括商品、服务、支持、自我服务和知识等,制造业服务化是联合顾客创造价值或改变市场规模、收入方式的服务创新,是制造企业为了满足顾客需求而提供产品相关服务或整体解决方案的商业模式创新①。加强核心技术能力的同时,提升自身的全方位服务水平和质量,已成为产业发展的共识。据世界银行数据统计,2015 年,我国制造业占 GDP 的 30%,服务业占 50%。美国制造业和服务业占 GDP 的比例分别为 12% 和 78%,制造业和服务业在全世界的平均占比分别为 15% 和 68%。这说明服务业在国民经济中占有极其重要的地位。因此,制造业服务化或发展服务型制造业成为产业转型发展的必然趋势与内在要求。

为了使技术技能人才更好地适应制造业服务化的开展,在对技术技能人才实施培养时要注重加强对服务意识的培养,让学生清楚认识到制造业服务化所包含的内容以及所涉及的范围。首先,要具备跨学科的复合专业知识。淡化专业之间的界限,扩展多学科知识面的学习和多领域实践操作的训练。其次,培养团队合作能力和服务意识。服务化是包括产品生产、技术支持、售后维护、知识更新等一系列的过程,是需要各个部门协力合作来进行的,因此对于技术技能人才的团队合作能力、沟通能力、应变能力以及实践能力的培养尤其重要。最后,关注学生综合能力的培养,加大学生在企业实习实训时间的比例,且实训部门不局限于生产一线,要到企业的各个部门,例如,人力资源、物资采购、物流管理、售后服务等部门进行轮岗实习,加强对生产有关的各个环节的认识。此外,把技术技能人才培养与企业生产服务平台的建设有机联系起来,有利于其服务意识与服务能力的养成。

(4)质量效益竞争需要工匠精神的引领。我国转变传统经济增长方式,将竞争优势从低成本向质量效益转变,一是要加强质量监控,二是要加速品牌建设。这就需要培养技术技能人才的工匠精神。工匠精神是一种价值取向,是一种以产品为导向的价值观,是我国制造业发展的内在要求②。越是高端制造业,越是需要从业者具备工匠精神,它是制造业得以健康有序发展的有力保障,是技术技能人才可持续发展的潜在要求,是"中国制造"走向

---

① VISNJIC I. Servitization:when is service oriented business model innovation effective [J]. Service Science Management and Engineering,2012(6):30-32.

② 邓成. 当代职业教育如何塑造"工匠精神"[J]. 当代职业教育,2014(10):91.

"优质制造"的必要条件。因此,职业院校要把传承工匠文化、弘扬工匠精神作为高素质技术技能人才培养的一个突破点,把工匠精神培育贯穿人才培养的全过程,努力培养高素质工匠型技术技能型人才。

①要营造重视工匠精神的氛围与环境。要把工匠精神融入办学理念,帮助学生认识工匠精神对人才可持续发展的重要性。以工匠精神塑造学生的职业素养和人文素质,坚持以工匠文化为抓手,从精神文化、物质文化、制度文化、行为文化等方面全方位打造工匠精神培育体系,引领校园文化建设,在丰富多彩的社团活动和课余文化生活中使学生深刻理解工匠精神的实质和内涵,提高学生的职业素养和人文素质。

②要创新人才培养模式。让工匠精神融入教育教学全过程,精益求精的工匠精神离不开人才培养模式的创新。职业院校应依托区域经济社会发展背景,探索政校企行联动、课岗证标贯通、做学教赛一体的人才培养模式,着力培养高素质工匠型技术技能型人才。始终坚持对接最新职业标准、行业标准和岗位规范,紧贴岗位工作过程,调整课程结构,更新课程知识内容,深化课程模式改革,将工匠精神融入人才培养方案和教育教学全过程。培养学生严守规矩、艰苦卓绝的职业精神,树立敢为人先、追求卓越的职业理想,养成一丝不苟、精益求精的职业态度,夯实技艺精湛、勇于创新的职业技能,并使这些价值追求内化为学生的职业品质。

③要突出"名师名匠"培养。教师不仅传授知识和技能,更重要的是言传身教的感染影响。提高教师职业素养,一是深入开展师德师风建设活动,树立工匠文化实践者的先进典型,拓展技能传帮带的形式和途径,积极营造师徒青蓝结对的良好氛围;二是推广先进经验,激发广大师生学习新技术、掌握新技能、争当好工匠的内生动力;三是邀请行业企业能工巧匠走进课堂,成立大师工作站,在实践中提高学生的学习技能。

1.3.3.4　建设信息化教学模式

2014年,《国务院关于加快发展现代职业教育的决定》中提出要提高职业教育的信息化水平,以信息化为手段来扩展优质职业教育资源有效覆盖面的深度与广度,实现跨区域与跨行业之间的职业技术教育优质资源的共享与共建。同时,教育部、国家发展改革委、财政部、人力资源社会保障部等六部门印发的《现代职业教育体系建设规划(2014—2020年)》也提出要加快职业教育信息化的进程,要让每一所职业院校都实现宽带网络全覆盖,让每一个班级都享受到优质资源,让每一个职业院校学生都拥有网络学习空间。由此可见,职业教育作为教育的重要组成部分,信息化是其改革发展的必然走向与趋势。

(1)保障信息化基础设施建设。我国正处于"工业化+信息化"的重要历史时期,对技术技能人才的培养提出了新的更高的要求。一方面要加大资金投入,改善培养条件。互联网、计算机等是信息化不可缺少的重要组成部分,因此职业院校培养技术技能人才的基本前提就是做好信息化基础设施建设,做到网络的全方位覆盖。另一方面要提高教师的信息化教学能力,加大互联网、多媒体等信息化手段在教学实践中的应用,推动教师进行信息化教学改革,提升教师的教学现代化技能水平。

(2)实现互联网情境化教学。传统课堂教学形式单一,不利于以学生为中心开展教育教学改革。职业院校可充分利用现代互联网技术的优势,促进教学形式的信息化转变。一是引入互联网,通过把教学过程与实际生产过程相结合的办法,实施实时互动的情景化教学,让学生更直观、清晰地学习知识与技能,有助于提高学生的学习积极性和实效性。二是加强线上线下融合教学的应用与建设,打破传统学习对于学习时间、地点、内容、进度等的局限性,对教学手段与教学形式进行全方位升级改造,从而在优化师资水平与师资队伍的同时,有效提高学生自主学习的效率,最大限度地拓展学生的知识能力。三是引进微课入课堂。充分利用微课时间短、内容精、可操作强的特点,调动学生的注意力和课程参与热情,提高课堂教学效率。与此同时,还可以利用远程教学网络实现课堂教学与生产实际过程的有机衔接,进行情景化教学,给技术技能人才的培养形式注入新的活力①。

1.3.3.5 建立多元化评价机制

(1)评价主体多元化。《现代职业教育体系建设规划(2014—2020年)》指出,以学习者的职业道德、技术技能水平和就业质量为核心,建立职业教育质量评价体系,完善学校、行业、企业、研究机构和其他社会组织共同参与的职业教育质量评价机制。由于单一的评价主体不能全面准确地对人才培养的质量水平进行有效评判,因此需要形成以职业院校、行业企业、政府相关部门、学生等为主体的多方位评价机制。一是,要从人才培养的根本目的出发,着眼于学生全面素质的提高,将职业技能培养与职业精神养成有机融入人才培养的全过程,构建"知识、能力、素质"一体化的质量评价体系。二是,应吸纳行业企业、研究机构、其他社会组织参与人才培养质量的评价和监控,重视过程评价和动态评价,形成学校评价、企业评价和社会评价相结合并行之有效的多元评价机制。三是,要建立符合实际需要的内部质量评价系统,依据第三方的评价反馈,及时对专业设置、师资队伍、课程体系等进行优化完善,促进人才培养质量的调整与提升。四是,让学生作为评价主

① 王若言.职业教育信息化建设与发展研究[D].湖北工业大学,2015:34.

体之一,参与到人才培养质量监控过程中,关注学生满意度测评,有助于动态了解学生专业学习的自信心和学习热情,增强学生的社会责任感。

（2）评价内容多元化。提高人才培养质量是技术技能人才培养和职业教育发展的本质要求。一是要通过多方评价、招生就业率、毕业率等数据指标对专业设置进行量化评价。二是要通过教学内容、教学方式、教学水平等具体要求对教师教学进行评价。三是要以学生顶岗实习情况、入职就业情况以及工作能力状况为标准对职业院校专业人才培养质量进行评价。四是要从学校的基础建设、实训条件、师资结构、校企合作等方面对办学质量进行评价。

2 国内外职业教育比较

2.1 国内外职业教育人才培养模式的比较

国外职业教育的模式类型主要体现在德国、日本、澳大利亚、英国、美国等国家。当前在我国经济社会发展与世界各国快速接轨的现实背景下,职业教育需要在充分对比分析国内外人才培养模式现状与发展的基础上,找出差距,探寻对策,确定适合中国国情的职业教育人才培养新模式,促进我国职业教育持续高质量发展,从而能够培养出更多适应新时代中国特色社会主义经济发展需要的高素质技术技能人才,不断推动我国经济快速健康发展。

2.1.1 国外主要模式

2.1.1.1 德国"双元制"模式

德国"双元制"职业教育制度形成于1919年,这种模式主要以企业的岗位实践培训为主,以职业学校的理论教学为辅,学校教育与企业培训的办学费用分别由各级政府与企业全额支付。学生需要与培训企业签订培训合同,整个培训过程由行业协会作为中介,执行监管与质量考核。"双元制"最突出的特点是行业协会组织与企业的广泛参与,"双元制"教学活动的总目标是为学生提供尽可能贴近企业生产实际的职业教育,使他们在接受教育的过程中逐渐熟悉未来的工作和社会。

如图2-1所示,德国"双元制"模式有四个优点:①校企合作,以企业为主,学校为辅,充分调动了企业办学的潜力和积极性;②专业理论与职业实践密切结合,有效提高了教学质量;③注重实践,更加突出了技能培养;④经费来源充足,确保实习实训设备精良。"双元制"模式的缺点有两个:一是不同管理类型导致企业培训与学校教学之间协调较难;二是不同场所教学导致针对基础、专业、专长三个阶段的培养过程连接不畅。"双元制"模式主要适用于职前教育与培训、职业学校学生与企业技术员的教育与培训等。

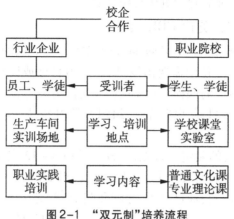

图2-1 "双元制"培养流程

"双元制"模式下的专业设置以职业分析为导向。通过职业分析,将若干个社会职业归结为一个职业群,一个职业群对应一个专业。这样既可以清楚地了解一种职业的主要活动内容,明确分辨出支撑该专业的知识与技能,同时又能够确定相邻社会职业的技能知识联结点,为社会职业归类及职业群的确定奠定了基础,也为职业教育的专业设置提供了依据。

"双元制"模式下的课程开发以职业活动为核心。通过职业活动内容确定阶梯式的课程内容结构,该结构是建立在宽厚的专业训练基础上的、综合性的,并以职业活动为核心的课程结构。所有理论课程都采取综合课程的形式(如制造业的专业理论、专业制图和专业计算),覆盖了专业所需的所有理论,知识面广、深浅适度、综合性强,有利于培养学生的综合分析问题和解决问题的能力。所有实践课程又都分为基础培训、专业培训和专长培训三个层次实践课程,三个层次呈阶梯式逐渐上升,无论哪一层次的实践培训,始终都是围绕职业活动从泛到精、由浅入深递进实施的。

"双元制"模式下的课程实施以校企双方合作为基础。学校按照各州总体教学计划实施理论课程教学,企业则按照联邦培训规章实施实践课程的培训,双方通过政府和行业协会的形式加以协调、共同合作,保证理论与实践的有效结合,并以此来达到国家对职业人才的总体教育目标。

"双元制"模式下的考试考核以客观要求为标准。职业教育考试由与培训无直接关系的行业协会承担,这就有利于考试按照《职业培训条例》的要求进行,而不是根据哪一个培训机构中所传授的具体内容来进行,从而更客观地评价职业教育的培训质量。

"双元制"模式下的监督机制以职业法和教育法为根据。通过建立起完备的、符合职业教育发展规律的职业法律、法规体系,确保职业道德和职业行为的规范以及职业教育的健康有序发展。

2.1.1.2　加拿大、美国 CBE 模式

CBE(competency based education)即以能力为本位的教育模式,这种模式的核心是从职业岗位的需要出发,确定能力目标或岗位职责。通过有代表性的企业专家组成的课程开发委员会制定能力分解表,即 DACUM 课程开发表,以这些能力为目标,设置课程,组织教学内容,最后考核是否达到这些能力要求。

(1)DACUM 表的制定。首先,由校方邀请 8 ~ 12 名企业代表作为职业分析人员,一名课程设计专家任组织协调员,再委派一名秘书组成 DACUM 委员会。由这个委员会通过分析、分解和归纳,确定从事这一职业所应具备的综合能力。每一项综合能力背后,要列出其所包括的专项能力。其次,对每一项专项能力进行分析,写出最终绩效目标和分步能力目标,即用文字表述这项专项能力需通过什么、使用什么、达到什么。最后,委员会对专项能力确定四级评分标准,根据培养目标确定需要掌握的专项能力的数目。

(2)编制大纲。由学校组织教学人员对 DACUM 委员会编制的课程开发表和按程序排列的各项能力进行教学分析,确定课程大纲和培训路径。先将所列的知识、技能进行分类,将其中相同和相近的集中到一起,构成可以在一定时期完成的教学单元,若干教学单元加起来构成一门课程。再将课程排序,构成课程大纲。课程大纲中还要加入所需要的非专业课程,占总课程的25% ~30%。

(3)教学过程。一是,教学人员根据拟定的课程绘出教学计划图,写出每一教学单元的教学目的。二是,组织有关教师拟订课堂教学计划,编写教材和学习指导手册,建立学习信息资源库。三是,进行入学水平测验。四是,教学安排和学习指导。五是,提供教学场地。六是,评估教学效果并对学生的学习情况进行预警。

(4)教学管理。如图 2-2 所示,CBE 教学管理的突出特点是为学生服务,同一时期可以接收入学水平相差较大的学生,每一个学生可以有不同的学习计划、学习期限和结业时间。在学习方式上强调自我学习,按学习单元考核,及格者继续进行下一阶段学习,不及格的学生重新学习直至及格为止。毕业、结业的标准以 DACUM 表上所列专项能力所获得的分数为准。

CBE 模式吸收社会用人单位参与课程制定,满足产业界和行业企业对培养对象的要求,根据与职业活动顺序有关学科的逻辑顺序来组织课程,注重学生的个别差异性,学生可依据自己的兴趣爱好与接受能力来调整学习方式和学习速度,评价学生以实际操作能力为主,CBE 模式更接近于职业教育的本质要求,更有利于培养学生的就业能力。CBE 模式重视能力的培养。

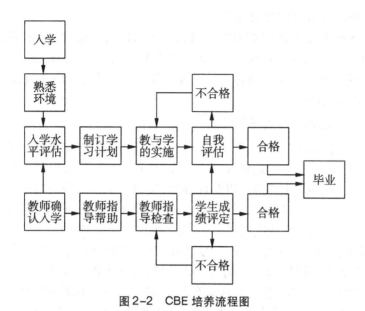

图2-2　CBE 培养流程图

所谓能力,就是个体在现实的职业工作表现中所体现出来的才智、知识、技能和思想等因素的整合。一方面,在 CBE 模式中,能力的体现是基于能力诸要素之间合理的素质结构;另一方面,其所要求的能力素质结构都要结合具体的工作任务和工作环境来体现。CBE 模式的不足之处在于把职业能力分解成为一些细小的任务要素,这种方法对于一些非技能型的能力如职业道德、应变能力是难以进行精确分析的。

2.1.1.3 国际劳工组织 MES 模式

MES(modules of employable skill)就业技能模块组合意译为"模块式技能培训"或"模块培训法"。MES 是国际劳工组织20世纪70年代初研究出来的一种职业技能培训模式,其主要特点有五个:一是培训大纲以社会经济对人才需求为导向,通过对工种、任务和技能分析开发出来的,与社会的需求及企业的生产紧密相连;二是每一技能模式(对应的是一个工种或岗位的工作)由若干个模块组成,而每一个模块又由若干学习单元组成,每一个学习单元仅包含一项特定的技能或知识,操作技能型单元有详细的工作步骤,内容描述言简意赅,组成形式图文并茂;三是教学目的非常明确,除了总体目标之外,每个模块、单元目标都可测,学生可以清楚地了解每一个学习环节将要达到的目的,从而激发学生的学习兴趣与学习积极性;四是以学生为中心,以技能训练为核心,以学生自学为主,按需施教、学用一致,具有较强的针对性、实用性和灵活性;五是要求教师成为一体化、双师型教师,既能传授专业理论,又能指导实际操作。

MES模式具有很大的弹性和个性,学生可以自由地选择不同的模块组合,这种课程模式并不适应于正规的职业学校教育,因为它无法使学生学习系统的知识,但它却非常适合进行岗前培训与继续教育。因此,它被广泛应用于各种培训机构。

2.1.1.4 英国"三明治"模式

工读交替制即"三明治"人才培养模式,是英国全日制高等职业教育采用的主要模式。这一模式要求学生一段时间在学校学习理论知识,一段时间到工厂企业参加生产劳动以验证理论,接着再学习一段时间理论后又到实践中去。英国"三明治"式的人才培养模式是利用学校的教学环境和企业的实践资源来培养实践应用型人才,教学相长,将课程学习与工作实践相结合,理论知识运用于工作实际,学习目标与工作目标相联系。"三明治"模式是一种"理论→实践→理论"的人才培养模式,是英国大学为使学生透过实务工作之体验,以建立踏实的基本能力而设计①。在英国政府推动产学合作的大趋势下,"三明治"教育逐步成熟,成为被普遍应用的人才培养模式,具有较高的社会认可度和国际影响力。该模式体现了理论与实践的结合,非常重视实践体验的作用,学生参加实践教学的时间约占1/3,不仅实践体验的时间长,而且与理论学习交替进行。这种教学方法通过变换学习和活动方式,使学生在教师的主持下,有组织地开展互动学习,让每一个学生都参与到学习活动中,调动学生的学习热情和主动性,实现学生的自主学习,突显学生学习的有效性。

2.1.2 国内主要模式

以素质为基础、以能力为中心的人才培养模式是目前国内较多高职院校采用的人才培养模式,包括由职业岗位能力、基本素质、应变能力三部分组成的人才培养基本模式。其主要特点如下:

(1)打破学科教学体系,建立以职业能力为中心的教学体系。学科型教学体系的基本特征包括:一是以理论知识传授为重点,实践环节只是作为验证的手段;二是课程内容过分强调学科的系统性、完整性,理论与实践脱节。这样的教学体系培养出来的学生并不是技术技能人才。以职业能力为中心的培养模式打破了学科型教学体系,改变为以专业课为主线、实践教学为中心。制订教学计划坚持以专业课为主,根据专业课的要求确定必需的专业

---

① 刘娟,张炼.英国三明治教育发展历程及其政策举措分析[J].现代教育科学,2012(1):47.

基础课,确定实践教学在教学中的中心地位。在教学中不仅加强学生的素质教育,而且注重学生能力的培养;不仅重视传授知识,而且重视传授实践能力,强调以培养职业能力为中心设计学生的知识结构、能力结构和素质结构。

(2)加强实践教学环节,提高学生实践能力。在教学过程中突出实践教学,注重能力培养,将传授知识、培养能力和提高素质融为一体,构建实训教学体系。在教学方法上将学科体系的验证性实验改变为综合性实验,将学科体系的"纸上谈兵"式的课程设计改变为与生产实际密切相关的设计与动手相结合的课程设计。

(3)增强专业教师"双师型"能力。要加强学生的动手能力,教师自身必须有较强的动手能力,职业院校的专职教师和兼职教师不仅应具有教师证书,还应具备相关专业对应的岗位职业资格证书,形成"校企双栖"、理实一体的"双师型"职业教育师资队伍。

2.1.3　国内外综合比较

各种职业教育人才培养模式虽然形式多样、内涵丰富,但没有一种是万能、普适、不变的,它们都有其一定的适用范围、实施条件、配合措施,也都在随着时代的变迁不断改进和完善。同时也应看到,每一种培养模式都有其固有的缺陷。因此,在实际学习借鉴与应用过程中,并不存在所谓的最佳模式,而是要因时因地,采取多种模式综合并本地化的方式,才能达到最佳应用效果。具体采用哪些培养模式要受到学校环境、教学体制和具体教学条件的限制,只有确保相关配合措施,提供必备的教学条件,才能确保培养模式的有效实施。国内外职业教育人才培养模式都强调了要在提高劳动者的职业技能的同时,还要帮助劳动者树立与培养模式相符合的职业道德、心理素质、劳动观念和法律意识。

2.1.4　职业教育人才培养模式发展趋势

纵观国内外职业技术教育人才培养模式的开发、研究、改革和创新,呈现出以下几方面的共同趋势。

(1)由单一模式向多种模式融合发展。各种不同的人才培养模式之间均有着千丝万缕的联系,它们功能不一、各具特色。随着时间的推移和研究的深入,逐步形成一种统一的教学模式资源库。如前述的"双元制"模式、CBE模式、MES模式都强调要以达到某种职业的从业能力为教学目标,非常重视学生的职业能力的养成,可归入"能力中心"一类的培养模式。这类培养模式与就业紧密联系在一起,针对性强,能学以致用,效益显著,目前正受到世界上许多国家的欢迎。

(2)从注重"教"转向注重"学",越来越重视差异化学习。传统的人才培养过于注重"教",强调教师的作用,以教师为中心,忽视了学生学习的主观能动性。随着现代社会的快速发展,职业岗位的增多,职业流动的加快,对从业者的能力与素质要求越来越高,要求从业者加强职场适应能力与岗位迁移能力,拓展知识技能,做到学会学习、学会生存。

(3)注重培养模式本身的可操作性。可操作性能够为职业院校在借鉴使用各类职业教育人才培养模式时提供强有力的具体指导,突出表现在人才培养模式的操作层面,从职业岗位分析到教学计划制订,再到具体的课程开发、教学实施,都能有一套完整详细、简便可行的操作实施方案。

(4)从注重知识技能的发展到注重学生综合职业素质的提高。除了与职业相关的知识和技能外,各国都十分重视学生综合职业素质的培养。一种普遍观点认为,在职业技术教育中如果忽视了对学生综合职业素质的培养,学生就难以立足于未来的知识经济社会,就会缺乏后继发展动力。近年来我国教育从"应试教育"向"素质教育"的转轨就是很好的见证[①]。

2.2　国内外职业教育专业课程模式与设置的比较

2.2.1　课程模式比较

职业教育课程作为职业教育职业性的集中表现,受到世界各国的高度重视。与这些办学模式相对应的就是各种课程模式,各国的课程模式呈现出多元化的特点,如"学科中心"的课程模式、"问题中心"的课程模式(双元制)、"能力中心"的课程模式(CBE)、"活动中心"的课程模式(MES)、"个性中心"的课程模式等。其中,职业教育中的理论教学多属于"学科中心"的课程模式;实验课、生产实习、教学实习等多属于"活动中心"的课程模式;课程设计、毕业设计等则多属于"问题中心"的课程模式。目前职业教育课程的发展越来越趋向于采用"问题中心"与"能力中心"的课程模式,以培养学生较强的职业适应能力和良好的素质发展能力。当然,对于某一具体的教学实践来说,往往表现为多种课程模式的优化与组合。表2-1是几种职业教育课程模式的综合对比分析。

---

① 李长华.我国中等职业教育人才培养模式的历史比较[J].比较教育研究,2001(6):32-36.

表2-1 课程模式的比较

课程模式	行业导向型（MES、CBE）	阶梯训练型（双元制）	学科中心型（传统模式）
课程开发与结构	在职业分析的基础上确定行业目标，以职业需求确定课程，模块式教学计划和大纲	课程分为基础、专业和专长研修，阶段实施，专长阶段模块化，把知识综合为本职业所需的专门体系	按科学门类划分学科，按学科内容逻辑联系确定内容
特点	职业技能难易程度调整学制，重视自学能力培养，强调个别化教学	既有广泛的，又有专精的就业技能，转岗的基础好，以学生为中心，企业为主，学校为辅	强调人类文化的传递和知识的系统性、完整性，学生可获较宽的知识面，以教师为主导，学生为主体
应用的条件	经常进行职业分析，及时调整课程内容	企业管理与有效的辅导措施	加强实习实训，注意理论联系实际
缺陷	过于强调技能，知识面窄，缺乏转岗和发展弹性	教学分别由企业和学校承担，不易协调	易产生重理论轻实践，重知识轻技能的倾向

2.2.2 课程设置比较

与上述课程模式相对应的课程设置也同样具有各自的特点。虽然各国课程设置的一般结构具有相似之处，横向层面上职业教育课程一般分为专业理论课和专业实践课，纵向层面上每类专业课程又分为必修课、选修课，但是各国在课程设置的具体科目与结构设置方面却存在着许多不同之处。

例如，从中德课程设置比较来看，中国课程设置比较注重理论学科体系的完整性，而德国课程是理论与实践糅合在一块的，突出职业性、实用性，理论课与实践课都是以"双元制"模式来实施，以关键能力培养为目标，实践课程所占比例很大，突出职业能力的培养。学生在企业就直接与工作岗位零距离接触，因此上岗适应能力很强。从中澳课程设置比较来看，澳大利亚的课程主要是模块教学形式，其课程模块都是为了适应一定的职业群，学生的选课自由度很大，澳大利亚公共基础课压缩很大，有的还不设与专业无关或联系不紧密的学科，理论与实践课程同步进行，保证所学课程即时同化和内化。澳大利亚职业教育课程注重实用、实效，理论课程设置也是以实用为主，不过多地追究理论课的深度。从中日课程设置比较来看，日本课程设置最大的特色就是突出学生的综合能力培养。学生的实践能力、人格、文化教育、适应时代的能力以及专业能力等,其最突出的特点是企业内的职业教育,是企业与学校的合作。

2.2.2.1 课程体系的比较

国内职业教育一般采用一条主线、两个体系的模式。一条主线即技术应用能力为主线,两个体系为理论教学体系和实践教学体系。德国、澳大利亚的课程体系结构较我国的灵活多变,大多将理论教学与实践教学融合成一个整体,以实践教学为主体。日本的课程体系比较注重理论教学,其他课程设置强调宽基础,注重职业养成教育。澳大利亚课程体系以专业实践教学为主,公共理论课为辅。实际上,理论教学与实践教学只是从课程属性的主体上(理论教学为主,还是实践教学为主)的划分,是形成技术应用能力的两翼,在整个教学过程中相辅相成,建立实践教学体系是必要的,但不能独立于理论教学之外。

国内职业教育一般将课程类型结构划分为三种:一是公共课、专门课,二是基础课、基础技术课、专业课,三是基础理论课、专业理论课、专业技术课。德国的课程是普通课加专业课,普通课分为德语、体育、社会学或宗教,专业课分为专业理论、专业计算、专业制图。澳大利亚 TAFE 学院的课程设置以市场需求为前提,其专业和课程设置,以行业组织制定的职业能力标准和国家统一的证书制度为依据,具体内容和设置由企业、专业团体、学院和教育部门联合制定,并根据劳动力市场需求变化情况不断修订。日本的课程结构体系按公共课、基础课、专业课、选修课设置,选修课又分为任选课和分组选修课,根据专业方向设置课程组,学生可选择其中一组学习。

从国内外课程类型和课程体系结构联系的比较来看,国内课程类型结构把整个课程体系按纵向和横向两个方向分解成若干门课程,造成了多方面的不足,如课程内容重复交叉,学生不能充分认识所学课程在专业培养目标中的地位和作用;课程的学科痕迹仍然较重,造成课程很难体现针对性和应用性,教学内容更难体现实用性;教学内容之间相互封闭,不能发挥整体功能,使学生"只见大树、不见森林"。国外课程类型结构往往容易忽视两个方面的因素:一是由于支持专业技术的基础理论、专业理论分属各个学科领域,专业技术中所运用的基础理论、专业理论知识横向复合、纵向交叉,设置课程时,必须有选择地重新整合相关知识结构;二是从课程属性结构上看,培养学生的技术应用能力,既是理论教学内容的主线,也是实践教学的主线,这种划分很难体现实践教学的特色,实践教学体系内设置的课程属性难以表述。

综合上述国内外职业教育课程体系的对比分析,结合系统论的观点,可以看出:课程的设置是一个有机的、需要通盘考虑的整体,课程体系按理论教学体系和实践教学体系为主体建立,课程类型由必修课、选修课和各种形式的教学活动课程构成。同时应充分注意理论课程涵盖的知识先后顺序,实践教学环节应贯穿于专业教学的始终,并与理论教学环节紧密配合,相互交叉、互相渗透、互相弥补、互相促进,实习实训课程从简单到复杂、从单一到综合、从操作技能向心智技能发展。

2.2.2.2　课程内容的比较

(1)理论、实践课所占比例。通过对各国课程学时的换算,可以基本得出各国的理论课程与实践课程的比例,国内职业教育理论课程与实践课程学时比约为1:1,德国为3:7至2:8,澳大利亚也是1:1,日本为1:1至1:2。从以上数据分析比较中可以看出,由于实践操作技能训练在整个教学中占有非常重要的地位,因此实践课程在整个课程设置中的比例也最大,这一点在德国"双元制"课程设置中的表现尤为突出。但是理论与实践的比例也不是一概而论的,相对于普通教育,职业教育强调实践教学必须在教学计划中占有一定的比例,由于各专业性质不同、面向职业岗位(群)的宽窄不同,即使是同一专业,学校的培养模式、自身特色优势的区别,也会造成实践教学所占比例难以统一要求。

(2)必修课与选修课所占比例。国内必修课与选修课课时比例经过统计分析得出约为19:1。德国课程设置以职业需要为取舍,把职业需要的各种学科知识、技术知识分别组合到三门专业课教材中去。澳大利亚以模块教学为主,各门必修课程组合成一个模块实施教学。日本必修课与选修课的比例约为5:3。由于各国教学模式不同,必修课与选修课设置各有侧重,但国内选修课程所占比例较低,导致学生选修课自由度较小,而德国、澳大利亚和日本的选修课比重和自由度则较大。

(3)公共(通识教育)课、专业基础课、专业实践课课时比例。通过统计分析,各国课时比例分别约为:中国1:1.22:1.28,日本1:0.75:1,澳大利亚1:1.3:4.3。德国不按学科体系顺序设置,有关知识综合成为专业技术知识体系,均由专业理论、专业计算和专业制图三门课程来覆盖。从这一数据分析可以看出,国内的公共课所占比例较高,专业实践课所占比例较低。

(4)专业技术理论教育功能与地位的比较。国内理论课程比重大,其理论倾向于宽基础,且注重知识的系统性与完整性。德国注重理论知识指导实践操作,同时突出学以致用的实用性。澳大利亚基础理论课程及内容以应用为目的,以必需、够用为度。日本理论课的内容含量以够用为原则,理论课的内容难度不深,以掌握基础和入门为度。

（5）专业技术教育实践课程功能与地位的比较。国内往往是理论教学与实践教学分段进行，或先学习理论再集中一段时间进行实践练习。德国理论教学是融合在实践教学的过程中，非常强调实践课程的重要性。澳大利亚理论授课与技能训练同步进行，理论服务于实践。日本理论课程融合在实践课程的实施过程之中，实践课程所占比例较大。

2.2.3 课程设置比较的启示

通过上述比较，可以从中获得一些有益的启示。虽然国内政治、经济、文化、社会历史以及职业教育体制不同于其他国家，但国内外职业教育都同处于经济全球化的时代背景下，面临着许多共同的问题。因此，国内职业教育可以采用扬弃的思想方法，充分借鉴吸收国外职业教育的成功经验和做法，使国内职业教育在改革和发展中形成自身的特色和优势。国外职业教育在课程设置方面给予我们的有益启示如下。

（1）国内职业教育课程设置需要注重提高实践课与理论课的比例（包括相同或相近专业）。实践课程在整个职业教育过程中处于十分重要的地位，实践课程与理论课程联系紧密，实践课程必然是理论课程内化过程不可缺少的环节，占总学时的比例可以适当增加，或适当增加实践教学和专业技能培训课程的数量，从而更好地培养学生的实践操作技能。同时，也要注重在国内职业教育课程设置的结构中充分体现出专业的职业性与技术技能性，为了适应瞬息万变的就业市场，职业性与技术技能性课程应该从宽基础的角度进行设置。

（2）从国内职业教育课程设置的结构上分析，理论课不只是为实践课服务，理论课的教学内容和深度也不只是以够用为原则，还必须适应学生可持续发展的需要，这一点明显地表现在基础课的教学内容和学时分配上。同时，实践教学环节不应与理论教学环节混合评定成绩，专业基础课和专业理论课都可采取理论课与实验实习课各自评定成绩的教学实施模式，这样就突出了实践教学环节在人才培养目标中的重要地位，强调了技能的重要性。这种课程结构也是德国、澳大利亚、日本等国职业教育在课程设置上的共同特点。与此同时，拓宽专业面，进行通才教育，也是为将来学生的可持续发展打下基础。经济社会的快速发展使得职业的更新换代速度加快，学生只有具备很强的综合素质才能立于不败之地。职业教育课程建设不能仅着眼于当前上岗职业能力的需要，还应注重学生对职业岗位变动的良好适应性和就业弹性，这就要求课程结构应保证必需的专业理论，使学生获得可持续学习的基础。进行宽基础的通才教育也是国内外职业教育的共同特点。

（3）融思想品德、知识技术、能力素质教育为一体。打破学科体系，建立职业为本位的新课程和教材体系,以职业需要为出发点,以学科为资源,把最需要掌握的知识、技术重新组织加工成以职业岗位为主线的专业课。同时,课程内容及其教学改革,不能局限于知识、技术,还应包括思想品德等素质教育,最终以关键能力培养为目的。职业能力不仅是操作技能或动手能力,还包括知识、技能、经验、态度等为完成职业任务所需的全部内容。国内职业教育培养的高素质技术技能人才,其工作环境大都是生产一线或工作现场,工作行为大多是相关联的群体活动,因此在职业能力内涵中,需要注重协调能力、合作能力、创新能力、心理承受能力、公关能力等非技术性的职业素质,这也是德国职业教育提出的"关键能力"的内涵所在。

2.3 相关启示与借鉴

2.3.1 加强和改进思想政治教育工作

在职业院校学生综合素质培养中,思想政治教育至关重要。思想政治教育担负着培养学生合格的政治素质、科学的思想素质、良好的道德素质,正确的世界观、人生观和价值观,崇高的爱国主义和集体主义精神的重任。良好的思想政治素质是素质教育的灵魂,职业院校要把思想政治教育摆在首要位置,任何时候都不能放松和削弱。职业教育是培养生产、建设、管理、服务一线高素质技术技能人才的专门教育,对职业院校学生要全面进行思想政治素质教育,特别是职业道德教育和敬业精神培养,着力培养学生爱岗敬业、乐于奉献、安于基层、吃苦耐劳的优良品质,使学生养成良好的职业道德。思想政治工作与专业技能培养并不矛盾,一方面,做好职业院校学生的思想政治工作有利于促进学生更好地掌握专业技能;另一方面,思想政治工作能够为学生的学习和生活提供强大的精神动力,更好地发挥学生的积极性和创造性。

加强职业院校学生的思想政治教育有利于促进职业院校学生的全面发展。学生的全面发展涉及思想道德素质、科学文化素质、身心素质和审美素质等的全面提高和进步。人的全面发展既是马克思主义的基本观点,也是我国全面建设新时代中国特色社会主义的重要目标。人的全面发展离不开教育教学活动,思想政治工作在促进职业院校学生的全面发展中起着不可忽视的作用。首先,思想政治工作能够直接提高职业院校学生的思想道德素质。思想道德素质本身就是职业院校学生全面素质中的一个重要方面,离开思想道德素质的提高,学生就不会有真正的全面发展。其次,职业院校学生思想政治工作能促进学生其他方面的素质和能力的培养。思想道德素质在其他素质的形成和发展中起着灵魂和统帅的作用。一个有着健康的、积极向上的思想意志品质和思想道德境界的人,才会有着更好的身心状态和学习生活状态。同样,人的智力开发和发展,也与人的思想道德境界有关。事实证明,只有当一个人热爱一项事业,并且全身心地投入这项事业时,他的才智才会得到最大程度的发挥。最后,思想道德素质对人的审美素质也会产生影响,可以帮助形成健康的审美观,培养表达美与创造美的能力。由此可见,思想政治工作对职业院校学生的全面发展起着至关重要的促进作用,它既是职业院校教育系统工程中的重要内容,也是职业院校教育的首要目标,在职业院校人才培养中具有核心的地位和作用。

2.3.2　探索建立产教融合、校企合作的互动机制

产教融合、校企合作是学校、企业在各自不同利益基础上寻求共同发展、谋求共同利益的一种组织形式,牵涉到多方利益,如何实现政府、行业、企业、职业院校之间的良性互动,是实现融合功能的关键。在市场化经济下,企业自主经营、自负盈亏,其参与职业教育的主要目的是获取教育资源、人力资源与科技资源,促进企业发展。职业院校的办学功能就是发挥教育资源优势,服务区域产业和行业企业发展需求,因此为企业发展服务是合作的基础,是推动产教融合、校企合作的关键所在。政府部门要加强政策鼓励引导和组织协调,发挥政府的行政功能和服务功能,成为产教融合、校企合作的有力推动者和促成者。职业院校要从服务企业发展的角度出发,以企业需求为导向,面向企业、主动服务。以教师的专业知识技能帮助企业解决技术问题,加强师资队伍建设,提升教师的实践和科研能力;培养高素质技术技能创新型人才,为企业提供强大的人力资源,吸引企业主动对接学校育人,参与人才培养全过程;以企业文化对接校园文化,扩大企业影响力,促使企业主动服务学校育人,推动产教融合、校企合作向纵深发展。

2.3.3　突出职业教育人才培养的职业特点

职业教育是一种与普通教育同等重要,不同类型的教育,职业性是职业教育的重要属性,培养高素质技术技能人才是职业教育的培养目标和定位。职业教育的职业特点决定了实践教学在职业教育中的重要性,实践教学也是校企合作,企业参与职业教育最重要、最直接的环节。首先,职业教育在理念上要转变教育观念,建立产教融合、校企合作的人才培养模式,实现由专业学科本位向职业岗位本位转变、由重知识传授向重综合职业能力培养转变。其次,职业教育在内容上要突出实践教学的应用性,职业院校要积极与行业企业合作共同设计开发人才培养方案和课程,实现专业课程链对接

企业生产链、课程内容对接职业岗位需求和技术发展需求,课程标准以企业职业能力标准为依据,强调教学以实践技能和岗位培训为主,理论知识服务于岗位技能培养。最后,职业教育在教学形式和教学评价上要突破传统的以学校和课堂为中心的组织形式,通过密切与企业的联系充分发挥学校和企业各自的优势,把教学活动与生产实践、社会服务、技术推广及技术开发紧密结合起来;把课堂教学由教室搬入实训场所或企业,增强教学内容与实际工作的一致性;把现场实际技能操作加入课程评价环节,职业院校与企业共同考核,加强对学生操作、改进、创新等实践能力的评价重视程度以及评价标准建设。

2.3.4　完善教育目标与质量评价体制

2.3.4.1　教育目标的完善

随着当前新技术、新领域、新业态的快速发展,职业教育面对的企业工作岗位的内容和形式不断更新、变化,一个人一生接受一次教育、在一个岗位上工作一辈子的情况会越来越少,劳动者今后适应职业变化的能力取决于接受职业教育和培训的机会,以及自己的不断学习和实践能力。因此,职业教育的着眼点已不再是单一固定的职业岗位,而要扩展到劳动者整个职业生涯。职业教育要在培养学生直接成为生产、服务、技术和管理第一线劳动者的同时,兼顾学生终身学习以及适应职业变化的需要,使学生成为具有继续学习能力的劳动者。职业教育人才培养目标应从"适应现在"转为"适应现在与适应将来"并重,既要强调学生职业能力的培养,使学生在生产一线上手快、用得上、留得住;又要强调学生可持续发展能力和创新能力的培养,使学生在长期的工作、生活中具有发展潜力和内生动力。

2.3.4.2　质量评价体系的完善

(1)改革传统的质量评价方式。传统职业教育评价是一种终结性评价,起到区分、选拔功能,只看教育的结果而不问教育的过程,评价结果多作为学校教育经费分配、教师评优评先、学生向用人单位推荐的重要依据。随着教育评价的进一步发展和职业教育发展的需要,教育评价的激励改进功能在各种教育活动中日益显现出来,以促进发展为主要目的的发展性评价将逐步取代现存的奖惩性评价。职业教育要注重通过发展性评价及时向教师和学生提供反馈信息,使他们能够了解教育活动中存在的缺陷和不足,从而促使教师和学生不断完善教育活动和学习活动,使教育活动更好地为学生发展服务。同时,还要重视自我评价的功能,通过被评价者的自我分析和自我认识,促进评价者和被评价者间的沟通对话、增进了解,从而确保评价结果更加公正、客观、准确。

（2）重视职业资格考核。与普通教育相比，职业教育与经济、就业的联系更为紧密，这是职业教育的目标与性质所决定的。在德国、英国、加拿大、澳大利亚等很多国家，职业教育是以让学生获得国家和行业组织开发的职业资格为导向的，这就决定了教育质量的客观性。由此可见，必须进一步发挥政府部门和行业组织的作用，在职业院校推行学历证书和职业资格证书并重的制度。职业院校要按照国家职业能力标准和职业资格制度的要求进行教育教学改革，使职业教育、劳动就业、职业资格培训紧密结合，培养更加适销对路的高素质技术技能人才。

（3）重视社会评价。在教学质量评价方面，学校与企业应明确各自在合作质量保障中的职责分工，在学校对教学质量的过程监控以及企业对人才质量的目标评价中要加大企业标准的权重，强调教育内部评价和企业、社会评价有机结合。此外，随着职业教育的不断发展，职业教育人才培养质量的评价还应向社会中介组织评估的方向发展，政府应当允许存在不同的评估体系，鼓励建立多种评估机构，并使彼此之间展开公平竞争与合作交流，从而能够更好地促进我国职业教育的健康发展。

2.3.5　转变教育教学方式

（1）从重视共性向重视个性转变。受传统文化和计划经济思想的影响，我国教育长期以来重视受教育群体的共性发展，强调社会共同愿望，造成"千人一面"的现象。21世纪知识经济发展对专门人才素质的重要要求之一就是创新，创新是以个性为基础的能力表现，注重个性已经成为当前各国教育改革和发展的目标取向。发展人的主体性和创造性，就是发展人的个性。具体到职业教育，职业院校要从以人为本的观念出发，重视发展学生的个性，重视学生实现自我价值的愿望。职业院校相应的教学改革就是要减少刚性设置、增加柔性供给，鼓励和指导学生自主学习，满足个性化学习的需要，使学生能够根据社会需要和个人兴趣、条件选择学习内容、学习方式和学习时间，允许学生根据自己的兴趣爱好选修课程，允许优秀学生提前毕业或辅修其他专业，允许学习有困难的学生延长修业期限，允许学生跨学校、跨专业选择课程，允许学生分阶段"工学交替"完成学业，从而使课程内容和相关教学活动安排能够满足不同层次、不同需求、不同阶段学生的学习要求。

（2）从以教师为中心向以学生为中心转变。长期以来，职业教育教学过程片面侧重于教的过程，表面上是教师主动、学生被动，实际上造成教与学双方都陷入被动，教学效果和教学质量都难以得到保证。因此，职业教育的教学过程要改变"重教轻学"的传统观念，强调教会学生学习，强调教学过程实现由重"教"向重"学"转变,使学生主动参与教学活动,成为教学过程的主体、教学活动的主人;激发学生学习的积极性和主动性,使他们不再一味等待教师为他们安排好一切学习内容,而是通过自己的努力在教师的引导下自觉学习、主动提高。职业院校教师则应成为课程教学的设计者、教练、指导者、导师和顾问,必须紧紧围绕产业需求和岗位要求,深入研究教学方法、内容和形式,根据学生的普遍要求和特殊要求,有针对性地设计并不断更新教学内容、创新教学手段。

(3)从传统教学方式向现代信息化教学方式转变。提高职业教育的现代化水平需要积极利用现代信息和传播技术,大力推动信息化教学改革,进一步完善学校智慧校园建设,加快数字图书馆等教育公共服务体系建设,满足学生日益增长的信息化学习需要。为了建立与网络信息化相适应的教学模式,职业院校要加强对教师运用信息技术手段开展教学活动的培训,鼓励教师在信息技术应用方面的教学改革中投入更多的时间和精力,取得更多、更好的教学改革实践成果。

2.3.6 改善专业设置与区域经济脱节的现象

由于历史发展的原因,我国许多职业院校是通过改革、改建和改制而来的,受以往行业办学惯性的影响,专业设置偏重面向行业部门经济,与地方区域经济的合作形式是条状而非块状,不利于实现职业院校立足区域经济社会发展的宗旨。因此,职业院校的专业设置应该由偏重面向行业部门经济转为面向行业部门经济与区域经济并重,实现专业设置的线与面的有机结合。职业院校在进行专业设置时必须考虑当地的经济发展状况,专业既是学校进行人才培养的基本载体,又是社会需求的反映,是社会需求和学校实际教学工作的结合点,专业设置必须建立在深入考察研究区域经济态势与产业布局的基础之上,紧密联系本地区产业、企业的现状和发展要求,加强与本地区企业的交流与合作,推动本地区产业、企业的发展,从而使职业院校能够更好地适应地方经济建设和社会发展的需要,增强专业适应性,努力办出特色。

职业教育的主要任务是为区域经济建设和社会发展需要培养大批高素质技术技能人才。职业院校具有服务区域产业发展的技术人才与科研设备优势,能够参与行业企业的技术创新、技术交流、技术转化和技术贸易,一方面可以把职业院校的科研成果、发明创造、先进工艺、先进技术通过技术市场转化为生产力,推动区域经济发展;另一方面还可以根据区域经济发展、科技研发的需要来调整职业院校的科技方向和科研计划,使之更符合区域经济和社会发展的实际需要,产生更大的经济效益和社会效益。与此同时,职业院校还可以利用人才优势,接受企业的技术服务委托,学校教师主动对接企业工程技术人员,研究解决企业生产经营中遇到的难题,使学校和企业科技人才相互学习、相互交流、相互渗透,共同推动企业的发展,增强区域经济发展的活力。职业院校还可以充分利用各种软科学研究,如图书情报与专家知识和技术,为政府或企事业单位的发展规划、重大建设工程及技术攻关项目提供技术咨询和决策参谋意见,更好地推动区域经济的发展。

第二部分　理论篇

职业教育的定位是类型教育,它既突显了发展职业教育的重大意义,也指明了职业教育的发展方向。作为一种类型教育,职业教育兼具职业属性和教育属性,职业教育一方面需要突破传统的学校职业教育模式,实现学校、企业及其他社会主体的多元办学形式;另一方面需要完善现代职业教育体系,实现学历教育与职业培训的并举并重。如何在思想和行动上落实这一类型教育的改革要求,是当前职业教育发展中的重要任务。本篇从技术技能人才方法论的角度出发,创新提出"育训共同体"的职业教育人才培养融合创新范式,就是要从思想理念上探索落实职业教育产教融合类型改革的有效路径,通过"育训共同体"范式与内涵的理论创新,弥补职业教育在完善学历教育与培训并重的现代职业教育体系方面理论研究的不足,寻求有效解决学历教育与培训"两张皮"的方法。

3 新时代中国特色职业教育新要求

职业教育对于现代产业体系具有重要作用,是现代产业体系不可或缺的一环。中华人民共和国成立70多年来,我国职业教育创造了五大业绩:建成了世界最大规模的职业教育,建成了世界上最完整的工业门类,建成了世界区域面积最大的职业院校,培养了世界上最大规模的职业教师队伍,提供了数以千万计的专业技术技能人才,为经济转型和产业升级提供了支撑。党的十八大以来,职业教育领域不负重托,呈现出健康发展的态势。一些地区的职业院校,正在向着现代化高水平目标迈进,办学质量和发展水平已达到或接近世界领先水平。与此同时,我国职业教育也开始由规模扩张转向内涵发展,正处在创新理念、完善体制、提高质量、拓展空间的改革攻坚期。推动产业转型升级,提升产业基础能力和产业链水平,建设制造强国,需要大批掌握精湛技能和高超技艺的高素质技术技能人才队伍。加快发展现代职业教育,建设宏大的知识型、技术型、创新型劳动者大军,造就越来越多的大国工匠,助推中国制造走向中国创造,用高水平的人力资源来推动和实现经济的高质量发展,必须推动职业教育的变革。

3.1 开启"类型教育"新征程

2014年以来,职业教育的定位经过了"三级跳":2014年全国职业教育工作会议提出把发展现代职业教育摆在更加突出的位置;2018年全国教育大会提出把职业教育摆在教育改革创新更加突出的位置;2019年国务院《国家职业教育改革实施方案》提出把职业教育摆在更加突出的位置,实际上是摆在党和国家工作全局的重要位置。因此,才有了职业教育的新定位——把职业教育摆在教育改革创新和经济社会发展的突出位置,从中足以看到党和国家对于职业教育的高度重视。

《国家职业教育改革实施方案》是新时代中国特色社会主义教育总体部署的组成部分,是未来一个时期职业教育改革发展的总体方略,是职业教育"脱胎换骨式"改造的顶层设计。"脱胎"就是从教育体系中明确类型教育,按照类型教育的规律办学；"换骨"就是打造体系（包括中职、高职、职教本科等）、形成制度（如"1+X"证书制度）。这一改造可以从三个方面考虑：一是国家现在的产业结构和经济发展阶段决定需要大量的技术技能人才；二是《国家职业教育改革实施方案》是对职业教育全链条、全方位的支持政策；三是职业教育肩负的责任非常重大，不仅要承担提供更多技术技能人才就业的压力，而且肩负着贫困阻断的责任，这些因素共同将职业教育推入了大发展时期，要改革创新、攻坚克难，聚焦重点、难点和热点，破除制约事业发展的体制机制障碍，打一场职业教育提质升级攻坚战。

3.1.1　"类型教育"的基本认知

《国家职业教育改革实施方案》中提出的"类型教育"对于职业教育来说是在认识上的一次重大突破，这个突破会在职业教育的理论和实践创新中起到非常重要的作用。虽然目前仍有一个制度构建和理论提升的研究过程，但关键在于顺应时代发展，转变对职业教育的认识理念，需要整个社会营造一个平等的支持不同类型人才就业和发展的制度环境。

3.1.1.1　职业教育与普通教育的区别

《国家职业教育改革实施方案》指出职业教育与普通教育是不同的教育类型，具有同等重要的地位。这意味着职业教育有着与普通教育不同的培养目标和人才培养模式。

（1）培养目标不同。职业教育以就业为导向，普通教育以升学为导向。职业教育的培养目标是满足区域产业需求，为行业企业培养所需的技术技能人才。因此，职业院校的人才培养与企业的岗位需求有着密不可分的联系，职业院校必须与区域产业布局紧密关联，与行业企业密切合作，形成校企共同参与的人才培养模式，才能实现职业教育的人才培养目标。

（2）教学内容不同。普通教育的知识结构是按学科体系划分的，职业教育的教学内容是与职业岗位标准相对应的。学科性是普通教育的逻辑起点，就业需求和职业技能培养则是职业教育的基本出发点。本质完全不同的逻辑起点，必然演绎出不同的教育教学规律。

（3）教育方法不同。职业教育侧重于实践技能和实际工作能力的培养，职业教育的实践比重相对较大，更加注重动手、实践技能和操作能力，所学的理论知识也大多是为了辅助实践的。普通教育则是理论比重相对较大，虽然也有实际操作，但实践环节大多只是为了帮助学生进行理论知识的消化和理解。

3.1.1.2　职业教育人才目标定位的基本特点

（1）层次性。职业教育在层次上有中等职业教育和高等职业教育之分，这种层次的划分表面上是学历、学位的不同,本质上则是各层次职业教育培养人才所具备的职业能力内涵及程度高低的不同。

(2)复合型。随着科学原理被进一步应用到技术领域,社会对复合型技术技能人才的需求日益增长。复合型人才是具有两种以上专业知识和技能的人才类型,高等职业教育的人才培养目标定位尤其指向复合型人才培养。

(3)动态性。职业教育专业人才培养必须实现专业设置与产业需求对接、课程内容与职业标准对接、教学过程与生产过程对接、毕业证书与职业资格证书对接、职业教育与终身教育对接的"五对接"。随着经济社会快速发展,生产技术日益更新,职业岗位工作任务及能力要求也不断发生变化,必然要求职业教育人才培养也随之变化,因此职业教育的目标定位是随时代变迁而动态调整的。

3.1.1.3 职业教育作为类型教育的特征

不同类型的教育有着不同的教育目标、教育功能、活动特征、教学标准、培养模式、评价制度、课程体系、组织方式、教学主体和运行机制。职业教育作为一种类型教育,兼具职业属性和教育属性的跨界性质,一方面必须突破传统的学校教育模式,实现学校、企业及其他社会主体联合的多元办学形式;另一方面必须突破传统的学历教育模式,实现学历教育与职业培训的并重并举。职业教育的主要特征有六点:一是人才培养目标定位不是学术型人才,而是高素质劳动者和技术技能人才;二是教育功能范畴设定为学历教育和职业培训并举,从社会角度看是面向市场服务需求,从个人角度看是促进就业创业;三是教育目标以能力目标为核心,突出动手、实践、训练,强调学中做、做中学;四是教育模式和实施路径坚持走产教融合、校企合作的发展之路,强调产教融合、校企合作、工学结合、知行合一是实施职业教育的基本路径,职业院校要积极利用行业企业等外部力量"双元"协同育人;五是教育标准体现学校内部标准与行业企业用人标准的有机结合,人才评价来自学校自主评价和社会综合评价;六是教育制度具有独特性,具有与这种类型教育相匹配的面向人人、服务终身的课程方法论和教学方法论。

3.1.1.4 职业教育作为类型教育的属性

(1)从教育属性到职业属性的跨界特性。职业教育核心、稳定、突出的性质是培养技术技能人才,职业教育的受教育者可以从教育过程中获取所需的职业知识与技能。职业教育的属性特征有四点:一是教育性,要符合人才培养的要求,学生通过学习获得系统的专业知识;二是人文性,要培养德智体美劳全面发展、和谐发展、职业道德高尚、有人文情怀的职业人;三是职业性,职业教育培养的是职业岗位技术技能人才,培养内容具有很强的职业性;四是实践性,职业教育要培养应用型人才,侧重于实践能力的培养,教学过程应突出实践性。由此可见,职业教育不仅具有传统的教育属性,而且具有鲜明的职业属性;职业教育既要讲授知识,更要传授技能,千差万别的职业类型造就了职业教育的跨界属性。职业教育依托企业岗位和技术领域设置专业,从学生个人发展和经济社会发展的双重需求出发,与行业、企业、社会跨界融合,直接面向生产、经营、管理和服务一线工作岗位,根据岗位要求对学习者开展教育与培训,满足行业企业对应用型人才的需求。

(2)跨界特性决定了职业教育的多样化特性。一是,职业教育的人才选拔标准具有多样性,智力因素和技能因素都是人才选拔要考虑的因素。二是,不同的职业类型决定了人们对职业教育的多样化需求。三是,企业对人才需求的多样性决定了职业院校应培养多样性的人才、开展多样化的教育、拓展多样式的服务。四是,人格特质的多样性决定了职业教育生源渠道的多样化,职业教育应该为不同人格特质的受教育者提供适合的教育。五是,职业教育需要依据教育对象的多样性,确保公开、公正、公平地为所有受教育者提供职业教育机会和高质量的职业教育服务。

(3)多样化特性决定了职业教育的开放特性。职业教育不是一次性的就业教育,还包含了在职或职后教育,是持续开发人力资源的开放式教育。随着经济社会的发展,劳动者的职业类型、工作岗位可能会发生变动,面向人人的终身教育是职业教育应担负的重要职责。当然,职业院校是无法单方面全部承担培养社会所需人才的重任的,学校应该积极与企业合作,寻找校企合作的切入点,提高校企合作的有效性,促进校企合作的潜能发挥,校企共同通过教育与培训,为社会培养人才,提高人力资源水平。

3.1.1.5 职业教育作为类型教育的体系结构

(1)职业教育有完整的体系结构。自成体系是职业教育作为类型教育的基本特征,我国职业教育体系从层次结构来看,包括中等职业教育、高等职业教育以及应用型本科教育。从办学类型结构来看,包括政府办学、企业办学和社会办学。从办学形式结构来看,包括全日制教育与非全日制教育、学历教育与职业培训。当前,我国职业教育体系建设仍在持续推进、优化改进,以学历教育与职业培训为主要内容,不断完善各级各类职业教育实践形式,持续推动和完善现代职业教育体系的系统性和完整性。

(2)职业教育有明确的教育边界。不同层次职业教育的衔接与贯通,不同类型教育之间的互认与融通,都需要职业教育通过开放与闭合的理念与方式明确职业教育作为类型教育的边界,通过不断完善职业教育的内、外部衔接机制,推动构建完整的现代职业教育体系,探索我国职业教育服务产业发展的多元化、独特性实践路径。首先,通过中高本衔接,构建职业教育系统内部的闭环模式,形成内部打通的类型属性,实现中职学校、高职院校、应用型本科院校之间的衔接贯通,构建职业教育学生成长通道。其次,通过普职融通机制的创建,搭建起普通教育与职业教育之间的桥梁,以开放融合的方式构建类型边界。最后,通过育训结合,实现职业教育与人力资源市场直接对接。我国现代职业教育的发展,需要同时推进职业院校学历教育、职业培训的共同发展,国家通过"1+X"证书制度加快学历证书和职业技能等级证书互通衔接,实现学历教育与职业培训并重并举。

(3)职业教育有完善的招生制度。"人人皆可成才、人人尽展其才"要求职业教育构建通畅的人才成长路径。职业教育考试招生制度对于理顺职业教育内部中职、高职、应用型本科的贯通衔接通道至关重要。2019 年,《国家职业教育改革实施方案》明确提出建立职教高考制度,完善"文化素质+职业技能"的考试招生办法。这一职教招生制度以职业教育制度体系类型化为基础,充分体现和巩固了职业教育的类型特征,可有效解决教育评价导向问题,实现了高考制度体系的进一步类型分化。通过考试内容、生源对象的差异,明确了职业教育与普通教育之间的招生制度类型差异。

3.1.1.6　职业教育作为类型教育的实施路径

职业教育要坚持产教融合、校企合作的发展之路,产教融合、校企合作、工学结合、知行合一是实施职业教育的基本路径。

(1)经济和产业发展需要职业教育产教融合。随着我国社会主义经济模式的转变和发展,产业转型升级不断推进,人力资源和劳动力市场的供需不匹配问题变得更为突出,迫切需要职业院校与行业企业加强合作。走产教融合之路,校企合作共同培养人才,既是当前解决职业教育人才供需矛盾的急切需要,也是校企双赢发展的现实需要。在此背景下,市场化办学成为职业教育改革发展的方向。目前,我国职业教育办学模式越来越明显地呈现出产教融合的特征。一是在办学主体上,要求政府部门不断深化"放管服"改革,发挥市场在职业教育资源配置中的重要作用,形成行业、企业多种社会资本为主体的多元化办学格局;二是在办学体系上,不断完善服务终身教育和大众化教育的现代职业教育体系;三是在办学制度上,在职业教育改革关键环节不断构建和完善制度体系,包括规范校企合作、产教融合型企业认证、校企人员双向双栖流动等制度;四是在办学形式上,将更多的办学形式纳入职业教育体系,并对其学习成果进行有效的认定、积累和转换。

(2)企业在职业教育中发挥重要主体作用。当前我国职业院校是职业人才培养的主导者和实施者,企业参与程度相对较低,但从国外职业教育发达国家的成功经验和趋势来看,行业企业参与度应逐渐提高,企业参与培养技术技能人才的作用应更加突显。在传统的以学校为主的校企合作中,实习实训是校企合作的最主要形式,企业较少考虑技术技能人才培养的教学规律,校企合作往往只能停留在肤浅层面。随着近年来职业教育改革的不断深入,更多的企业以积极主动的方式融入校企合作之中,使校企合作逐步由学校单一主体向校企双主体转变。企业深入参与校企合作对于促进产业转型升级、提升经济发展质量有积极的推动作用,具体表现为:一是将代表先进生产力的产业先进技术元素融入教育教学过程,尤其是把职业岗位关键要求和技术转化为教学要素;二是将产业发展需求融入专业建设与教育教学过程,促进职业院校专业教学改革和服务能力提升,体现了职业教育的产业行业性、地方区域性特征;三是将体现精湛技艺、精益求精、追求卓越的工匠精神等产业优秀文化元素融入教育教学过程,促使职业理念、职业素养、职业技能、职业精神融于一体,引导学生形成正确的价值观。

3.1.1.7 职业教育作为类型教育的功能范畴

职业教育具有学历教育的职责,但更要发挥职业培训的功能,学历教育和职业培训并举,为构建学习型社会和提供终身教育服务。

(1)在学历教育和职业培训领域同时发挥作用。完善学历教育和职业培训体系是新时代职业教育改革的重点,职业院校学历教育和职业培训并举也是《职业教育法》的要求。职业教育发挥学校教育的硬件资源和教师资源优势,面向行业企业,走出学校,走进社区、企业,不断扩大社会培训的范围和种类是职业教育的重要任务,不仅有助于国家人力资源开发和劳动者终身发展,而且有助于职业教育更加高效及时地适应区域产业发展需要,在学习型社会建设中发挥更加积极的作用。

(2)立足终身教育,完善学历教育和职业培训体系。人的生存和发展是终身的,终身学习也是时代所需,终身职业培训体系建设是国家人力资源开发战略的重要内容,职业教育有助于解决我国现代化建设过程中劳动者个体的终身学习和培训需求。学习者的学习经历和成果需要通过建立健全的国家学分银行制度,用学分银行来存储记录,从而构建终身学习和培训的制度保障体系。因此,职业教育肩负着学历教育和职业培训的双重功能,在国家资历框架建立、学分银行建设方面发挥着不可或缺的作用。

3.1.2 "类型教育"的实施背景

围绕新时代职业教育的高质量发展要求,国家明确提出要建立健全以职业教育和普通教育"双轨"运行为标志,以纵向贯通、横向融通为核心,同经济社会发展和深化教育改革相适应的新时代中国特色职业教育体系,把职业教育改革发展的工作重心转到提高质量上来,努力办好中国特色高水平职业教育,坚定社会主义办学方向,坚定职业教育的类型方向,坚定更高质量的发展方向,实现职业教育提质培优、增值赋能。一是要在正本清源上下更大功夫,使职业教育真正成为一种有着广泛需求、具有特定功能的类型教育,它与其他教育之间并无等次优劣之分;二是要在守正创新上下更大功夫,使中国特色职业教育体系充分展示出强大的自我完善能力和更为旺盛的生机活力;三是要在力求实效上下更大功夫,着力固根基、扬优势、补短板、强弱项,有效引导我国职业教育步入高质量发展轨道。

3.1.2.1 构建纵向贯通、横向融通的中国特色现代职业教育制度体系

(1)建立中等职业学校教育、高等职业学校教育纵向贯通的职业学校体系。进一步夯实中等职业学校基础地位、创新发展专科层次的职业高等学校、开展本科层次职业高等学校试点。类型教育的明确是关系到我国职业教育往何处走、办成什么样、发挥什么作用的大问题,是服务产业转型升级培养高素质技术技能人才的时代要求。各行各业对技术技能人才的需求越来越紧迫,亟需建设一支知识型、技能型、创新型劳动者大军,通过类型教育建设一批高水平职业院校和专业群,为促进经济社会发展和提高国家竞争力提供优质人才资源支撑,这是新时代赋予职业教育的新使命。

(2)建立健全普职融通、产教融通、校企融通、学历教育与职业培训融通、师资融通、职业技能培养与职业精神养成融通等横向融通的制度体系。类型教育的实施是深化职业教育改革,引领高质量发展的重要抓手。我国职业教育发展取得了显著成就,通过一系列引领项目,职业院校在专业建设、人才培养、校企合作、条件保障、质量评价等方面,探索形成了一系列理念模式和制度标准。一批综合实力强、改革力度大、办学特色鲜明的职业院校快速成长,提升了我国职业教育的整体水平。实践证明,项目引领、扶优扶强、率先突破、带动整体的发展模式,加快了职业教育改革发展的步伐。

3.1.2.2 健全纵向贯通、横向融通的制度保障

(1)职教高考制度。基于不同的人才培养目标,要建立健全不同的人才选拔方式、考试内容。职教高考也要具有公开、公平、常规化、自由选择的性质,依托这一制度,任何职校生都可以通过统一考试进入任何职业院校的任何专业。有了职教高考制度,职校生的升学空间将大大拓展,同时也将使中等职业教育与职业专科教育、职业本科教育在内容上衔接起来,这对于加深各级职业教育之间的相互促进关系具有极为重要的意义。

(2)普职融通制度。普职融通是教育实现社会融合的需要,有助于促进职业教育与普通教育的资源共享和理念相互借鉴,为学生的全面发展提供制度性保障。普职融通的制度设计可在课程共享与学生流动这两个层面进行。

(3)国家资历框架制度。规定职业教育学生与普通教育学生的学习成果可以等值互换,进而规定在特定领域两个教育序列的学生享有同等权利。

国家资历框架制度是保障职业教育类型地位的关键性支撑制度。只有当职业教育学生的学习成果能给他们带来与普通教育学习成果同等的社会效果时，人们才会真正认可职业教育的类型地位。

3.1.2.3　完善促进体系有效运行的支撑条件

中国特色现代职业教育体系的运行需要学情分析、专业人才培养方案、"三教"改革（教师改革、教材改革、教法改革）、信息化技术应用、管理服务创新、典型经验积累六个方面的基本条件，这是按照从技术技能人才培养的起点到终点环环相扣而又层层递进的逻辑顺序进行设计的。其中，学情分析是前提，专业人才培养方案是关键，"三教"改革是重点，信息化技术应用是手段，管理服务创新是保障，典型经验积累是基础。具体到实施层面，就是建立与之相应的六个方面的支撑性条件。

（1）建立产业人才数据平台。现代职业教育建设需要持续深入跟踪各行业职业人才需求数据的专业化研究平台，及时准确地发布人才需求报告，引导职业院校专业设置、招生规模与人才培养目标定位，解决目前职业院校无数据可依、所依数据不科学、盲目设置专业和招生规模等问题，促使职业教育与产业人才需求更为精准对接与融合。

（2）建立专业教学标准。把标准建设作为提升人才培养质量的抓手，深度开发以职业能力清单和学习水平为核心内容的专业教学标准，为职业院校人才培养过程建设提供专业依据，为教学质量整体提升与监测提供基本制度保障，使人才培养更为深入地体现职业教育特色。

（3）建立产教融合型企业。发挥企业办学主体作用，探索混合所有制办学，建立基于产权制度和利益共享机制的校企合作治理结构与运行机制，为企业参与职业院校人才培养和技术研发提供稳定的制度保障。

（4）建立教师专业化培养体系。根据职教教师能力形成规律，建立大学培养与在职教师教育齐头并进的双轨制职业教育教师专业化培养体系，使职业院校有稳定的途径获得高质量教师，使每位希望进入职业教育体系的未来教师清楚地知道每个阶段应完成的学习任务和应达到的目标要求。

（5）建立教育教学质量监控体系。确立全面质量管理理念，建立健全全员参与、全程控制、全面管理的质量保证体系。完善由学校、行业、企业和社会机构等共同参与的质量评价、反馈与改进机制，完善职业教育质量年度报告制度，加强人才培养状态数据采集与分析，充分发挥数据平台在质量监控中的重要作用。

（6）建立公平的升学与就业制度。通过制度设计确保职业教育类型的学生在升学报考、就业求职、工作待遇、职务晋升等方面享有与普通教育类型的学生平等的机会，并通过制度实践使人们普遍形成技术技能人才与学术人才、工程人才之间的差别是类型的而不是等级的观念。

3.1.3 "类型教育"的改革任务

新时代职业教育作为类型教育,要实现"引领改革、支撑发展、中国特色、世界水平"的目标,关键还是强化内涵建设、突出改革任务,要以持续的政策供给有计划、有步骤、有重点地带动职业教育改革发展,实现整体提质培优。具体来说,就是要通过"一个加强""四个打造"和"五个提升"来实施职业教育作为类型教育的改革任务。

3.1.3.1 突出"一个加强"

"一个加强"就是指加强党的建设,确保社会主义办学方向。2013年6月25日,中共中央总书记习近平在中共中央政治局第七次集体学习中指出,"我们能够创造出人类历史上前无古人的发展成就,走出了正确道路是根本原因"。道路自信是对发展方向和未来命运的自信。建设中国特色高水平职业院校和专业,首先就是要扎根中国大地办学,坚定不移地走中国特色社会主义教育发展道路。职业院校加强党的建设,要把握以下三个"根本"。

(1)以习近平总书记关于教育的重要论述为根本遵循。新时代职业教育的本质特征是以习近平新时代中国特色社会主义思想为指引,以习近平总书记关于教育特别是职业教育的重要论述为根本遵循。总体来说,就是"三个落实""三个努力"。落实好高度重视、加快发展的工作方针,落实好服务发展、促进就业的办学方向,落实好建设中国特色职业教育体系的工作目标。努力培养数以亿计的高素质劳动者和技术技能人才,努力完善职业教育和培训体系,努力让每个人都有出彩的机会。

(2)落实好立德树人根本任务。深入推进习近平新时代中国特色社会主义思想进教材、进课堂、进头脑,大力开展理想信念教育和社会主义核心价值观教育,构建全员全过程全方位育人的思想政治工作格局,实现职业技能和职业精神的高度融合。职业院校青年学生正处于人生的"拔节孕穗期",最需要精心引导和栽培。要切实办好思想政治理论课,把思想政治理论课当作立德树人的关键课程来抓,努力按照"六项要求"(政治要强、情怀要深、思维要新、视野要广、自律要严、人格要正)建设高水平师资队伍,按照"八个统一"(政治性和学理性相统一、价值性和知识性相统一、建设性和批判性相统一、理论性和实践性相统一、统一性和多样性相统一、主导性和主体性相统一、灌输性和启发性相统一、显性教育和隐性教育相统一)建设高质量的思想政治理论课程。

(3)把加强党的建设作为根本保证。一是要加强学校党委科学决策能力建设。职业院校学校党委要担负起管党治党、办学治校的主体责任,贯彻新时代党的建设总要求，坚持党委领导下的校长负责制，把上级党组织的方针政策落到实处，做到"四个过硬"，即把方向过硬、管大局过硬、做决策过硬、保落实过硬。二是要加强对院（系）党组织领导能力的培养。完善院（系）党政共同负责制的领导体制，不断加强院（系）党组织建设，具体来说，做到"五个到位"，即党组织领导和运行机制到位、政治把关作用到位、思想政治工作到位、基层组织制度执行到位、推动改革发展到位。三是要抓好职业院校基层党支部建设。按照新时代党建工作尤其是党的全面领导的总要求，基层党支部必须在管好自己、着眼全局上下功夫、求实效，具体要做到"七个有力"，即教育党员有力、管理党员有力、监督党员有力、组织师生有力、宣传师生有力、凝聚师生有力、服务师生有力。四是要把充分发挥师生党员的先锋模范作用落到实处。广大教师担负着立德树人、教书育人的神圣职责，要实现学高为师、身正为范的要求，广大教师必须具有鲜明的政治立场和政治态度，把爱党、爱国、爱社会主义作为基本要求。要把加强教师党建工作尤其是青年和高层次人才的党建工作作为重要任务，发挥好教师党员和学生党员的先锋模范作用。

3.1.3.2 实现"四个打造"

（1）打造人才培养高地，培养社会主义接班人。职业院校肩负着人才培养、科学研究、服务社会、文化传承创新与国际合作交流等使命，但这些职能不是并列的，也不是相互独立的，而是以人才培养为核心、有机统一的整体。科学研究、社会服务、文化传承创新与国际合作交流都是人才培养功能的延伸，这些功能都是为了更充分地实现人才培养功能而存在。职业院校要着力打造德技并修的、复合型的、德智体美劳全面发展的技术技能人才。

①培养德技并修的人才。德技并修是指德育育人为先，技艺成才为要，两者要融会贯通，同向发力，把育人和育才相统一。工学结合是指做中学、学中做，手脑并用。要深化人才培养模式改革。坚持工学结合、知行合一，把劳模精神和工匠精神融入国家教学标准。要推动职业院校教师、教材、教法"三教"改革。完善"双师型"特色教师队伍建设，建设引领教学模式改革的教师创新团队，健全教材建设规章制度，组织建设量大面广的专业核心课程教材，遴选发布一批校企"双元"合作开发的国家规划教材，普及推广项目教学、案例教学、情景教学、工作过程导向教学等，推广混合式教学、理实一体教学、模块化教学等新型教学模式。要总结推广现代学徒制试点经验，校企共同研究制定人才培养方案，及时将新技术、新工艺、新规范纳入教学标准和教学内容，强化学生实习实训。

②培养复合型技术技能人才。实施"学历证书+若干职业技能等级证书"的"1+X"证书制度。"1+X"证书制度是一项全新的制度，是深化复合型

技术技能人才培养培训模式和评价模式改革的重要举措,对于构建国家资历框架等也具有重要意义。职业技能等级证书是"1+X"证书制度设计的重要内容,是一种新型证书,不是国家职业资格证书的翻版。与教育部、人社部两部门目录内职业技能等级证书具有同等效力,持有证书人员享受同等待遇。职业技能等级证书的开发与实施,将按照"放管服"改革要求,面向社会招募培训评价组织,实行目录管理,建立退出机制。

③培养德智体美劳全面发展的人才。加强劳动教育,以劳树德、以劳增智、以劳强体、以劳育美。2020年3月,中共中央、国务院印发了《关于全面加强新时代大中小学劳动教育的意见》,明确指出劳动教育是中国特色社会主义教育制度的重要内容,直接决定社会主义建设者和接班人的劳动精神面貌、劳动价值取向和劳动技能水平。关于劳动教育,教育部部长陈宝生强调,要从不同学段、不同对象的实际出发,处理好劳动教育的观念、目标、过程、评价,保证劳动教育的正确方向,充分发挥劳动教育在立德树人中的重要作用。一是要摆准位子。在德智体美劳五育并举的人才培养体系中,准确理解劳动的政治属性、教育属性、实践属性,准确把握新时代劳动教育的丰富内涵和重大意义;二是要立好柱子。围绕劳动教育体系的关键点,加快建设速度,把四梁八柱立起来,目标树起来,课时定下来,内容选出来,评价硬起来;三是要搭实台子。多措并举,充分利用综合实践基地、青少年校外活动场所、学校实习实训室等资源,打破体制壁垒,完善相关机制,多途径扩大校外劳动实践基地,为学生搭建好劳动实践平台;四是要探索路子。从实际出发,结合当地自然条件、经济状况和文化积淀,不断探索体现实效的劳动教育实施路径,在全社会大力营造劳动光荣、创造伟大的舆论氛围,让劳动教育的路子越走越宽广。

(2)打造创新服务平台,提升技术服务含金量。《国家职业教育改革实施方案》提出,职业院校要重点服务企业特别是中小微企业的技术研发和产品升级。技术创新能力是职业院校的核心竞争力,但目前职业院校技术创新能力普遍较弱。《2019中国高等职业教育质量年度报告》中数据表明:从横向技术服务到款额看,全国近3/4的职业院校在100万元以下,半数院校在10万元以下。新时代职业教育把打造"技术技能人才培养高地"和"技术技能创新服务平台"并列为两大支点,就是要引导职业院校补提技术创新短板,对接科技发展趋势,以技术技能积累为纽带,促进人才培养、团队建设、技术服务有机结合、协同推进、相互促进、整体提升。职业院校打造技术技能创新服务平台,重点要抓好以下三个"融入"。

①融入产业发展。职业院校技术技能创新服务平台应与产业发展需求相适配,精选优势研究方向,建设科技攻关协同创新平台;解决社会现实问

题,推动产业创新驱动发展,建设品牌智库平台;服务区域重点行业和支柱产业,以专业群为依托,建设应用技术服务平台;响应国家"大众创业、万众创新"号召,建设创新创业平台。职业院校要深化体制机制创新,更加注重改革创新的科学化、系统化、个性化,更加注重产业、行业、企业、职业联动,以机制创新、制度创新为重点,加快高水平技术技能创新服务平台建设,用中国方案解决职业教育科技创新能力不足的问题。

②融入行业企业发展。以人工智能、物联网、区块链、大数据、虚拟现实等一系列创新技术引领的第四次工业革命,促使行业企业不断探寻新的增长动能和发展路径,新技术、新业态、新模式不断涌现。技术技能创新服务平台建设和发展要融入行业企业,洞悉行业企业发展态势,了解行业企业需求,为行业企业发展解决实际问题,提升职业院校技术技能创新服务平台的生命力,产出行业企业真正需要的技术创新成果。区域重点行业、中小微企业是职业院校技术技能创新服务平台面向的主战场,要聚焦这一主战场,针对行业企业创新需求,突出学校企业创新"双主体"地位,推动学校创新成果向企业集聚,使核心技术更快地转化为现实生产力。要通过政校行企协同创新,健全技术技能创新服务支撑体系,强化知识产权运用和保护意识,切实提升职业院校服务发展、支撑发展的能力和水平。

③融入人才培养。职业院校要以人才培养为中心,确保技术创新始终服务教学一线,实现"教学出题目、科研做文章、成果进课堂"。职业院校不能仅仅满足于跟跑行业企业发展,仅将现行的生产流程、工艺、设备复制到教学中,而应当在此基础上鼓励教师走进行业企业、走进生产一线,与行业企业技术人员合作解决生产中的实际问题、开发新产品、推进技术成果转化,使职业院校逐步成为行业企业发展的"伴跑者",甚至是"领跑者",以提高教师的应用技术研发能力,提升职业院校的社会服务能力,改变校企合作"一头热"的局面。

(3)打造高水平专业群,筑牢人才培养基石。专业群建设是职业教育与社会对人才需求的桥梁和纽带,是主动适应经济发展和产业升级的关键环节,也是职业院校强化内涵、提升质量的突破点和着力点,已经成为新时代职业院校综合实力竞争的重要领域。只有高水平专业群才能更好地支撑高水平职业院校建设。职业院校应将专业群建设上升到质量发展、特色发展和品牌发展的战略高度,把专业群作为专业结构优化的重要抓手、资源共建共享的重要载体、服务灵活有效的重要途径、内部治理重构的重要机遇,通过专业群建设引导学校准确定位,凝聚办学特色,走差异化发展道路,形成具有显著辨识度和影响力的形象品牌。职业院校打造高水平专业群,要把握"高"和"动"这两个关键词。

①组建具有"高"特征的专业群。专业群是职业院校专业建设的"升级版",外部对接产业链或岗位群需求,内部促进专业协作、资源共享。

一要实现对接产业吻合度高。产业发展是专业群建设的外驱力,是专业群组建的逻辑起点。衡量一个专业群的水平高低,首先要看其是否精准对接产业需求,并动态调整、实时优化,实现与产业发展协调互动。高水平专业群紧贴区域产业结构调整规划,围绕区域经济发展战略规划的支柱产业和新兴产业,聚焦服务对象,优化资源配置,动态调整专业组成、专业结构和专业内涵,推动教育链、人才链和产业链、创新链有机衔接,有效服务企业技术研发和产品升级,为增强产业核心竞争力提供有力支撑。

二要实现资源整合共享度高。资源整合是专业群建设的内驱力,是优于传统单体专业建设的直接体现。离散的单体专业建设模式,一个明显弊端就是办学资源割裂,造成单体资源不足与整体资源浪费并存。高水平专业群充分发挥集群效应,有机整合课程资源、教师资源与实训资源,实现资源整合和共享效益最大化,使原本"小"而"散"的单体专业相互支撑,形成人才培养合力。

三要实现人才培养产出度高。人才培养是专业群建设的根本任务,是评价专业群成效的根本标准。"群"是专业建设的手段,而不是目的,根本在于实现更高水平的人才培养。高水平专业群是我国职业院校专业建设和人才培养的最新成果和最高水平,培养一批又一批大国工匠和能工巧匠,形成具有国际竞争力的人才培养高地,为中国产业走向全球产业中高端提供高素质技术技能人才支撑。同时,高水平专业群建设探索形成一系列的理念、标准、模式、资源、课程、教材,为全国职业院校人才培养提供指引和借鉴,带动提升职业教育的学生满意度、服务贡献度和社会美誉度。

②完善具有"动"功能的发展机制。专业群建设不是一成不变的静态结果,而是伴随产业发展持续优化升级的动态过程,要健全对接产业、动态调整、自我完善的专业群建设发展机制。

一要动态调整专业构成。适应产业发展需要,在通用共享的群基础平台之上,灵活调整专业组成和专业方向,拓展相近或新兴专业,通过原有专业的衍生开发、滚动发展,在专业群主体面向保持稳定的同时,增强外部适应性,使专业群富有旺盛活力,生命周期远远长于单体专业。

二要动态升级专业内涵。密切跟踪新技术、新模式、新业态,对接未来产业变革和技术进步趋势,调整人才培养定位,更新教学内容,将新技术、新工艺、新规范等产业先进元素纳入教学标准和教学内容,确保培养目标适应岗位要求、教学内容体现主流技术、人才培养体系与时俱进。

三要动态优化评价机制。以教学诊断与改进为基本制度,以学习者的职业道德、技术技能水平和就业质量，以及产教融合、校企合作水平为核心，内部质量保证与行业、企业等外部质量评价有机结合，实现评价主体多元化、评价内容动态化，持续推动高水平专业群高质量发展。

（4）打造高水平双师队伍，夯实学校发展基础。教育是国之大计、党之大计，教师是立教之本、兴教之源。教师承担着传播知识、传播思想、传播真理的历史使命，肩负着塑造灵魂、塑造生命、塑造人的时代重任，是教育发展的第一资源，是国家富强、民族振兴、人民幸福的重要基石。新时代职业教育要以"四有"标准打造数量充足、专兼结合、结构合理的高水平双师队伍。职业院校打造高水平双师队伍，要抓好以下三个"结合"。

①拔尖人才培育与整体水平提升相结合。新时代职业教育对教师队伍建设提出更高标准、更高要求，既有高端引领，又有短板补齐，推动教师队伍整体迈向高水平。一方面，着力打造领军人才，培育引进一批行业有权威、国际有影响的专业群建设带头人，着力培养一批能够改进企业产品工艺、解决生产技术难题的骨干教师，合力培育一批具有绝技绝艺的技术技能大师。聘请行业企业领军人才、大师名匠兼职任教。另一方面，在"双师型"和"双师"结构两方面双管齐下，整体推进教师队伍建设。按照专兼结合、双师组合、机制融合的要求着力打造"双师"结构教学团队，与此同时，要创造各种可能有效的路径，落实教师轮训制度，推动专业教师真正成为"双师型"教师，在挂职实践、轮岗培养、人员进出等方面要畅通渠道，形成良性循环。

②师德师风建设与专业能力培养相结合。教师队伍建设要以师德为先、能力为重。要将师德师风作为评价教师素质的第一标准，在教师年度考核、职称评聘、推优评先、表彰奖励等工作中必须进行师德考核，实行师德师范"一票否决"。要落实好《新时代高校教师职业行为十项准则》，健全师德师风建设长效机制，全面加强教师思想政治工作，强化师德实践，推动全员、全方位、全过程师德养成，引导广大教师真正把教书育人和自我修养结合起来，自觉做以德立身、以德立学、以德施教、以德育德的楷模。在专业能力培养方面要分类指导、定向发力，建好用好教师发展中心，根据各类教师的不同特点和发展实际，构建兼顾专职和兼职教师、教师个体和团队的分类分层管理体系，提升教师教学和科研水平，促进教师职业发展。

③政策引导与制度保障相结合。当前国家越来越重视教师队伍建设，努力提高教师的政治地位、社会地位、职业地位，使教师成为人人羡慕和尊重的职业。职业院校要在国家政策引领下，瞄准学校教师队伍建设的实际问题，加快人事制度改革，形成支撑高水平教师队伍建设的制度体系。要完善准入标准，鼓励职业院校制定和执行反映自身发展水平的"双师型"教师标准。要创新评价机制，将师德表现、教学水平、应用技术研发成果与社会

服务成效等作为职业院校教师专业技术职务(职称)评聘和工作绩效考核的重要内容,建立以业绩贡献和能力水平为导向、以目标管理和目标考核为重点的绩效工资动态调整机制,实现多劳多得、优绩优酬,激发广大教师教书育人的积极性。

3.1.3.3 完成"五个提升"

(1)提升校企合作水平,形成校企命运共同体。2014 年,习近平总书记就加快职业教育发展作出指示,提出"坚持产教融合、校企合作,坚持工学结合、知行合一",这"四合"是一个连贯的教育思想,反映了职业教育的根本规律。2017 年,《关于深化产教融合的若干意见》包括产教融合的 7 个方面共30 项政策。2018 年,《职业学校校企合作促进办法》建立了校企合作的基本制度框架。2019 年,《建设产教融合型企业实施办法(试行)》对进入目录的产教融合型企业给予"金融+财政+土地+信用"的组合式激励。2019 年,国务院常务会议决定:产教融合型试点企业兴办职业教育的投资,落实按投资额 30% 抵免该企业当年应缴教育费附加和地方教育附加的政策。可以说,经过多年的努力,产教融合、校企合作形成了重要制度保障,到了打通"最后一公里"的关键时刻了。职业院校提升校企合作水平,要做到以下三个"坚持"。

①坚持问题导向。当前产教融合发展还面临不少瓶颈和制约因素,例如,人才培养和产业需求存在着"两张皮"问题,主要表现为:一是在宏观层面上,教育和产业统筹融合、良性互动的格局尚未根本确立。一些地方发展"见物不见人",教育资源规划布局、人才培养层次、类型与产业布局和发展需求不相适应,技工、高技能人才需求量居高不下,部分高校毕业生就业压力持续增大,人才供需结构性矛盾凸显;二是在微观层面上,校企协同、实践育人的人才培养模式尚未根本形成,校企合作"学校热、企业冷",处于浅层次、自发式、松散型、低水平状态。企业参与办学的积极性不高,课程内容与职业标准、教学过程与生产过程相对脱节,"重理论、轻实践"问题普遍存在。

②坚持统筹设计。发展职业教育的主体责任在地方,各地应把职业教育纳入地方经济社会发展总体规划,促使职业院校与经济社会发展实现同步规划、同步建设、同步发展。结合区域功能、产业特点探索差别化的职业教育发展路径,优化职业院校和专业布局,建立健全产教对接机制,促进人才培养与产业需求有机衔接,发挥高职院校的引领作用,形成区域内职业院校协调发展的格局。

③坚持主动作为。职业院校应主动与行业领先企业合作搭建人才培养与技术创新平台,在人才培养、技术创新、就业创业、社会服务、文化传承等方面开展全方位合作;联合企业组建职业教育集团(联盟),建设产业学院和

企业工作室、实训实践基地，合作开展"订单班"以及现代学徒制培养；以技术技能积累为纽带，促进创新成果与核心技术产业化，重点服务企业特别是中小微企业的技术研发和产品升级。

（2）提升服务发展水平，提高社会贡献度。职业教育是国民教育体系和人力资源开发的重要组成部分，是广大青年打开通往成功成才大门的重要途径，肩负着培养多样化人才、传承技术技能、促进就业创业的重要职责。职业院校提升服务发展水平，要聚焦以下三个领域。

①支撑国家战略。职业院校应对接制造强国建设、实体经济振兴、创新驱动发展、脱贫攻坚、乡村振兴、军民融合、区域协调发展等重大战略，自觉扩大优质职业教育资源供给，培养服务国家战略的大国工匠，为战略任务提供重要人才和智力支撑。服务"一带一路"建设和国际产能合作，推动中国职业教育与企业协同"走出去"，为促进全球经济社会发展和构建人类命运共同体贡献更多中国元素、中国智慧和中国方案。

②融入区域发展。职业院校应精准对接区域人才需求，服务建设现代化经济体系和实现更高质量、更充分的就业需要，优化专业布局，建立面向产业发展中高端水平的技术技能人才培养体系，培养服务区域发展的高素质技术技能人才。面向区域主导产业、支柱产业、重点产业，以技术技能积累为纽带、以促进创新成果和核心技术产业化为关键，打造技术协同中心等产学研平台。融合社区教育，融入社区发展，服务终身学习，推动学习型社会建设。

③服务人人出彩。落实学历教育与职业培训并举的法定职责，健全面向全体劳动者的职业教育培训制度，全面增强劳动者就业创业能力，让更多青年凭借一技之长实现人生价值，让三百六十行人才荟萃、繁星璀璨。完善技术技能人才保障政策，坚决纠正就业市场歧视职业院校毕业生的情况，提高技术技能人才收入水平和地位，推动形成人人皆可成才、人人尽展其才的良好环境。加大对农村地区、民族地区、贫困地区职业教育的支持力度，努力让每个人都有人生出彩的机会。

（3）提升学校治理水平，推进治理能力现代化。管理是治校办学的基本功。职业院校要健全内部治理体系，完善以章程为核心的现代职业院校制度体系，建立和完善现代职业院校制度。制度的执行比制定更为重要，一项制度的出台或许不易，但制度的执行可能比制定更为艰辛。制度的执行不仅需要机构、人员、经费、机制等一系列保障，更需要制度文化的长期建设。职业院校提升治理水平，要抓好以下三个"健全"。

①健全内部治理结构。落实《高等学校章程制定暂行办法》，以章程建设为抓手，形成"党委领导、校长负责、专家治学、民主管理、企业参与、社会

监督"的学校治理结构,面向市场履行法人主体职责,依法治校,自主办学,不断提高理性选择和决策能力,激发办学活力。职业院校要深化内部管理体制改革,用好专业设置机制、人事管理、教师评聘、收入分配等方面的办学自主权,设立由办学相关方代表参加的理事会或董事会机构,发挥咨询、协商、议事和监督作用;设立校级学术委员会,统筹行使学术事务的决策、审议、评定和咨询等职权;设立校级专业建设委员会,指导和促进专业建设和教学改革;发挥好教职工代表大会作用,完善体现职业院校办学和管理特点的分配机制。

②健全质量自治体系。以《高等职业院校专业目录》和《高等职业院校专业设置管理办法》为依托,引导高职学校提高专业结构与地方经济结构的契合度,加速改造传统专业,大力扶持新兴专业,把好质量内部保证的入口。以高等职业院校人才培养工作状态数据采集与管理平台为基础,推进教学工作诊断与改进制度建设,建立常态化的院校自主保证人才培养质量机制,建立和完善内部质量保证体系,管理好质量内部保证的过程。以对用人单位有较大影响力的行业协会和行业职业教育指导委员会为依托,以行业企业的用人标准为依据,开展专业层面的人才培养工作诊断改进试点,促进高职学校相应专业的改革与建设,把好质量内部保证的出口。

③健全社会监督机制。职业院校人才培养质量报告是建立社会对职业院校人才培养质量公众信任的基本途径。职业院校人才培养年度质量报告应从学生满意度和社会满足度这两个维度出发,主要包括学生发展、教育教学改革与成效、政府履责、服务地方、国际影响等方面,向社会做出质量承诺,体现学校对提供教育服务水平的承诺以及持续改进质量的决心和信心,并接受社会、行业企业、学生及家长等社会各方的监督。同时,逐步提高质量报告的量化程度、可比性和可读性。职业院校还应注重对人才培养工作状态数据的分析与反思,从数据背后深挖存在的问题。

(4)提升信息化水平,融入教学管理全过程。2019年5月16日,习近平主席在致"国际人工智能与教育大会"的贺信中指出,积极推动人工智能和教育深度融合,促进教育变革创新。新时代职业教育应积极发挥现代技术在促进教育公平、提升教育质量中的作用,推动教育理念、教学方式、管理模式创新,完善以学习者为中心的智能化教学环境,努力实现规模化教育和个性化培养的有机结合,不断提升人才的创新精神和实践能力。没有信息化就没有现代化,教育信息化是教育现代化的基本内涵和显著特征,是"教育现代化2035"的重点内容和重要标志。职业院校要顺应"互联网+"和人工智能发展趋势,把教育信息化作为教育系统性变革的内生变量,支撑引领教育现代化发展,推动教育理念更新、模式变革、体系重构。职业院校提升信息化水平,要瞄准以下三个方向。

①促进教育现代化的方向。落实《职业院校数字校园建设规范》,加强数字媒体制作室、数字化教室等教育信息化硬件基础建设,进一步优化职业院校信息化教学环境。推动优质数字教育资源共建共享,推进建设专业教学资源库,开发基于职场环境与工作过程的虚拟仿真实训资源和个性化自主学习系统,建立健全共建共享平台的资源认证标准和交易机制,进一步扩大优质资源覆盖面,强化优质资源在教育教学中的实际应用。通过信息技术与教育教学过程的深度融合,依托智慧教室、移动终端和虚拟工厂等形式,借助翻转课堂、混合教学、微课、慕课等教学改革,重点解决实训教学中"进不去、看不见、动不了、难再现"的难题。开展信息化环境下的职业教育教学模式创新研究与实践,用信息技术改造传统教学,促进教与学、教与教、学与学的全面互动,以信息化引领构建以学习者为中心的全新教育生态。

②提高管理服务水平的方向。鼓励职业院校建成集行政、教学、科研、学生和后勤管理于一体的信息服务平台,支持学校实施校企合作信息发布、项目管理、顶岗实习管理、人力资源信息管理、就业信息分析等。推进平安校园、节能校园平台建设,实现对校园安全、能源管理过程跟踪、精准监控和数据分析。推动职业院校加强管理信息化应用,做好信息采集、统计和更新工作,提高管理效能。充分利用云计算、大数据、人工智能等新技术,促进信息技术和智能技术深度融入管理服务的全过程,构建全方位、全过程、全天候的支撑体系,助力教育教学、管理和服务的改革发展。

③提升数据治理水平的方向。依托大数据分析和挖掘,将构建校本数据中心,打造师生全生命周期信息系统,在消除信息孤岛,保证信息安全的同时,紧盯区域经济发展趋势和人才需求更新,以"信息技术+"升级传统专业,及时发展数字经济催生的新兴专业,综合运用信息技术手段推进学校管理方式变革,为学校的管理决策提供科学的数据支撑和保证。

(5)提升国际化水平,打造中国职教品牌。我国职业教育在办学理念、办学模式、办学质量和产业支撑等方面积累了丰富经验。随着"一带一路"建设的加快推进,沿线国家对职业教育和技术技能人才的需求不断增长,为我国职业教育提供了巨大的发展机会,也为广大职业院校的国际交流与合作带来了前所未有的广阔空间。职业院校要融入世界职教话语体系,必须进一步梳理职业教育"中国经验",构建职业教育国际化人才培养标准,形成职业教育"中国方案",打造走向世界的中国职教品牌。职业院校提升国际化水平,要奏响以下"三部曲"。

①境外优质资源"引进来"。"引进来"是我国职业院校国际化发展的传统形式。新时期职业院校"引进来"应坚持优质与需求导向原则。根据学校

发展需要,学习引进国际先进、成熟、适用的职业标准、专业课程标准、数字化教育资源等,通过转化使其成为"为我所用"的教育教学资源;加强与信誉良好的国际组织、跨国企业以及职业教育发达国家之间的交流与合作,探索职业教育领域国际合作的新途径、新模式,提升合作的层次、水平和内涵;选择专业相近的国外高水平职业院校共建专业、实验室或实训基地,共同开发课程,建立教师交流、学生交换、学分互认等合作关系,为师生的国际化素质的培养以及跨国升学就业等提供便利,促成中外职业教育协同创新发展。

②服务优质产能"走出去"。"走出去"正在成为职业教育国际化发展阶段的重要特征。职业院校应主动服务国家"一带一路"建设,扩大与沿线国家在职业教育领域的合作,助力我国优质产能"走出去"。发挥职业院校的专业和培养模式优势,主动服务制造强国的十大重点产业领域,培养具有国际视野、通晓国际规则的技术技能人才。探索开展多种形式的国外合作办学,探索学历学位互认机制,开展多层次职业教育和培训,培养中国企业海外生产经营需要的、符合中国企业用人标准的本土化人才。

③国际影响力"再提升"。"再提升"是我国职业院校国际化发展的根本目标。新时代职业院校国际化发展要服务于建设具有国际影响力的职业教育强国建设目标。首先,职业院校应主动参与国际职业教育合作与发展,尤其是加强与职业教育发达国家的交流合作,探索援助发展中国家职业教育的渠道和政策。其次,职业院校应主动参与制定职业教育国际标准,开发国际通用的专业标准和课程体系。再次,职业院校要打造职业教育的中国品牌,逐步扩大境外学生来华学习的规模,并建立质量保证机制。最后,通过以上路径的探索,进一步扩大我国在国际职业教育领域的话语权,进一步增强我国职业教育的国际影响力。

3.2　新时代职业教育改革发展的新特征

3.2.1　立德树人、精准育人的根本任务

3.2.1.1　全面落实立德树人的根本任务

职业教育虽然是与经济联系最为直接、紧密的教育类型,但其本质仍然是"教育",宗旨仍然是培养"人",通过培养技术技能人才,服务经济社会的发展。因此,职业教育质量应凸显"人"的维度,质量标准是以"人"作为受益主体所订立的标准,决不能见物不见人。国无德不兴,人无德不立。一个国家要培养人才,既要育智,更要育人。党的十八大以来,以习近平同志为核心的党中央审时度势、高瞻远瞩,高度重视培养社会主义建设者和接班人,

坚持把立德树人作为中心环节,把思想政治工作贯穿教育教学全过程,实现全程育人、全方位育人,努力开创我国教育事业发展新局面。就职业教育而言,"以人为本"就是以学生的全面发展为本,其核心是学生品德与价值观的成长和成熟,而不仅仅是获得工作技能。当今时代高新科技迅猛发展,社会环境快速变化,对人的品德和价值观提出了更高要求,作为引领职业教育质量提升的路标,职业教育的立德树人具有不同于普通教育的内在规律性。各职业院校全面贯彻党的教育方针,以文化人、以德育人,将德育落实在各专业教学之中、渗透在校园生活的各个环节、延伸到学生发展的方方面面,广大青年学子的思想水平、政治觉悟、道德品质、文化素养不断提高,不断激发为中国梦矢志奋斗的正能量。

提高人才培养质量是加快发展现代职业教育的核心,立德树人是职业教育的根本任务,培育和弘扬社会主义核心价值观是新时期赋予学校教育工作的新要求、新任务。青少年正处于世界观、人生观、价值观形成的关键时期,要将社会主义核心价值体系融入教育教学全过程,要弘扬中华优秀传统文化,提高学生的人文素养。要发挥课堂教学和实训实习在学生思想道德和职业道德教育中的主导作用,建设融入企业文化的校园文化,将职业精神与职业技能培养相融合,着力提高学生社会责任感和劳动荣誉感,培养爱岗敬业、诚实守信的职业精神、职业素养和善于解决问题的实践能力。职业素养是职业教育立德树人的核心模块,体现了学生个体在职业环境中的品质特征与心理倾向,是个体道德水平在职业领域的表现。新时代所需要的职业素养更高,主要包括敬业精神、事业心、责任心、团队意识、诚信意识、批判性思维能力、沟通能力、应变能力、创新能力等,这些内容是职业教育对立德树人的特有诉求。坚持以此为抓手,立德树人才能在职业教育中得到深植,职业教育质量才能真正得到保证。①

3.2.1.2 精准育人提升立德树人成效

在当今网络信息化技术高速发展的背景下,职业院校学生思想政治教育工作逐步由普适育人向精准育人转变,转变的核心动力来自于大数据驱动,即大数据融合促进思想政治教育工作创新发展。这一转变既是大数据时代思想政治教育的发展趋势,也是思想政治教育现代化的内在要求。大数据驱动的思想政治教育,使得大学生的学习状态、学习行为、学习结果等数据可视化呈现、可量化测量、可传递记录,智能手机、平板电脑、微信、微博、可穿戴设备下的数据信息,皆可被采集并识别,"精准画像"后应用于思

---

① 赵蒙成.立德树人是职业教育质量的关键内涵[J].职业技术教育,2019,40(10):1.)

想政治教育教学的各个环节,使智慧校园、智慧课堂、智慧思政成为现实,不断提升思想政治工作的配置效率与精准力度,最终实现思想政治工作育人机制的优化,这是落实立德树人根本任务的关键所在,也是做好精准思政的前提条件。

(1)精准育人功能。运用教育数据挖掘技术和学习分析技术,努力推进高校思想政治工作的创新和发展。一是,数字化的精准识别能及时找准学生"人生扣子"的具体位置,有利于构建大数据时代高校思想政治工作创新的价值维度;二是,网络化的精准识别能全局查找学生"人生扣子"的排列顺序,有利于形成大数据时代高校思想政治工作创新的实践平台;最后,智能化的精准识别能高效核对学生"人生扣子"的匹配程度,有利于优化大数据时代高校思想政治工作创新的路径模式。

(2)精准育人维度。思想政治教育工作要因事而化、因时而进、因势而新。在以云计算、大数据、人工智能、区块链为特征的信息技术时代,依托信息化资源在精准识别的基础上,可以更精准地走近学生并充分了解学生。首先,运用现代信息化技术能够深入挖掘思想政治教育蕴含的时代意义和社会价值,使大学生所学内化于心,形成正确的世界观和方法论,深化对社会主义核心价值观的认知认同。其次,思想政治教育数据的多样化采集与多元化分析,更能精准识别全维度的"学生画像",个性化服务学生审美、创造和价值观塑形,发挥思想政治教育转化、愉悦和陶冶等功能。最后,大数据驱动的思想政治教育工作能够全面了解学生心理状况、思想动态、行为特点和价值取向,从而精准发现问题、高效解决问题。

(3)精准育人方法。职业院校肩负着培养德智体美劳全面发展的社会主义建设者和接班人的重任。大数据技术给职业教育带来了创新性影响,推进思想政治教育工作的创新开展。首先,精准调研。精准识别的重要环节就是开展科学、合理的调研活动,坚持全面调查和重点调查相结合,力求长期化和长效化,以分析把握教育教学过程中的问题态势。其次,精准成像。积极构建学生思想政治工作大数据一体化平台,实时采集学生学业发展、社会实践、生活规律等模块数据,精准识别教育对象。最后,精准解析。依托不同时期、不同群体之间的对比图、趋势图,充分发掘学生的困惑点、兴趣点、需求点,有针对性地回应学生和引导学生。大数据、新媒体、人工智能、区块链等技术迅猛发展,已经深刻改变了思想政治工作和教育的形态,传统的数据存储、管理和分析能力已经难以适应新时代信息发展的客观要求。以教育信息化引领教育现代化,是新时代思想政治教育教学改革的必然选择,对于构建教育强国和人力资源强国具有重要意义。

3.2.2　人人成才、人尽其才的培养理念

发展是第一要务，人才资源是第一资源。加快转变经济发展方式是当前我国经济社会发展的主线，需要数以亿计的高素质劳动者和技术技能人才为支撑。人才观决定着职业教育教学观和质量观，高质量的职业教育离不开正确人才观的引导。要树立"人人皆可成才"的人才观，就要充分认识高素质劳动者和技术技能人才在转方式、调结构、促升级中具有的不可替代的作用，把技术技能人才纳入国家人才培养体系。

3.2.2.1　职业教育人才培养理念

人才培养是指对人才进行教育、培训的过程。人才培养主要涉及三个方面，即培养什么人、怎样培养人、为谁培养人，根据培养主体的不同而体现培养要求的差异。职业教育通过传授职业知识与技能使受教育者能够胜任某种职业或生产劳动，直接目的就是满足个人就业和社会生产的需要。但随着社会历史条件的逐步改善和职业教育自身发展的不断完善，职业教育作为一种教育类型，更加注重促进人的个性发展，为人的自由、和谐发展提供更多的教育选择。

3.2.2.2　职业教育人才培养内涵

职业教育要为我国的经济和社会发展培养建设者和接班人，教育的目的就在于培养合格的为人民服务、为社会服务的社会主义劳动者。教育的内在目的在于育人，即培养人才。教育的外在价值在于支撑，即通过培养人才推动社会全面可持续发展。中华民族的伟大复兴需要人人成才、人尽其才，需要走"人才兴邦、人才强国"之路。

3.2.2.3　职业教育人才培养方法

职业教育如何才能做到人人成才、人尽其才？归根结底，需要坚定不移地深化教育体制改革，全面推动有教无类、因材施教、终身学习。一是要深化教育体制改革。加强教育改革的顶层设计，更新人才培养观念和模式，满足多元化的社会需求，同时构建终身学习、人人成才、人尽其才的立交桥，使处于不同类型和层次的个体均有再受教育的可能。二是要保障人人获得平等的权利与机会。实现人人成才的先决条件在于有教无类，让教育公平发展，让每一个人享有平等的成才权利与机会。三是要保障人人成为社会所需之才。实现人人成才关键在于因材施教，培养保持个性、彰显特色之才，并源源不断地向社会各行各业输送所需的各类人才，才能保证社会可持续发展；四是要保障人人成为不被社会淘汰之才。实现人人成才、人尽其才之动力在于终身学习，学习不局限于青年时期，而是贯穿于人一生的长期工

程,需要不断与时俱进,开拓创新。

3.2.3 技术技能人才培养的高素质取向

随着我国创新驱动发展战略的逐步实施,基础设施智能化水平不断提升,传统产业转型升级快速推进,新兴产业发展日新月异,社会需要大批素质较高的技术技能型人才。与传统意义上的一线技术劳动者相比,高素质技术技能人才强调既有较高职业技能,又有较高职业素养,能够在经济结构优化、技术含量提升、岗位变化加快的职业环境中,形成较强的职业应变能力和创新意识[1]。

职业院校作为培养技术技能人才的主力军,长期以来由于受到类型层次、师资水平较低、培养方式单一等种种不利因素的制约,导致人才培养质量一直与社会的需求存在差距,尤其是高素质人才更为短缺。据有关部门统计,2018年第一季度,我国各技术等级或专业技术职称的岗位空缺与求职人数的比率均大于1.65,其中高级技能人员、高级工程师、高级技师岗位空缺与求职人数的比率较大,分别达到2.18、1.97、1.93。面对新时代经济社会发展对人才培养的需求,职业教育要成为高素质技术技能人才的支撑和保障,就必须在人才培养上围绕高素质做文章,加大改革力度,切实解决当前人才供需失衡问题。高素质技术技能人才是国家创新创造力不竭的源泉,要在全社会弘扬劳动光荣、技能宝贵、创造伟大的时代风尚,促进形成"崇尚一技之长、不唯学历凭能力"的社会氛围,激发年轻人学习职业技能的积极性。劳动创造财富,技术技能创造社会进步,只有加快发展现代职业教育,努力培养数以亿计的高素质劳动者和技术技能人才,才能为国家和社会源源不断地创造人才红利。

2017年,国务院《关于深化产教融合的若干意见》明确提出"逐步提高行业企业参与办学程度,健全多元化办学体制,全面推行校企协同育人"的产教融合总体目标。职业教育最为重要的供给是培养更多适应能力强、创新创业能力强的技术技能人才,职业院校必须切实推进产教融合发展工程,构筑高素质技术技能人才培养高地。职业院校以人才供给侧改革为突破口,强化产教融合顶层设计,将人才培养过程对接职业标准,以人才培养模式创新校企合作发展路径,强化产教文化协同育人。从校企合作办订单班到开展现代学徒制试点,让企业人才标准、职业标准直接对应专业培养标准。通过专业(群)结构优化、人才培养过程再造、教学环节重构、科研社会

---

[1] 闫志军,朱如楠.新时代我国职业教育需求特征与改革取向研究[J].河南教育(职成教),2019(5):16-19.

服务平台创新等，找准对接层、着力点，实现校企双方"对得上、接得住"，让学生真有所学、让企业真正受益。坚持技术技能人才培养的高素质取向，需要从以下几方面创新开展新时代职业院校改革工作。

（1）加强党的全面领导，筑牢办好新时代职业院校的事业根基。一是强化政治引领，完善体制机制。落实全面从严治党要求，发挥学校党委的领导核心作用，将党的领导、社会主义办学方向、思想政治工作的目标任务，充分体现到学校治理体系与治理能力的建设之中。二是强化思想武装，创新理论学习。把党的十九大精神和习近平新时代中国特色社会主义思想融入师生理想信念教育，引导师生更加坚定"四个自信"，在实践中深化对党的理论创新成果的学习和认同。三是强化政策保障，夯实工作基础。把思想政治工作纳入学校各级班子和干部考核内容，配足配强专职辅导员、思想政治理论课教师。

（2）突出工匠精神培育，把鲜明的育人导向融入教育教学全过程。一是坚持"五个结合"，拓展课堂主渠道。聚焦德技兼修的高素质技术技能人才培养，深化思政课教育教学改革，推进思政课教学与专业建设、学生工作、社会实践、科学研究、网络教育的有机结合，构建思政课理论教学和实践教学体系。二是坚持工学结合，深化实践育人。推进思想政治教育与课程教学、实习实训相融合，挖掘、拓展专业课程中的思政元素。推行职业素养导师制，在合作企业建立顶岗实习党团支部，对顶岗实习学生开展网络思想政治教育，形成校企协同育人长效机制。三是坚持以文化人，营造浓厚的育人氛围。把优秀职业、企业文化融入教育教学全过程，举办企业家大讲堂，开展职业体验活动，培养学生精益求精、严谨细致、团结协作的精神品质。

（3）聚焦创新人才培养，不断提升服务经济社会发展的能力。一是突出创新精神培养，做实创新创业教育。将创新创业教育融入专业人才培养方案，构建"1+X"双线并行的创新创业教育改革新模式。二是突出实践能力培养，实施科教协同育人。与地方政府合作建设协同创新技术服务平台，校企合作建设大师工作室、科研平台，广泛吸纳学生参与科研项目研究、技术研发，提供技术服务。三是突出责任意识培养，提升服务国家重大战略能力。利用学校地缘优势，发挥学校专业优势，开展与"一带一路"沿线国家的国际交流合作，互派学生游学，培养复合型国际化专业技能人才。

3.2.4　产教融合、校企合作的内在要求

职业教育是一种跨界的教育，跨越了职业与教育、企业和学校、工作与学习的界域。校企合作是学校与企业的合作，产教融合是产业与教育的融

合,这正契合了职业教育的跨界特征①。产教融合较为宽泛和中观,校企合作则更加具体和微观,反映的是职业院校和企业在人才培养、科技服务和社会培训等方面的合作。合作和融合表达的程度也不完全相同,合作体现的是在同一框架下,双方在责、权、利界定分清的基础上联合完成某项任务。融合则体现为彼此交融、我中有你、你中有我、不分彼此、共同完成。

产教融合具有职业教育科学发展的时代特征,是在产业和教育渗透交融的格局与机制下,人才供给侧和产业需求侧结构要素的全方位融合,反映了产业转型升级与职业教育内涵发展的水乳交融、互为因果的关系,不仅表达了职业院校、企业或产业在技术技能人才培养中的合作,共同肩负起社会责任,而且相互合作也延伸到产业的整个价值链,彼此高度互补,成为利益共同体和发展共同体。2017 年,国务院《关于深化产教融合的若干意见》的出台,标志着产教融合从职教政策上升为国家战略。贯彻落实这一国家战略,不仅要在国内搭建产教融合平台,还要通过引进国际优质职教资源提高产教融合水平,通过产教融合国际化,聚焦区域产业布局,借鉴吸收国外先进职教理念与模式,参考国外成熟的职业标准体系,形成具有国际视野和国际水准的本土化优秀技术技能人才培养标准和评估体系,更好地服务于区域经济社会发展。

2014 年,国务院《关于加快发展现代职业教育的决定》提出:构建以就业为导向的现代职业教育体系,进一步确定现代职业教育体系的主要任务是服务发展、促进就业,基本特征是产教融合、校企合作,培养模式是工学结合、知行合一,培养目标是职业精神与技术技能高度融合。一方面,文件将产教融合、特色办学作为加快发展现代职业教育的基本要求,同步规划职业教育与经济社会发展,协调推进人力资源开发与技术进步,推动教育教学改革与产业转型升级衔接配套,突出职业院校的办学特色,强化校企协同育人;另一方面,产教融合、校企合作也成为现代职业教育发展的基本特征,是职业教育区别于普通教育的本质特征,同时也是职业教育作为一种教育类型成熟和发展的标志。2019 年,《国家职业教育改革实施方案》将产教融合、校企合作作为主线贯穿始终,产教融合和校企合作成为新时代职业教育改革发展的基本特征,渗入到职业院校发展的各项事业中,引领改革的创新发展。职业院校各项改革发展任务均体现了产教融合、校企合作的内在要求,有效推动了职业院校深化办学模式和专业建设改革,建立健全行业企业等利益相关方共同参与的办学体制机制,形成校企命运共同体。与此同时,职业院校既要搭建产教融合平台,创新校企合作方式,又要推动当地政府为深

---

① 管丹.“校企合作”与“产教融合”概念辨析[J].职教通讯,2016(15):41-42.

化产教融合、校企合作提供源源不断的政策供给，真正形成企业和社会力量广泛参与的职业教育办学格局，实现产、教、研与学、做、用的有机融合，跳出教育看教育、跳出学校看学校、跳出知识看知识，根据学生的智力特点和学情分析，走出一条职业教育特色的人才培育之路。

3.2.5　质量立校、特色兴校的发展路径

一所职业院校的特色是学校在长期的发展历程中逐渐形成的、明显不同于其他学校的办学风格和优良特征，是"人无我有、人有我优、人优我强、人强我特"的办学特色，并被社会广泛认同的个性风貌和独特优势。特色是职业院校办学的立足之本，是职业教育本质属性的集中体现，既包括职业院校办学理念、内在精神、校园文化的独特个性，也包含职业院校专业、教学、科研、社会服务等基本要素的特征。没有办学特色的职业院校必然会丧失长远发展的生命力，缺乏办学特色的职业院校也不会获得创新发展。实施特色发展战略、走质量立校、特色兴校之路，是职业教育生存发展的根本选择。

由于社会对人才的需求是多样的，培养人才的教育也是分类型和层次的。教育的类型、层次不同，人才培养的对象、目标不同，对人才的规格要求也是不一样的。因此，教育质量的概念，不是统一固定的，而是多元、动态和变化发展的。不能用一个标准来衡量不同类型、不同层次的教育质量，不能用普通教育的质量观衡量职业教育的质量。对教育质量的评价，虽然有教育系统内部的评价和外部的评价之分，但最客观、最有效的应该是社会的评价，尤其是用人单位的评价。新时代我国职业教育要培养适应生产、建设、管理、服务第一线需要的德智体美劳全面发展的高素质技术技能人才，就需要秉持全面素质质量观的取向，即职业教育要重视培养学生的创新能力、实践能力和创业精神，普遍提高学生的人文素养和科学素质。相对于个体在现实职业工作中所体现出来的才智、知识、技能和态度整合而成的外显能力来说，素质是个体更为稳定的内在品质，更能体现一个人的综合水平。因此，必须把传统的知识质量观和能力质量观转变为包括知识、能力在内的全面素质质量观。

从某种意义上说，特色就是质量，没有特色就没有质量，办出特色是职业教育的生命力所在，职业院校要深入研究技术应用性人才的培养途径和培养方法，注重对学生职业素质和实践能力的培养，形成自己的办学特色。区域性和技术应用性是职业教育的主要特点，职业院校要办出特色，就要在充分调查研究的基础上，按照市场需求设置和调整专业，按照用人单位对人才规格的要求进行教育教学改革，确定培养目标和人才规格，为区域经济和

社会发展服务。

3.3　新时代职业教育改革发展的新任务

　　新时代职业教育要以习近平新时代中国特色社会主义思想为指导,认真学习领会习近平总书记关于教育的重要论述和全国教育大会精神,以贯彻落实《国家职业教育改革实施方案》为统领,聚焦现代职业教育体系,畅通人才培养通道;聚焦完善制度标准,找准改革突破口;聚焦深化产教融合、校企合作、工学结合、知行合一,健全德技并修协同育人机制;聚焦国际交流与合作,搭建职业教育国际合作平台;全面提升人才培养质量,为加快推进教育现代化、建设教育强国、办好人民满意的教育做贡献。

　　新时代职业教育改革发展的主要任务有六点:①完善一个体系,即完善学历教育与职业培训并重的现代职业教育体系;②健全两个机制,即健全德技并修、工学结合的育人机制和健全多方参与的质量评价机制;③形成三个局面,即形成产教深度融合、校企紧密合作的布局,形成政府统筹管理、社会多元办学的格局,形成协调开放共享的大局;④推动四项改革,即推动"三教"改革、"1+X"证书制度试点、本科层次职业教育试点、探索"职教高考"制度;⑤实施五大举措,即构建职业教育国家标准、做好双高计划、实施职业院校教师素质提高计划、建设高水平职业教育实训基地、落实高职学校扩招百万的措施;⑥加强六个保障,即加强党对职业教育工作的全面领导、发挥国务院职业教育工作部际联席会议制度作用、组建国家职业教育指导咨询委员会、形成良好的政策环境、健全经费投入机制、督促地方落实主体责任。上述新时代职业教育的改革任务要求职业院校要积极谋划开启职业教育改革发展的新征程,提出结合校情深化职业教育改革的路线图、时间表、任务书,明确今后 5～15 年的工作重点,为实现国家职业教育改革 2035 年中长期目标以及 2050 年远景目标奠定基础。

3.3.1　全面提升职业教育服务能力

　　职业教育是国民教育体系和人力资源开发的重要组成部分,肩负着培养多样化人才、传承技术技能、促进就业创业的重要职责,在全面实现教育现代化总体布局中地位重要、作用突出。新时代职业教育在定性、定向、定位上呈现出不同以往的新变化,尤其值得关注[①]。一是强调加快发展现代职业教育,将职业教育服务能力显著提升作为 2035 年主要发展目标,明确了职

---

　　①　孙善学.办好新时代的职业教育[N].中国教育报,2019-04-04(8).

业教育作为独立的教育类型,对建成服务全民终身学习的现代教育体系的重要地位。认识上的新突破,必将促进教育思想解放,为职业教育理论创新开辟空间,为职业教育实践发展创造机遇;二是明确提出了新时代职业教育的发展方向是"学历教育与职业培训并重的现代职业教育体系",要求职业院校坚持面向市场、服务发展、促进就业的办学方向,职业教育发展任务更明确、方向更聚焦;三是明确提出"推动职业教育与产业发展有机衔接、深度融合,集中力量建成一批中国特色高水平职业院校和专业",这是贯彻落实党的十九大精神、深化产教融合的战略部署,推动职业教育办学模式由参照普通教育向产教深度融合的类型教育转变,发展方式由注重规模扩张向提高质量转变。《国家职业教育改革实施方案》的印发,进一步反映了中央高度重视职业教育的鲜明态度,是职业教育重要地位的生动体现。在该方案中,职业教育被放在教育改革创新和经济社会发展中更加突出的位置,对职业教育服务能力提升的重要意义、服务对象、重点内容和途径提出了更高的要求。

职业教育服务能力的概念有广义和狭义之分。广义概念是职业教育服务经济社会和服务受教育者的能力,狭义概念仅指服务经济社会发展。职业教育服务能力是衡量当前职业院校质量的一项指标,从内涵看,职业教育服务能力可以按照职业教育职能来划分,包括直接服务能力和间接服务能力。直接服务能力是职业院校通过参与企业经营管理、咨询、技术研发和培训的方式,直接服务于经济社会发展。间接服务能力是职业教育通过人才培养为经济社会提供高素质、高质量的产业大军和技术技能人才。

3.3.1.1 全面提升职业教育服务能力的意义

2035 年教育现代化的重要指标之一就是增强职业教育服务能力。职业教育服务能力与职业教育本质属性密切相关,是贯彻职业教育政策需要遵循的原则,也是落实职业教育实践发展的内在要求。

(1)教育的本质属性和职教的类型特征决定必须强调职业教育的服务能力。教育的本质属性是建立在一定经济基础上的社会制度,属于上层建筑范畴,经济基础决定上层建筑,上层建筑通过为经济基础服务,反作用于经济基础。2018 年全国教育大会上,习近平总书记提出,"坚持把服务中华民族伟大复兴作为教育的重要使命",充分体现了教育的服务功能。职业教育作为一种与经济社会发展联系最为紧密的教育类型,其办学定位、发展路径、人才培养、专业设置、课程改革都必须为经济社会发展服务,必须走产教融合、校企合作之路。由此可见,职业教育必须将服务能力作为职业教育现代化的重要指标。

(2)"服务需求"是贯彻新时代职业教育政策的一项重要原则。2014

年,《加快发展现代职业教育的决定》提出以服务为宗旨、以就业为导向,服务需求、促进就业,其中包括服务经济社会发展和人的全面发展。2017 年,《关于深化产教融合的若干意见》提出"服务需求、优化结构"要根据产业和区域发展需求,提供适合的人才培养结构,创新教育组织形态。2019 年,《国家职业教育改革实施方案》提出职业教育要为建设现代化经济体系服务,对接科技发展趋势和市场需求,实现更高质量和更充分的就业。根据不同时期经济社会发展的重点和任务,上述一系列职业教育政策将"服务需求"作为重要原则在服务的对象、内容和重点上都有延伸和侧重。

(3)提升职业教育服务能力是职业教育改革创新的出路。当前职业教育服务经济社会发展的能力不断增强,但仍存在体系建设不完善、招生效果不均衡、企业参与职业教育积极性不高、产教融合资源配置不佳、双师型教师引培不易等问题。要及时有效地解决这些问题,职业院校只有在主动服务国家重大战略、经济社会建设、区域产业布局、中小微企业技术技能积累和劳动者技术水平提升等方面发挥作用,才能创新发展、彰显价值,提升职业教育的形象和影响力。一是,职业院校通过服务经济社会发展,获得更多的社会关注、产业聚焦、企业投入,在创造社会效益的同时体现了经济价值,破解教育投入不均衡的问题以及校企合作中企业积极程度不高的问题。二是,随着职业院校在区域经济社会发展中影响力和地位的提升,更有利于校企共同培育双师型师资队伍,在提升双师型教师比例的同时,增强职业院校教师与教师团队的社会服务能力。

3.3.1.2　进一步明确职业教育的服务定位

(1)服务区域发展。职业教育立足地方办学、立足区域产业,学生就业面向的也是服务地方的行业企业,所以服务区域发展是职业院校最基本的定位。要服务好区域发展,关键是服务区域经济发展。专业层面的服务要围绕区域主导产业设置、调整和优化专业布局,对接区域产业所需的岗位群要求。学校层面的服务要发挥好政府相关产业的咨询、智库作用,为产业发展出谋划策,发挥文化引领作用,积极参与区域文化建设,为社会文明进步贡献力量。

(2)服务企业发展。重点服务中小微企业的技术研发和产品升级,中小微企业大都面临成本高、融资难、用工荒等难题,职业院校应主动服务中小微企业的人才需求,为企业培养急需的技术技能人才,解决企业员工培训、市场开拓、管理提升等方面的问题,助推企业发展和壮大;职业院校应充分利用学校教科研资源,为中小微企业解决生产中遇到的技术难题,共同开展产品研发,进行技术攻关,提升企业的市场竞争力。

(3)服务社区教育。职业教育的教育类型及专业人才培养的实用性使得职业院校的建设和发展与社区环境和生活息息相关，与社区教育和文化紧密结合。因此，职业院校应主动走进社区，加强社区教育和终身学习服务，开展各类继续教育和培训，开发公共学习平台，构建社区育训结合新模式等。

3.3.1.3 全面提升职业教育服务能力的基本原则

《国家职业教育改革实施方案》对职业教育服务内容、对象和侧重点等方面提出具体要求。在服务区域经济社会发展的进程中，职业教育的服务对象涉及企业、学校、学生、社会人员、退役军人、退役运动员、下岗职工、返乡农民工和残疾人等。不同层次的职业教育的服务侧重点也有所区别，中等职业教育主要服务于精准扶贫，落实职业教育东西部协作行动计划和乡村振兴战略；高等职业教育主要服务区域发展、企业技术研发、产品升级和军民融合战略。从时代发展的角度来看，新时代职业教育服务能力提升有坚守也有创新，坚守的内容是职业教育服务能力提升的初心使命、辐射范围和服务路径没有改变，创新的内容是在守正中寻求职业教育服务能力创新提升的战略主动。

（1）初心使命——服务需求。职业教育的产生源于西方中世纪学徒制，是行会中的劳动组织形式。随着生产力的发展，第一次工业革命的到来，学校化的职业教育出现，服务经济成为职业教育发展的天然职能。随着社会的发展，职业教育服务功能也从经济领域拓展到民生方面，如通过缓解劳动力供求结构性矛盾的办法促进就业，通过解决"三农"问题的办法实现乡村振兴等。因此，服务需求成为职业教育服务能力提升的初心使命。1996年，《职业教育法》提出"职业教育是国家教育事业的重要组成部分，是促进经济、社会发展和劳动就业的重要途径"[1]。《国家中长期教育改革和发展规划纲要（2010—2020年）》指出"发展职业教育是推动经济发展、促进就业、改善民生、解决'三农'问题的重要途径，是缓解劳动力供求结构矛盾的关键环节，必须摆在更加突出的位置。"2014年，《关于加快发展现代职业教育的决定》提出"服务需求、就业导向，服务经济社会发展和人的全面发展"[2]。2019年，《国家职业教育改革实施方案》提出"牢固树立新发展理念，服务建设现代化经济体系和实现更高质量更充分就业需要"。实体经济是经济发展的着力点，包括加快发展先进制造业、现代服务业，推动互联网、大数据、人工智能和实体经济深度融合，实现传统产业优化升级等。在服务经济社会发展中，从十八大到十九大，职业教育从服务经济新常态到服务现代化经济体

① 中华人民共和国职业教育法[Z].1996-05-15.
② 国务院.关于加快发展现代职业教育的决定[Z].国发〔2014〕19号,2014-05-02.

系建设,服务重点转向以先进制造业为代表的实体经济、区域和城乡协调发展、科技创新、提高开放型经济水平等。《国家职业教育改革实施方案》提出,自2019年开始,围绕现代农业、先进制造业、现代服务业、战略性新兴产业,推动职业院校在10个左右技术技能人才紧缺领域大力开展职业培训。在区域协调发展方面,《职业教育东西协作行动计划(2016—2020年)》通过职教集团、职业院校结盟、中职招生兜底行动和职业院校全面参与东西劳务协作等方式,确保不让一个地方掉队。《国家职业教育改革实施方案》不仅提出对"老、少、边、穷"等特殊区域的支持,要落实民族地区、贫困地区和面向残疾人群体的职业教育政策和金融支持力度,还提出要促进东西部职业教育合作。在科技创新方面,十九大报告对职业教育服务创新型国家的着力点、对象和人才培养提出要求,科技体制改革要加强对中小企业创新的支持,要以企业为主体、市场为导向、产学研深度融合。《国家职业教育改革实施方案》进一步突出企业在职业教育办学模式中的参与度,提出要推动职业院校和行业企业形成命运共同体,推动职业院校服务中小微企业技术研发和产品升级。与此同时,技术技能人才的创新创业意识和创新创业能力的培养也是当前职业教育人才培养的目标之一,职业院校通过设置创新创业学院、建设创新创业课程、培训师资队伍创新创业能力等措施,加强创新创业教育,增强职业教育服务社会的能力。

(2)辐射范围——区域发展。从我国对职业教育管理体制的规定来看,职业教育管理以地方为主。《职业教育法》提出,县级以上地方各级人民政府应当加强对本行政区域内职业教育工作的领导、统筹协调和督导评估。从职业院校毕业生就业地来看,大部分也都留在本地区或省域内。因此,职业教育服务辐射范围应以区域发展为主,这里的区域既包括行政区划,如县、市和省(自治区)等;也包括区域经济圈,如京津冀、长三角、珠三角、长江经济带、粤港澳大湾区等。《国家职业教育改革实施方案》中明确,中等职业教育要"精准服务区域发展需求",高等职业院校"要培养服务区域发展的高素质技术技能人才"。这些政策文件都将促进区域经济社会和产业发展作为职业教育的供给方向与服务范围,既有利于职业教育的精准施策,也有利于职业院校的特色发展和非同质化竞争。

(3)服务路径——校企合作。产教融合、校企合作是连接职业教育与经济社会的途径和桥梁。职业院校通过校企合作实现对经济社会的服务功能以及自身专业建设、科技研发的办学需要,企业只有满足获得技术技能人才和技术服务等方面的需求,才有积极参与校企合作的内生动力。职业院校需要通过提升技术技能人才育训水平来提高职业教育服务能力,企业则通过加强与职业院校在人才流、物资流、技术流等方面的交流互通来提高校企合作的能力与效果。《国家职业教育改革实施方案》中提出,不仅要加大紧缺行业人才培养,还要在新型职业农民、退役军人、社区教育等方面提供培训服务;在技术服务方面,高职院校和应用型本科院校应发挥重要作用;高等职业学校重点服务企业特别是中小微企业的技术研发和产品升级。在技术技能积累方面,高职院校通过建立应用技术协同中心、技能大师工作室等形式,将高职打造成为技术技能积累聚集高地。在高水平实训基地建设方面,要将技术服务作为建设标准之一。

3.3.1.4　全面提升职业教育服务能力的创新拓展

从《国家职业教育改革实施方案》等一系列政策可以看出,新时代职业教育改革政策在职业教育服务的内容、功能和对象上有新突破。在服务内容上,由向教育外部服务为主延伸到教育内部,增加了对中小学的服务内容;在服务功能上,进一步强调了职业教育的培训功能,对培训管理体制、培训重点、培训内容、培训主体等方面做了详细的规定;在服务对象上,从单一的技术技能工人拓展到军人和农民。

(1)服务内容扩展到中小学劳动教育和职业启蒙教育。2018年9月,习近平总书记在全国教育大会上强调,坚持中国特色社会主义教育发展道路,培养德智体美劳全面发展的社会主义建设者和接班人。这一重要论述将党的十六大提出的"德智体美全面发展"扩展到"德智体美劳全面发展",将"劳动教育"与其他四育放在同等重要地位。同时,他强调,"要在学生中弘扬劳动精神,教育引导学生崇尚劳动、尊重劳动,懂得劳动最光荣、劳动最崇高、劳动最伟大、劳动最美丽的道理,长大后能够辛勤劳动、诚实劳动、创造性劳动",指明了中小学劳动教育的目的和内容。作为与劳动、职业和职场联系紧密的职业院校,在教学资源、师资和教学方法上有着实施劳动教育得天独厚的优势,可以通过开放资源、开启研学之旅和联合开发课程等方式进行。首先,职业院校实训基地教学资源丰富,可以适时、适度向中小学生开放实验室、实训室和网络教学资源,设立职业院校开放日、技能大赛观摩日,派遣师资等,逐步改变学生及其家长对职业教育的偏见。其次,职业院校可以利用校企合作的优势,带领中小学学生去企业、工业园区、经济技术开发区等参观学习,开启研学之旅;通过劳模报告、大国工匠故事讲述和技能大赛获奖选手发言等,开启学生崇尚劳动、尊重劳动,懂得劳动光荣、技能宝贵、创造伟大的精神之旅。最后,职业院校还可以与中小学合作开发职业启蒙课程、职业体验课程、实践操作课程及相应的教材,帮助学生树立正确的职业观。

(2)服务功能更加强化培训。我国《职业教育法》规定,职业培训与职业学校教育一样,是职业教育体系中的重要组成部分。但长期以来,职业院校以学历教育为主,将培训作为社会服务的一项内容,没有将职业培训放在与学历教育同等重要的地位。《国家职业教育改革实施方案》提出,要开展高质量的职业培训,强化职业培训的社会服务功能。一方面,职业培训种类丰富,灵活性强,根据社会和市场需求不断变化。从职业培训实施主体来看,主要分成校内和校外两个部分,校内包括中职、高职、应用型本科层次的职业院校,校外包括各种培训机构、行业企业等社会力量。从职业培训职责的划分来看,政府、行业企业、职业院校、培训评价组织和社会力量各司其职,发挥不同的功能。政府发挥监管、监测和评估的功能,行业企业深入参与和积极配合职业培训,培训评价组织通过职业技能等级证书标准、教材和学习资源开发、考核站点建设和颁发等级证书的方式参与职业培训,职业院校对在校生的培训是与专业教学相关并涉及社会迫切需要的培训内容。从培训评价机制来看,完善政府、行业、企业、职业院校等共同参与的质量评价机制,积极支持第三方机构开展评估。另一方面,职业培训支持系统需要多维度构建。高质量的职业培训离不开优惠政策激励、相关制度的支持和环境的培育。提高技术技能人才待遇水平是激励在校生和社会人员参与培训的重要途径。为实现书证融通,促进职业培训与学校学历教育的衔接,《国家职业教育改革实施方案》还设计了"1+X"证书制度、职业教育国家"学分银行"建设,实现学习成果的认定、积累和转换,为职业培训被正规学历教育认可奠定了基础。

(3)职业教育服务对象进一步扩大。《国家职业教育改革实施方案》提出职业教育服务面向从原来的在校生扩大到整个社会成员,特别提到了返乡农民工、以新型职业农民为主体的农村实用人才和现役、准役及退役军人。此外,服务乡村振兴战略和军民融合发展等国家重大战略是当前职业教育服务的重点。职业教育服务对象从企业职工、在校学生拓展到与乡村振兴战略和军民融合发展战略相关的人员和人才上。职业教育服务对象的扩大对职业院校的改革和建设提出了更高的要求,师资队伍、教学方法、专业设置、课程建设、实训基地建设等方面的办学条件与要求都将做出相应调整和深刻变革,职业院校应紧跟时代步伐,聚焦改革创新,将服务对象扩大的压力转变为动力,不断适应新的市场要求,不断增强高质量发展能力。

3.3.2 建立健全职业教育制度标准

发展动力源自改革,改革的核心是制度创新,实现职业教育现代化必须向改革要动力、向创新要活力。新时代职业教育改革的重点是建立健全职业教育制度标准,完善学校办学、经费投入、专业设置、教育教学、师资队伍、学生实习、信息化建设等系列制度和标准。新时代职业教育制度改革的主攻方向是深化产教融合。一是聚焦标准建设,完善职业教育体系需要建立职业教育自身的标准,这个标准是职业院校内部的学历标准与外部的产业人才标准相融合的育训结合的新标准,能够将人的发展需要与岗位生产发展需求相结合;二是聚焦制度创新,"1+X"证书制度是职业院校内部与外部育训标准相融合的实现形式,有利于鼓励职业院校学生在取得学历证书的同时,取得职业技能等级证书,培养复合型技术技能人才;三是聚焦模式改革,建立健全产教融合的办学体制和育人机制,深化校企合作办学模式改革,职业院校和行业企业形成命运共同体,在校企合作学历教育与职业培训方面加强平台建设与模式改革。企业可以在平台上发布它们的岗位设置、招聘信息,可以得到高度匹配的人才推荐;同时,企业的研究委托、共同孵化这些功能都可以在平台上进行信息发布、对接和实现,形成逻辑完整的校企合作创新模式。

3.3.2.1 加快职教制度创新步伐

实现全面现代化是职业教育发展的根本目标,而制度改革和创新是实现现代化的关键路径。制度创新与改革必须以现有的制度为基础,这就决定了我国的职业教育现代化是一个具有中国特色的进程。虽然国际职业教育现代化的目标和发展愿景具有很多共同元素,但现代化的路径必然体现深刻的中国国情和现实背景,并在此基础上进行有效的制度改革和创新。职教制度创新的关键是在现有政策的基础上,从我国社会经济发展、现代化建设实践及个人全面发展的需求的角度,建立并有力落实保障和促进职业教育发展的创新性制度,如产教融合制度、体系融通制度、终身培训制度、双师型教师准入制度、严格的质量保障制度、国家资历框架制度等等,最终实现公众对职业教育选择路径的拓宽及认可度的提高,并从根本上提升职业教育对于经济社会现代化的贡献度①。以德国双元制中的跨企业培训中心为例,跨企业培训中心承担的是部分在企业、部分在学校的职业培训任务,我们借鉴跨企业培训中心形成自己的育训结合的制度就可以让职业院校面向岗位、服务产业的优质教学资源持续地输送给企业,企业的生产培训资源也可以主动为职业院校服务,校企合作形成育训结合的资源与制度平台,从而解决企业员工无法脱产来职业院校学习、职业院校学生无法直接顶岗实习的问题。通过这个平台,可以把更多的职业院校与企业的资源分享出去,让职业院校与企业在平台上发布相应的育训任务,共同委托、共同实施,形成一个闭环的、稳定的、可持续发展的机制。

---

① 李玉静.职业教育现代化必须坚持中国特色的制度创新[J].职业技术教育,2016,37(10):1.

3.3.2.2 完善教育教学相关标准

《国家职业教育改革实施方案》指出:发挥标准在职业教育质量提升中的基础性作用。按照专业设置与产业需求对接、课程内容与职业标准对接、教学过程与生产过程对接的要求,持续更新并推进专业目录、专业教学标准、课程标准、顶岗实习标准、实训条件建设标准(仪器设备配备规范)建设和在职业院校落地实施。由此可见,新时代职业教育改革的一项重要任务是要建立一批制度和标准,把加快标准化进程作为打造职业教育体系软环境升级版的关键举措,持续完善学校设置、师资队伍、教学教材、信息化建设、安全设施等办学标准,建立健全职业培训标准,推动职业教育办出特色和水平。

(1)推动职业院校教师能力标准建设。职业院校教师能力主要分为教育教学与研发服务两大类,教育教学能力主要包括信息化、项目化、课程思政、国际化、书证融合、创新指导、技能指导等,研发服务能力主要包括学术研究、科技创新、社会服务、工程转化等。可以针对这些能力开发涵盖能力概述、能力标准、方法构成、支持体系的评价标准和认证规范,基于实践绩效,对教师具体、明确的能力进行认证。一是针对专项能力的认证,按照教育教学、研发服务两大类教师专项能力,形成认证规范,包括能力描述、认证标准、认证程序、支持发展、证据成果等;二是卓越教师认证,针对高职教师综合职业能力,按照校内教师和企业兼职教师两类,针对"青年教师—骨干教师—专业带头人—教学名师—专业领军人才,技术人员—能工巧匠—行业专家—行业领军人才"发展机制,开发分类分级的能力描述、认证标准、认证程序等;三是教学团队能力认证,基于专门能力认证和卓越教师认证,针对教学创新团队的成员结构和能力结构,建立团队能力图谱,根据优劣势进行发展性评估,为成员结构调整和团队能力提升提供参考。

(2)继续加强和完善教学标准。全国共有职业院校1.23万所,年招生930.78万人,在校生2 680.21万人,中职、高职教育分别占我国高中阶段教育和高等教育的"半壁江山"。全国职业院校共开设近1 000个专业、近10万个专业点,遍布国民经济各领域。当前从目录上来讲,中职的321个专业中,拥有专业标准的仅有200多个,还有100多个专业需要再制定;高职的761个专业中,已制定出标准的有400多个专业,还有近300个专业需要进行完善。标准有一定的稳定性,但也不能一成不变。职业教育的特性要求相应的标准需适应产业、职业的变化发展,在总结和实践的基础之上,运行的过程当中,进行跟踪陪伴式的研究,发现问题并及时进行调整。

3.3.3 推动落实职业教育高质量发展

职业教育与经济发展关系最为紧密。我国经济已由高速增长阶段转向高质量发展阶段，必然需要高质量发展的职业教育与之相匹配。职业教育的"高质量"表现为发展道路特色鲜明、模式先进、优势显著、辐射力强，为深化供给侧结构性改革增添新动能，为促进经济社会发展和提升国家竞争力提供优质人才资源保障，在建设知识型、技能型、创新型劳动大军中发挥重大作用。以中国特色高水平高职学校和专业建设计划中的高水平专业群建设为例，高质量的专业群建设就是要兼顾市场需求侧和人才培养供给侧两方面要求，以开放的思维组建专业群，理清群内各专业之间的关系，以课程为核心重构群内资源，实施多样化人才培养，优化管理运行方式。

首先，科学组群是前提。一是要紧贴产业结构制定并适时调整专业规划，精准分析产业需求与人才培养供给之间的关系，以产业链为依托，体现职业岗位在流程上、对象上、地域上的相关性，实现专业群与产业链或岗位群的有效对接；二是要重点关注现有专业之间的相关相近性，实现专业资源共享，发挥专业群集聚效应；三是要注重发挥专业群对区域产业发展及创新驱动发展战略的支撑引领作用，促进人才培养供给侧和产业需求侧结构要素全方位融合，带动形成教育与产业、学校与企业、专业群与岗位群紧密对接协同的生态系统。

其次，重构课程是核心。一是要进行体系化设计，对接产业或职业岗位的能力需求遴选教学内容形成课程体系；二是要开发模块化课程，可按照"平台+模块""基础+平台+模块+方向"等模式建设，基础或平台类课程培养专业基础能力或通用能力，模块或方向课程培养更具针对性的岗位能力和职业迁移能力；三是要构建项目化资源，着重将行业企业的优质资源转化成教育资源，将新技术、新工艺、新规范纳入教学标准和教学内容，形成项目平台或资源库。

再次，因材施教是关键。一是要给予学生选择权，可以从增加模块课程数量、提高选修课比例、实施学分制教学管理、增强选课指导等入手，逐步提高学生自主选择权；二是要增强学习自主性，深化教师、教材、教法改革，建立和完善"一人一案"的培养机制，推动"学习者为中心"的学习新范式建构；三是要大力推进信息化，开发丰富的网络学习资源，加大课程供给，同时借用智能化校园建设，为学生自主学习、教师个性化教学搭建平台。

最后，柔性管理是保障。微观层面，以专业群为组织实体，可采用以群建院系的方式，将专业群作为人才培养和资源配置的基层组织。中观层面，可参照企业项目经理制和内部创业等机制，依托建设项目形成中心，建立柔性的群间协同机制。宏观层面,处理好多元主体的利益诉求和权利分配关系是专业群建设的重要任务,建立多元治理格局,强化政府统筹推动、市场机制引导、院校办学主体作用。

3.3.4 积极探索职业教育创新实践

新时代职业教育是在习近平新时代中国特色社会主义思想指导下,全面融入民族复兴、国家发展伟大实践的职业教育。新时代积极探索职业教育创新实践,就是要对接科技发展趋势和市场需求,优化学校、专业布局,完善职业教育与培训体系,根据产业发展需求设置专业,将行业企业技术、管理、标准等信息引入课程标准和教学内容,实行以能力目标为主线,工学结合、教学做合一、过程与评价相统一的课程与教学新形态,推行案例教学、情景教学、项目教学、工作过程导向教学,着力提升受教育者的职业适应能力和可持续发展能力。由此可见,相对普通教育而言,新时代职业教育的创新发展面临三场变革。

(1)学校变革。职业教育的学习场所涉及行业企业与职业院校两大空间,横跨职业与教育两大领域(场域)的主体机构。从育训结合的角度来看,学历教育主要在职业院校中通过专业、课程、教师、教室(实训室)等开展人才培养的教育场域元素实施;职业培训主要在产业行业中通过企业、岗位、师傅、工作环境等从事某项工作的职业场域元素实施。因此,职业教育除了知识、理论学习的“学场”,还包括以能力、实践为表征的“职场”,这是它有别于普通教育的最大特点。由此可见,职业教育的教学过程无法单独在“去情境化”的学校环境中实现,而是要在学校、企业或其他社会机构两个以上的学习地点进行,在跨域的具体情境化场所中实现基于职业成长规律与教育认知规律的教育教学。

(2)课程变革。课程是高职教育教学改革的核心,“中国制造2025”和“互联网+”深度融合,高职招生类型多样、招生区域扩大,学生个体差异增大,这对高职教育提出更高要求。为贯彻落实立德树人的根本任务,响应国家发展战略,顺应高职教育发展趋势,适应学生个性化学习需求,牢固树立以学生为中心理念,引导学生爱学、会学,提高技术技能人才培养质量,以课程改革为发力点,把教育教学改革推向深水区,培养出具有工匠潜质的复合型、发展型、创新型卓越技术技能人才,助力职业院校的高质量发展。

一要确立课程理念。强化学生中心理念,以学生为中心推进课程改革,实现教学中心从教师、教材、课堂向学生、学习、学习效果的转变,回应学生个性化学习需求。更新职业教育观念、教学方式,以校企共建打造优质教育教学资源,实现人才培养从标准化向差异化、多样化、个性化改变,推动“学生中心"学习范式建构。坚持以立德树人为根本任务,弘扬工匠精神,坚定走"知行并进,学做合一"之路,提升学生职业道德素养,培养学生综合职业能力和创新能力。

二要改革课程内容。职业教育的课程应该遵循工作过程系统化的开发范式,这是一种基于客观事实层面的行动知识结构化的课程体系,与基于主观认知层面的学科知识结构化的普通教育课程体系全然不同。要扬弃过去传统的学科知识为主线的课程教材,重组重构以职业需求为导向、以职业核心素养和职业技能为主线,辅之以相关工作领域知识的课程体系和各门课程教材。实现课程教材实用化、接地气,增强课程的适应性、实践性、开放性、灵活性和多元性。职业教育的课程不再只是以静态的学科体系的显性理论知识再现为主,也不是简单地复制实际的职业工作过程,而是对实际工作过程进行基于教育学的系统化处理,涉及与此有关学科知识的解构与重构、职业工作的变与不变、技术类型的潜在与实在等问题,更多地着眼于动态的行动体系的隐性知识的生成与构建,从而把职业的功利性需求与教育的人本性需求有机地整合起来。

三是要重构课程体系,实施"三化一融合"课程体系改革。首先,实施课程思政化改革。紧密围绕"培养什么样的人,怎么培养人,为谁培养人"的根本问题,落实立德树人的根本任务,把思想政治工作贯穿教育教学全过程,实现全程育人、全方位育人。分析提炼课程中的思政元素,把马克思主义哲学、"三观"教育、职业道德、职业素养教育融入课程教学过程。其次,实施课程信息化改革。运用信息技术进行教学和教学资源开发,实现课堂教学的数字化、网络化、智能化和多媒体化,为学生建立开放、共享、交互、协作的学习环境,突破传统教学手段的时空局限,构建"人人可学、时时可学、处处可学"的泛在学习环境,推进基于信息技术的启发式、探究式、合作式学习,增强师生互动交流。再次,实施课程项目化改革。课程项目化是以工作任务为课程设置与内容选择的参照点,以项目为单位组织内容并以项目活动为主要学习方式的课程模式。推进项目化课程改革,具体分析职业能力,基于工作过程导向,整合课程内容结构,让学生在做中学,边学边做,掌握完整工作过程,形成整体职业能力。在项目完成的过程中,培养学生创新意识、自主学习能力、合作精神和主动实践能力,培养复合型、发展型、创新型卓越技术技能人才。最后,实施赛教融合课程改革。促进技能大赛与高职课程教学的融合,通过技能大赛强化学生的专业技能,培养学生的团队协作、解决问题等社会能力和方法能力,同时提升学生遵守规范、吃苦耐劳、勇于创新的职业素养,以技能大赛检验学生技能水平、学习成效。结合竞赛项目,融入行业发展前沿技术和最新标准,理清课程教学内容、实际工作岗位、竞赛项目等之间的关系,整合相关课程,建立赛教融合的课程体系,将竞赛评价标准融合到课程评价体系中,构建科学合理的课程评价体系。

（3）课堂变革。首先是教学空间的变化。企业车间、建筑工地等都可以成为职教课堂,全面推行理实一体化教室,重构对课堂的理解。课堂不仅指学生置身其中的物理空间,更是学生个性成长和全面发展的教育场域。课堂变革就是要变革当下知识本位、教师主体、教室局限的弊端,将课堂打造成职业教育真正的育人主战场、主阵地,以学生为中心,促进学以致用、用以促学、学用相长,围绕"教服务学"进行真正的课堂革命,营造课堂教学新生态。

其次是教学方法的变化。大力推行现场教学、情境教学、案例教学、项目教学等实战教学方法,探讨"互联网+""人工智能+"等现代化信息技术背景下线上线下课程、翻转课堂等高效课堂教学变革。积极推进智慧课堂建设,实现新一代感知适应、虚实融合、智能管控、数据驱动,全面采集教学形成性数据,构建智慧教学、智慧督导、智慧学工、智慧后勤等全景式大数据中心,打造教师、教法、教材"三教"改革新引擎,全要素、全过程、全方式、全师资、全方位开展职业教育课堂改革。教师运用大数据精准分析学情、开展线上互动、生成数字资源、评估教学成效,实施翻转教学、混合教学、个性教学,从数字化教学转向智慧教学。

再次是教学过程的变化。教学过程要与生产过程有效对接,处理好教学过程中师生关系的变化,教师要从"传道者"转向教会学生学习方法的引导者、从"解惑者"转向启发学生发现问题的启发者、从"授业者"转向解决学生创业的参与人、从"管理者"转向组织服务者。充分利用"云物大智移"技术,系统设计智慧课堂布局、环境、功能,对接智慧校园规划大数据中心,实现出勤率、抬头率、点头率"三率"实时采集与学情分析,语音流、文本流、PPT流、板书流"四流"自动合成并生成微课,签到、答题、讨论、互评、课件、点答、作业"七项"互动激励与活跃评估。通过智慧教室全覆盖、教师全员使用、数据全程采集,积累形成教学过程大数据。依托教学过程形成的课堂活跃度、三率、目标达成度等大数据,建立智慧督导,对教学管理、教学方法、教学成效等进行全面分析,由盲目性、抽样式督导向针对性、全覆盖督导转变,从而实现教师本人依据教学数据自我改善,学校督导依据全面数据诊断分析对教师及其存在问题进行精准督导。

最后是教学评价的变化。结合各种不同的教学方法与教学过程,采取灵活多样的教学评价方法,探索使用职业技能大赛成绩、创新创业成果、社会实践和社会服务成效作为评价参考,评在平时,考在过程。立足成果导向的反向设计,依托智慧课堂平台,实施全样本、全过程、贯通式无感数据采集,宏观上对入口目标、在校培养、出口达成,中观上对专业培养目标,微观上对课前、课中、课后进行全程采集,获得学校、学院、专业、课程、课堂、教师、学生七个层面的全景式学情分析,实现学校培养目标、专业培养目标、个人学习目标达成度可测量可评价。

4 育训共同体范式提出与内涵特征

4.1 育训共同体范式提出

4.1.1 育训共同体提出的背景

21世纪以来,信息技术所催生的新业态、新模式、新技术、新产品层出不穷,移动互联网、物联网、人工智能等高新技术的研发和应用使得我国行业产业的发展既面临前所未有的机遇,也面临前所未有的挑战。新的产业发展形势对技术技能型人才的培养提出了新的更高的要求,迫切需要职业教育体系做出相应的变革。对此,近年来国家陆续出台了一系列职业教育改革文件,对促进职业教育完善育训结合职教体系改革起到了积极推动作用。2014年,《关于加快发展现代职业教育的决定》明确提出深化产教融合、校企合作,培养数以亿计的高素质劳动者和技术技能人才。2017年,党的十九大报告指出要完善职业教育和培训体系,深化产教融合、校企合作。2017年,《国务院关于深化产教融合的若干意见》对职业教育产教融合工作做出了总体部署。产教融合是新时代背景下的产业发展要求,也是现代职业教育发展的必然趋势。2019年,《国家职业教育改革实施方案》指出职业教育要完善学历教育与培训并重的现代职业教育体系,落实职业院校实施学历教育与培训并举的法定职责。完善体系是我们的重要任务,深化改革是我们的基本手段,处理好学历教育和职业培训之间的关系,将其完善构建成为一个有机体系是落实十九大重要部署、推进职业教育改革发展的重大课题。

4.1.1.1 认清职业教育和培训体系的现状

党的十八大以来,我国职业教育和培训事业的改革发展虽然实现了历史性的新跨越,取得了举世瞩目的成就,形成了世界上规模最大的职业教育和培训体系,初步构建了育训结合人才成长的"立交桥",但是育训结合的体系结构尚未完善,还需要在新时代中国特色社会主义的伟大实践中不断充实、优化、完善和提高。

一是育训结合的思想认识亟待进一步强化。在当前新的历史时代,要实现两个一百年奋斗目标和中华民族伟大复兴的中国梦,需要加快完善职业教育和培训体系;构建人类命运共同体,推进中国职业教育"走出去",需要完善职业教育和培训体系;职业教育是面向经济主战场的教育,就业教育的本质特征决定了它必须完善职业教育和培训体系;办好继续教育,加快建设学习型社会,迫切需要完善职业教育和培训体系;职业教育是面向人人的教育,只有充分完善职业教育和培训体系,才能最大限度地实现公平。

二是育训结合的制度建设亟待进一步完善。法治保障职业教育和培训体系的法治保障还不完善,职业教育和培训的管理体制、职业教育和培训的学习制度、职业教育与普通教育及继续教育的衔接制度、职业培训与学历教育的学分累计和互认制度等还没有形成连续化、系统化的完整的制度结构体系,还需要加强改革、建立与完善。区域产业布局与职业教育还缺乏深度融合,行业企业在职业教育中的作用还没有充分发挥出来,还缺乏制度机制和政策的保障。同时,产教融合、校企合作也缺乏机制利益的有机整合,无法形成合作共赢的广度和深度格局。

三是育训结合的体系建设亟待进一步健全。长期以来,职业院校和技工学校分属不同行政部门管理,导致职业教育和培训的政策不统一、资源重置和运行不畅。在同一职业院校内部,学历教育与职业培训也存在"两张皮"的现象,缺少育训结合的协调机制、保障机制、运行机制。职业教育学历证书与职业资格证书相分离,严重制约了职业教育和培训体系的构建与完善,影响了产教深度融合与校企紧密合作。缺乏系统、严格、规范的职业教育和培训机构第三方评价体系,育训结合的效果和质量得不到充分保障。

4.1.1.2 完善职业教育和培训体系的关键

(1)基于系统思维整体提升职业教育和培训体系。学历教育和职业培训是紧密联系的不可分割的完整体系,提升职业教育和培训体系是建设现代职业教育体系、实现教育强国梦的重要任务,必须通过深化产教融合、校企合作才能实现这一任务。首先,职业教育是国民教育体系和人力资源开发的重要组成部分,充分说明职业教育和培训是一个体系。其次,《职业教育法》适用于各级各类职业学校教育和各种形式的职业培训,说明职业教育和培训是一个整体,是不可分割的完整体系。再次,联合国教科文组织第二届国际技术与职业教育大会发布的《终身教育与培训:通向未来的桥梁》明确指出技术与职业教育这一术语包括职业培训,用英文缩写表示为"TVET",这也充分说明职业教育和培训是一个整体。最后,从职业院校的办学实践来看,职业院校不仅承担着学历教育的任务,还承担了大量的在职职工培训、农村富余劳动力转移和新农民培训、下岗职工和复转军人再就业培训等任务,说明学历教育和职业培训是一体化的系统工程。

(2)基于辩证思维逐步完善职业教育和培训体系。学历教育和职业培训是互为补充的两个方面,学历教育和职业培训各具特点,学历教育的特点是学历性、系统性、全面性、专业性,职业培训的特点是资格性、专项性、更新性、强化性,两者之间具有互补性,一是学习目标上互为补充,二是职业生涯上互为支撑,三是职业教育功能特征上互为延展。与此同时,还要充分认识到学历教育和职业培训体系的完善,必须放在"终身学习"和"学习型社会"的总体架构下进行。没有"终身教育"体系的总体构建,就不会有"学习型社会"的建设和"学习型行业"的建立,也难以形成产教融合的职业教育和培训。同样,没有"学习型社会"的构建,也就没有"学习型企业"的建立,更不会形成真正有效的校企合作职业教育和培训。

4.1.1.3 健全职业教育和培训体系的重点

(1)政府部门层面要推进"三引导"、实施"三整合"。一是,健全职业教育和培训体系,政府部门要积极推进"三引导"。①要引导开展职业教育管理体制改革,实现职业教育和培训学校系统管理的有机统一;②要制定相关政策引导企业积极参与职业培训;③要制定相关政策引导职业培训市场健康发展,以准入制标准规范、评估、监督各级各类培训市场。二是,健全职业教育和培训体系,政府部门要实施"三整合"。①要将职业教育与培训资源系统整合起来,避免行政分割、政出多门、各自为政的职业教育与培训管理格局;②要将职业教育与培训的专业前沿进行分类整合,便于职业院校开展相关工作;③要将职业教育与培训的等级标准与层次衔接进行有机整合,有利于教育和培训的分层实施与精准实施。

(2)职业院校层面要实现"三统一"、突出"五关键"。一是,健全职业教育和培训体系,职业院校要实现"三统一"。①学历证书与职业资格等级证书的统一;②理论知识学习与岗位操作培训的统一;③学历教育的专业系统教学内容与职业培训的岗位分列培训模块的统一。二是,健全职业教育和培训体系,职业院校要突出"五关键"。①"标准体系",职业教育要有适应最新职业岗位要求的育训结合培养目标、培养内容和培养体系的标准化规范区分;②"课程模块",职业教育要按照育训结合标准体系制定系列课程模块,以便跨专业、分层次实施教育与培训;③"学分互换",职业教育应着力实施教务、学籍、就业等方面的改革,以便能够通过学分银行、学分互认等制度创新,使职业教育和培训有机结合起来;④"开放共享",职业教育必须切实打破教育资源在学校之间、专业之间、职能部门之间、校企合作之间的封闭性,着眼于以人为本、人人出彩、学生全面终身发展的要求,有效整合并共建、共享、共管职业教育和培训各种相关资源;⑤"激励机制",职业教育和培训的运行机制、统计方式和教育模式各不相同,职业院校要在遵循教育与培训的基本规律的前提下,通过机制体制改革创新,制定实施办法,形成激励机制,调动各方积极性,增强学历教育与职业培训并举的内生动力。

4.1.2　育训共同体的理论基础

本书在战略协同理论及三螺旋模型理论支撑的基础上,结合共同体理论和教育生态理论,创新性地提出高素质技术技能人才培养"育训共同体"概念,丰富了职业教育在"完善学历教育与培训并重的现代职教体系"方面的理论研究。

4.1.2.1　协同理论

协同理论亦称"协同学"或"协和学",是 20 世纪 70 年代以来在多学科研究基础上逐渐形成和发展起来的一门新兴学科,由德国著名物理学家哈肯提出,是系统科学的重要分支理论。协同理论主要研究远离平衡态的开放系统在与外界有物质或能量交换的情况下,如何通过自己内部协同作用,自发地出现时间、空间和功能上的有序结构。协同理论以现代科学的系统论、信息论、控制论、突变论等为基础,吸取了结构耗散理论的思想,采用统计学和动力学相结合的方法,通过对不同领域的分析,提出了多维相空间理论,建立了一整套数学模型和处理方案,在微观到宏观的过渡上,描述了各种系统和现象中从无序到有序转变的共同规律。

协同理论认为,千差万别的系统尽管各自属性不同,但整个环境内的各个系统之间存在着既相互影响又相互合作的关系。如不同单位之间的相互配合与协作,不同部门之间的关系协调,不同企业之间的相互竞争与合作等。协同理论指出,由大量子系统组成的系统,在一定条件下,子系统之间必然会产生相互影响和协作。应用协同理论方法,可以把已经取得的研究成果,类比拓宽于其他学科或领域,为探索未知领域提供有效手段,还可以用于找出影响系统变化的控制因素,进而发挥系统内子系统间的协同作用。协同理论包含两个相互联系的内涵:一是协同效应,各子系统之间通过协同作用产生合理、有序、递增的良性发展态势;二是通过资源和能力的整合,识别和实现协同效应获得竞争优势的动态过程,从而使系统中各子系统在形态转换、体系演变进程中保持相互协调能力并处于相对和谐的状态。简而言之,协同理论具有"静态横向协同、动态进程协同"的特性,其特点就是资源运用最大化、资源配置合理化、资源成本最小化。基于协同理论的系统协作可以使相关联系统的有限资源在协同作用下发挥最大效用,为合理配置系统资源提供战略方向和实施方法。

4.1.2.2　三螺旋理论

（1）三螺旋理论的概述。三螺旋概念由美国遗传学家里查德·列万廷（Richard Lewontin）最先提出，他使用三螺旋来模式化基因、组织和环境之间的关系，指出并不存在一个既定的生态空间等待生物体去适应。环境离开了生物体是不存在的，生物体不仅适应环境，而且选择、创造和改变它们的生存环境，这种能力写入了基因。因此，基因、生物体和环境的关系，是一种辨证的关系，三者之间就像三条螺旋缠绕在一起，都同时是因和果。基因和环境都是生物体的因，而生物体又是环境的因，因此基因以生物体为中介，又成了环境的因①。

通过引入生物学中的三螺旋概念，亨利·埃茨科瓦茨于 1995 年首次提出著名的官、产、学三螺旋理论来分析政府、产业和大学之间关系，并用以解释政府、产业和大学三者间在知识经济时代的新关系。自此，三螺旋理论被认为是一种创新结构理论。如图 4-1 所示，勒特·雷德斯道夫（Loet Leydesdroff）于 1995 年对此概念进行了发展，提出了该模型的理论系统。三螺旋模型由三个系统部门组成：一是大学和其他知识生产机构；二是产业部门（包括高科技创业公司、大型企业集团和跨国公司）；三是政府部门（包括地方性的、区域性的、国家层面的以及跨国层面等不同层次）。这三个系统在履行传统的知识创造、财富生产和政策协调职能外，各系统之间的互动还衍生出一系列新的职能，最终孕育了以知识为基础的创新型社会。三螺旋模型理论认为，政府、企业和大学的"交迭"才是创新系统的核心单元，三方互动与联系是推动知识生产和传播的重要因素。在将知识转化为生产力的过程中，各参与方互相作用，从而推动创新螺旋上升。三螺旋模型理论还认为，在创新系统中，知识流动主要在三大范畴内流动：第一种是参与方各自的内部交流和变化。第二种是一方对其他某方施加的影响，即两两产生的互动。第三种是三方的功能重叠形成的混合型组织，以满足技术创新和知识传输的要求。

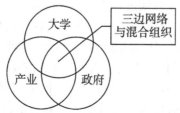

图4-1　政府、产业、大学关系的三螺旋模型

---

①　边伟军,罗公利.基于三螺旋模型的官产学合作创新机制与模式[J].科技管理研究,2009,29(2):4-6+3.

三螺旋模型最发达的模式是重叠模式,如图4-1所示,即通常所指的三螺旋创新模型理论。其具体结构是政府、大学、产业等三方机构在保持各自独立身份的同时,又都表现出另外两个机构的一些能力,即政府、大学和产业三方机构除了完成他们的传统功能外,还表现出另外两机构的作用。该理论着重探讨了以大学为代表的学术界、产业部门、政府等创新主体,是如何借助市场需求这个纽带,围绕知识生产与转化,相互连接在一起,形成三种力量相互影响、抱成一团又螺旋上升的三重螺旋关系的。由于三重螺旋模型超越了以往的大学—产业、大学—政府、产业—政府的双螺旋关系模式,克服了以往的产学/产学研合作模式忽略国家层面考虑的不足,自提出以来一直为学界所热衷。

(2)三螺旋理论的影响。大学—产业—政府关系的三螺旋理论提供了一个方法论意义上的研究工具,其核心价值在于将具有不同价值体系的政府、企业和高校在促进区域经济社会发展的过程中统一起来,形成知识领域、行政领域和生产领域的三力合一,进而为经济与社会发展提供坚实的基础。创造这种合力的基石在于打破传统的学科边界、行业边界、地域边界、观念边界,并在边界切面上建立起新的管理、教育和社会运作机制。

(3)三螺旋理论的核心观点。三螺旋理论认为在知识经济背景下,高校、产业界、政府三方应当相互协调推动知识的生产、转化、应用、产业化以及升级,促进系统在三者相互作用的动态过程中不断提升。三螺旋理论强调产业、学术界和政府的合作关系,强调这些群体的共同利益是他们共同的社会创造价值。三螺旋理论指出公共与私立、科学和技术、大学和产业之间的边界是流动的,大学和公司正承担以前由其他部门领衔的任务,政府在不同层次的科学和技术政策中塑造这些相互关系成为工作主线。总之,大学、产业、政府关系可以认为是以沟通为核心的进化网络的三个螺旋,与双螺旋结构中的直接相互作用相比,三螺旋结构更为复杂,也更贴近现实状况[①]。

4.1.2.3 共同体理论

(1)共同体理论的发展演进。人在本质上是一种类存在物,而共同体是人类存在的基本方式。共同体是一个古老的概念,自有人类文明以来就存在,随着人类社会的发展,其内涵也在不断地扩大和变化。共同体在不同的社会阶段所呈现的形式有所不同。人是以共同体的形式存在,并且在共同体中不断地被社会化,共同体是通过公共性的活动使个体与个体之间相互交往,从而建立了关系的总和。共同体这一概念来自于古希腊,最初的含义

---

① 武汉市机械工业促进办公室课题组.三螺旋理论视角下武汉先进制造业产学研结合调查[J].长江论坛,2009(1):19-24+31.

是指在城邦里设立的市民共同体。亚里士多德认为,城邦就是最有代表性的共同体,所有城邦都是某种共同体,所有共同体都是为了某种共同的善而建立的①。他还认为,人们都是生活于一个共同体之中,人们通过对善的共同追求来获得相应的利益,国家就是一个德性意义上的"至善"的共同体。

学界一般认为,共同体的概念虽然早已有之,但真正意义上的共同体理论却产生于 19 世纪中后期。马克思较早就对共同体的基本形态做了论述,由此奠定了共同体的理论基础②。马克思从现实的个人出发,将黑格尔最高的共同体形式"国家决定市民社会和家庭"颠倒过来,强调市民社会和家庭是国家的前提和基础。从现实感性的人和人的本质是一切生产关系的总和出发,解构传统的共同体,进而扬弃和超越虚幻的共同体,提出了真正的共同体——共产主义社会中自由人联合体③。

随着社会分工的不断深化,以及经济、政治和社会的发展,近现代共同体概念也获得了扩展。德国的社会学家斐迪南·滕尼斯(Ferdinand Tönnies)在 1887 年撰写了《共同体与社会:纯粹社会学的基本概念》一书,对"共同体"概念进行了专门的研究和探讨,斐迪南·滕尼斯的共同体研究深受马克思共同体思想的影响,从社会学的理论高度梳理"共同体"的概念,将"共同体"一词与"社会"一词区分,揭示了共同体具有群体性、认同感、归属感的基本特性,完善了共同体的理论核心。斐迪南·滕尼斯将共同体的本质理解为"现实的和有机的生命",而将"社会"理解为机械的形态。认为通过积极的关系而形成的族群,只要被理解为统一地对内和对外发挥作用的人或物,它就叫作一种结合。关系本身即结合,或者被理解为现实的和有机的生命——这就是共同体的本质,或者被理解为思想和机械的形态——这就是社会的概念④。

19 世纪的共同体理论主要关注的是社会发展进程中人与人的相互关系,以及建立在其上的思想和社会认同。进入当代社会,共同体的概念、理论和方法逐渐向多个学科领域扩展,其中非常突出的就是自然科学领域。欧美学界赋予了共同体新的含义,用共同体的概念和理论来分析科学研究领域的社会行为,得出了许多新的观点和结论。特别是在 20 世纪后半叶,科

---

① 亚里士多德. 亚里士多德全集:第 9 卷[M]. 北京:中国人民大学出版社,1994.

② 马克思,恩格斯. 马克思恩格斯全集:46 卷上册[M]. 北京:人民出版社,2016.

③ 孔伟. 哲学视域中的共同体理论:兼论马克思的共同体思想及其当代意义[J]. 中国人民大学学报,2018,32(3):88-97.

④ 斐迪南·滕尼斯. 共同体与社会:纯粹社会学的基本概念[M]. 林荣远译. 北京:北京大学出版社,2010.

学共同体的概念和理论得到许多科学家、哲学家、社会学家的响应、倡导和阐释,由社会共同体转向科学共同体成为学术界一种新的思潮。1962年,美国科学哲学家托马斯·库恩在《科学革命的结构》一书中提出,科学作为一种社会性、集体性、公共性的事业,共同体已经与科学研究的全部过程不可分割地联系在一起。这一观点进一步使科学共同体成为人们普遍关注的课题,并把对科学共同体的理解和认识提升到了一个新的高度。与前人不同,库恩使用"范式"概念来说明科学发展过程中社会层面因素的作用。他认为"范式"一词无论在实际上还是逻辑上,都很接近"科学共同体"这个词。一种范式就是一个科学共同体成员所共有的东西,反过来也正由于他们掌握了共有的范式才组成了这个科学共同体,尽管这些成员在其他方面也是并不相同的①。具体而言,库恩的"范式"主要有以下几层含义:①范式是科学共同体一致坚守的理想信念;②范式是科学共同体一致拥有的理论框架和基础;③范式是科学共同体一致遵从的实践规范;第四,范式是科学共同体一致运用的语言系统。科学共同体与范式的关系可以理解为:科学共同体作为产生科学知识的单位,统摄了范式,是范式的基质和载体,范式附属于科学共同体,有了科学共同体,范式才得以确立;但不同的科学共同体又以不同的范式为基础,每一科学共同体总是在某一时间内具有一个相对固定和确立的范式,范式的产生、形成、发展乃至危机,反过来影响甚至导致科学共同体的变化、调整乃至重组。库恩的这些思想,不仅分析了科学共同体形成、发展和转变的认识论基础,也揭示了科学共同体交流、合作、运行的社会因素,从逻辑主义走向历史主义,对于科学共同体理论发展具有突出贡献。

2017年,习近平总书记在十九大报告中提出,坚持和平发展道路,推动构建"人类命运共同体"。这是习近平总书记坚持马克思主义的立场、观点和方法,基于对人类社会发展规律的深刻把握,从马克思的共同体思想源泉出发,辩证地吸收借鉴中外社会科学领域共同体理论的精华,高瞻远瞩、高屋建瓴提出的创新理论。人类社会是一个相互依存的共同体已经成为共识,人类命运共同体意识超越种族、文化、国家和意识形态的界限,这为马克思的共同体理论提供了全新的视角,获得了人类共同利益和共同价值的新内涵。

(2)共同体概念的演变。在不同的时代或不同的社会中,共同体的概念是在不断演变的。首先,共同体边界的变化。在滕尼斯看来,共同体的类型主要是在建立在自然基础之上的群体(家庭、宗族)里实现,或者在小的、历

---

① 托马斯·库恩.必要的张力[M].范岱年,纪树立,等译.北京:北京大学出版社,2004.

史形成的联合体(村庄、城市)以及在思想的联合体(友谊、师徒关系等)里实现的。随着全球化时代的到来,共同体早已突破了血缘、地域和时空的界限,产生了诸如跨国的环境保护组织等。其次,成员构成的变化。在共同体的原意中,成员是"同质"的,但现今是允许"多样性"存在的,关注点已不在于成员的同质性,而在于成员之间的连接模式。再次,成员联结纽带的变化。从内化的"共同的理解"到"互惠的基础",原意中共同体联结的纽带是内化于本体的"共同的理解"或"共识",但现今出现了许多以互惠为原则的"利益共同体"和"命运共同体"。最后,共同体成员间交往方式的变化。从内化的"共识"到"对话",对于出现的差异和沟通障碍,通过交往机制能产生信任和达成共识。

(3)共同体的特性。一方面,共同体具有公共属性。共同体的根本特征就在于人类共在、共处和共享的普遍的有机形式。只要人们以共同体的形式存在着,就存在公共属性问题,公共属性是共同体存在的基本属性。也就是说,人类的公共属性往往蕴藏于人的共同体的各种现实存在的形式中,这是共同体的公共属性作为一个哲学存在的现实基础和理论来源。公共属性是对一切不平等的否定和对社会多样性的肯定。人类的历史就是不断地追求平等、自由的公共属性目标。同时,公共属性现实的存在从共时、共在转变为跨时空的多元共享的存在。一个社会的公共属性程度越高,说明这个社会的民主化程度越高,个体主体属性的发展也就越充分。另一方面,共同体具有自主属性或主体属性。就个人与共同体的关系而言,个人并不隶属于某一特定的共同体,而是可以根据自己的兴趣对诸多共同体进行自由选择,通过参加多种社会共同体的活动展现和发展自身的多样化能力和多样化选择,成为有个性的人,而人的个性反过来又丰富了社会共同体的结构,进一步促进共同体的多元化发展。但是,个性与共同体之间又存在着自主性与多样性的冲突,这就需要在个人自主性与共同体自主性之间达到某种平衡。无论是共同体自身还是其成员的自主性都是相对自主性,一方面各自拥有极为有限的自主范围,另一方面双方又是相互依存、相互渗透的,即个体自主性与共同体自主性是辩证统一的。首先,个体与共同体之间是相互承认,不是相互支配和控制的。其次,两者之间相互依存,互为目的,个人只有在共同体中才能确立自身价值和实现自我的发展,共同体也只有在其成员的支持下才能获得发展。最后,个体不应该把共同体当作实现自己欲望和利益的工具,而应彼此视为成就自身的目的。

4.1.2.4 教育生态理论

生态学是一门研究生物或生物群体与其生存环境之间相互关系的科学。生态链是生态学中的重要概念,是指在一个生态群落中,众多的生物和非生物成分通过相互协同形成的链式依存关系①。随着全球可持续发展战略的推进,生态学的研究对象已经由单纯的自然生态系统转向一定区域或领域范围内,由自然、社会和经济耦合构成的结构更复杂、功能更强大的复合生态系统。同时,生态链理论的基本思想也逐渐向社会各领域渗透。利用生态链理论对产教深度融合政策环境复合生态系统进行深入研究具有更广泛、更通用的含义。生态学理论认为,在某一个空间区域内,生物体之间以及生物体与无机环境之间通过复杂的交互作用而形成的有机整体就是生态圈。20世纪90年代,美国学者詹姆斯·摩尔(James Moore)首次将生态圈理论应用于商业领域,创造性地用生态系统这一生态学与系统论交叉的概念来解释现代企业所处的环境以及企业与外部环境之间的复杂关系。进入21世纪,生态学理论在社会研究领域的应用日益广泛,诞生了包括产业生态圈理论、商业生态系统理论、组织生态理论等众多分支理论类型。

教育生态学是20世纪70年代中期兴起的一门新兴的教育学分支学科,它是生态学原理与方法在教育学中渗透与应用的产物,是应用生态学的原理与方法来揭示与研究教育领域内的各种现象与问题,以此来探索教育的发展趋势与方向。作为跨越教育学和生态学两个领域的一门新兴的交叉边缘学科,教育生态学主要借鉴这两个学科的研究方法,把教育放在自然环境、社会环境、规范环境中,研究生态环境和各种生态因子与教育的相互关系。基于教育生态学理论构建的教育生态系统有其自身的演化和发展规律,存在教育生态系统结构、功能的平衡与不平衡,在教育生态系统内部和外部也存在相互竞争和协同进化。正因为教育生态系统环境组成、生态因子构成、生态结构、生态功能等方面具有复杂性,所以我们需要应用系统论、控制论、协同理论等复杂科学的原理和方法研究教育生态问题。

4.1.3 育训共同体概念的建构

职业教育是教育的一种类型,既有教育的普遍规律又有职业的独特规定。目前将共同体理论等用于教育领域的研究虽然越来越多,但主要是针对普通教育而言的,并不适用于职业教育共同体的研究。这是因为普通教育与职业教育是两种不同类型的教育,具有不同的发展路径。在教育史上,普通教育与职业教育既是两种不同的教育哲学,又是两种不同的学校制度②。职业教育共同体的分析逻辑和维度要紧密围绕职业教育的发展规律,注重从学历教育与职业培训并举并重的角度研究职业教育共同体的理念与

---

① 约恩森.系统生态学导论[M].陆健健,译.北京:高等教育出版社,2013:3.
② 孟景舟.普通教育和职业教育的历史演进[J].职教论坛,2011(31):4-8.

构建方法。由于职业教育有其自身的特殊性,职业教育共同体的主体、价值取向、关系连结也呈现出自己的特点,即普通教育共同体的相关研究往往将视角聚焦于基础教育阶段,多以学生为中心探讨学校、家庭与社区间的关系,而职业教育共同体的主体更加多元化,涉及政府部门、职业院校、行业企业、学生员工等多个元素,包含教育场域和职业场域多个领域,产教融合问题成为探讨的中心,因此有必要首先对职业教育共同体的概念进行明确界定。

4.1.3.1 职业教育共同体的概念

在本书所阐述的职业教育领域,针对高素质技术技能人才培养,界定共同体的概念是基于共同的价值观念,通过共同体成员的集体认同形成的积极的合作机制或有机联系的社群、团体、组织。根据外显特征,共同体既可以是"隐性"的,也可以是"显性"的;根据"确定性"与"自由"维度和成员间的紧密程度,共同体既可以是"紧密"的,也可以是"松散"的。

职业教育是与市场、经济联系最为紧密的一种教育类型,全球化进程、技术革新、经济转型等都会对其产生深刻的影响。教育的问题应跳出教育的范围来看,选择共同体视域对我国职业教育发展进行审视,是因为在当前时代背景下,对共同体的探讨具有非常重要的意义。全球化进程带来了许多亟待关注的问题和新的发展机遇,无论作为一个概念,还是作为一系列社会关系,共同体都成为这诸多问题和机遇中争论的核心[①]。从共同体的视角对我国职业教育的境遇进行审视,可以发现职业教育协调发展过程中的时代特点及困境之源,有助于突破我国职业教育在时代境遇中的瓶颈问题,如职业教育与大众的认同、职业教育与经济社会发展的协调、学校与企业的互动关系、市场需求与专业设置的关系等。通过职业教育共同体的研究,可以探索政府、行业、企业、学校的动力机制与合力机制,助推职业教育办学模式的改革,探寻职业教育的创新发展路径。

4.1.3.2 育训结合

职业教育既是国民教育体系,也是人力资源开发的重要组成部分,产教融合是职业教育的根本特征,将产教融合融入专业教学建设,将产业先进元素融入专业教学资源,将产业科学管理融入专业教学管理,将产业优秀文化融入教育教学过程,将产业发展需求融入专业建设规划。《国家职业教育改革实施方案》指出,完善学历教育与职业培训并重的现代职业教育体系,落

---

① 戴安娜·布莱登威廉·称尔曼.反思共同体:多学科视角与全球语境[M].严海波,等译.北京:社会科学文献出版社,2011.

实职业院校实施学历教育与培训并举的法定职责，按照育训结合、长短结合、内外结合的要求，面向在校学生和全体社会成员开展职业培训。由此可见，职业教育在新时代落实立德树人的根本任务，要深化产教融合、校企合作，牢牢抓住培养社会主义建设者和接班人这个根本任务，牢牢面向市场、服务发展、促进就业的办学方向，明确职业院校学历教育和培训并举并重的法定职责，按照高质量发展的要求，坚持以学生为中心，深化复合型技术技能人才教育培训模式改革，提高人才培养质量。

当前，开展"学历证书+若干职业技能等级证书"（"1+X"证书制度）试点改革集中体现了职业教育的育训结合特征，体现了中国特色职业教育发展模式的基本内涵。学历证书是对学生完成规定学习任务所颁发的文凭，强调的是学校的育人和学生的成人成长成才，有利于逐步养成学生的自我约束力、学习能力、分析问题和解决问题的能力，夯实学生可持续发展的基础。职业技能等级证书则与职场就业密切相关，强调的是直接从事某一职业和岗位工作所需要的知识和技能，面对科技快速变化和技能淘汰更新的挑战，需要不断提升学习和接受培训的能力，拓展就业、创新创业的本领。"1+X"证书制度是育训结合模式的关键举措，是职业院校和专业建设坚持工学结合、知行合一的复合型技术技能人才教育培训模式的落地，有助于高质量培养学生的认知能力、合作能力、创新能力和职业能力。

《国家职业教育改革实施方案》明确提出职业教育要由参照普通教育办学模式向企业社会参与、专业特色鲜明的类型教育转变。换言之，如果不具有鲜明的专业特色，职业教育就难以成为与普通教育不同的类型教育。实践证明，专业特色不鲜明的职业教育难以受到社会的欢迎，难以适应区域经济产业转型升级的需要。职业教育作为一种类型教育，就要体现其类型教育的特点，而强化这个特点，必须产教融合、校企合作。因此，职业院校落实育训结合、德技并修，必须大力推进产教深度融合，提升工学结合育人水平，把握全球产业发展、国内产业升级的新机遇，主动参与供需对接和流程再造，推动专业建设与产业发展相适应，实质推进协同育人，这就需要重视传统学校教育体系难以面向市场的缺陷，鼓励和支持市场优秀力量进入专业教学改革和推广领域，把产业发展对职业岗位的关键要求融入专业教学标准和大纲等教学资源中，全面提高教学资源水平，优化教学过程，提高学生职业胜任力，增强职业院校服务贡献力，打造德技兼备、育训皆能的工匠之师，提高专业教师对接产业发展的能力以及吸收产业先进技术元素的动力，用高水平的"双师"育训结合培养高素质技术技能人才。

《国家职业教育改革实施方案》对完善职业院校设置标准提出了具体改革要求，即按照产教融合的三个对接（专业设置与产业需求对接、课程内容与职业标准对接、教学过程与生产过程对接)来判断职业教育作为类型教育的特色是不是鲜明,实质推进校企协同育人的效果是不是明显,职业教育与普通教育不同类型、同等重要的认识是不是落地,从而使育训结合成为职业院校教学实践活动的共同理念、价值标准和行为规范。

4.1.3.3　育训共同体概念的生成

《国家职业教育改革实施方案》明确提出通过育训结合培养服务区域发展的高素质技术技能人才的改革思路,本书正是以上述新时代职教新思想和新要求为指引,以提高区域技术技能人才培养质量为导向,以主动融入长三角经济一体化建设及服务区域经济社会发展为宗旨,以国际职教合作、政行企校融通、区域高水平高职院校示范带动为途径,通过构建高素质技术技能人才培养"育训共同体"的创新研究与实践,达到丰富现代职教体系理论成果、深化产教融合、促进区域职业教育持续高质量发展的目的。

(1)育训共同体的提出动因。具体有以下方面。首先,育训共同体概念的提出是职业教育时代境遇呼吁的结果。共同体视域下的现代职业教育所处境遇包括:一是工具世界和认同世界的分离。接受工具理性支配的社会领域被称为工具性世界,大众对于社会领域的价值观念和价值判断被称为认同世界,两个世界的分离产生许多矛盾性问题,在职业教育领域表现为国家政策的积极干预与大众对职业教育认同之间的分离;二是学校主体与经济主体的分离。共同的价值观念是共同体形成的基础条件,但学校的教育性与经济主体的逐利性使学校主体与经济主体的价值观不可避免地出现了分裂。学校主体与经济主体分离的表现之一是学校与行业、企业之间的利益共同体难以达成;三是技术世界和人文世界出现了分离。科学技术是一把"双刃剑",推动着社会的进步,渗透到我们生活的各个领域,构成了我们的"技术世界",形成了对社会的控制[①]。虽然这种说法有些片面,但随着科学技术在社会进程中扮演着越来越重要的角色,现代教育越来越关注于自己满足个体和社会习俗性发展的能力,越来越从这种世俗性需要的满足方面来变革自己,从而忽视甚至是放弃了自己传统的人文关怀和人文追求[②]。职业教育共同体是以整合为标志的,因此上述职业教育分离的境遇促生了育训共同体的提出。

其次,育训共同体概念的提出是职业教育实践土壤促生的结果。职业教育的共同体组织可以表现为不同的形态,一是在宏观层面上表现为职业院校、行业企业、政府部门之间的联合,由职业院校、行业企业、政府部门联

---

①　吴国胜.技术哲学经典读本[M].上海:上海交通大学出版社,2008.

②　石中英.知识转型与教育改革[M].北京:教育科学出版社,2001.

合构建利益共同体，形成政校行企多方的合力机制；二是在中观层面上表现为职业院校之间的差异发展、优势互补、资源共享、统筹协调，并形成有效的交往机制，共同提升职业教育教学质量；三是在微观层面上表现为职业院校内部的职业教育共同体，如各种教师专业发展共同体、学生学习共同体等。育训共同体本质上是职业教育共同体的类型之一，是一种精神和理念共同体，更是一种实现成员或组织之间有机结合的职教范式与运作机制，成员间有一致的集体认同。由此可见，在以校企合作为主线探索职业教育发展的实践过程中呈现出各种以职业教育共同体为导向的实践探索，这种实践探索反映了职业教育的时代发展趋势，无论是职业教育社会合作伙伴、合作教育机构，还是各种职业教育共同体组织的成立，都表明职业教育不只是职业院校自身的事情，还与职业教育各利益相关者息息相关，即职业教育的发展离不开政府、社会、企业、行业、社区的支持，需要加强学校与社会各界的联系。

最后，相关的理论探讨为育训共同体的提出提供了重要的基础。当前与育训共同体相关的研究主要从以下几个维度展开：一是区域职业教育共同体的研究。从区域经济视角研究区域职业教育共同体的构建及其与区域经济的关系，明确在当代新经济条件下，区域职教要适应区域经济的发展，就必须更加注重区域职教的联系性、整体性和协同性①。可以运用市场这只"看不见的手"对教育资源进行合理配置，最终促使区域内整体教育资源达到平衡，形成一个合作、互动、分享的教育协作组织、教育互助组织、教育发展组织，从而在区域内达到教育的均衡、持续、有效发展②；二是校企共同体的研究。从利益视角研究职业教育校企利益共同体的构建，认为校企共同体是一种职业教育集团模式，是由多所职业院校参加的教育组织，不同于校企合作普遍呈现的以项目协议为纽带的松散型组织③；三是职业教育共同体的内涵研究。职业教育共同体的内涵首先是各级各类办学主体和实施机构形成的资源共享、分工合作、优势互补、专业优化、课程创新；其次是职业院校、行业企业、政府部门之间形成合力，以市场需求为导向，建立伙伴制的共同体，目标明确、各司其职；最后是跨区域合作，以产业为纽带组成职业教育集团或依据产业链分工对技术技能人才类型、层次、结构进行合理配置，优

① 杜永兵.浅论区域职教共同体与区域经济的关系[J].职业圈,2007(Q6):18-19.
② 杨亮.市场手段作用于区域教育共同体资源配置过程中存在的问题分析[J].教育与职业,2011(9):169-170.
③ 郭苏华.从职业教育需求看校企利益共同体的构建[J].职业技术教育,2012,33(16):5-9.

化职业教育资源与职业院校布局,实行联合招生、合作办学的职业教育共同体①。总之,关于育训共同体及其相关领域的研究目前仍处于起步的初级阶段,大多针对职业教育政校行企的研究多方以遵循经济逻辑探讨为主,缺乏深入系统的研究。因此需要进一步拓宽思路,在职业教育各主体间的融合、职业教育与区域经济的关系等方面为育训共同体的研究探索新的路径。

（2）育训共同体的理论缘起。虽然共同体的概念最初来自于古希腊城邦设立的市民共同体,但真正意义上的共同体理论则产生于19世纪中后期,马克思从现实感性的人和人的本质是一切生产关系的总和出发,解构传统的共同体,进而扬弃和超越虚幻的共同体,提出了真正的共同体——共产主义社会中自由人联合体②,从而奠定了共同体的理论基础。德国社会学家滕尼斯深受马克思共同体思想的影响,从社会学的理论高度梳理共同体的概念,揭示了共同体具有群体性、认同感、归属感的基本特性,完善了共同体的理论核心③。随着人类经济社会的发展,共同体的内涵在不断扩大和变化,共同体的概念也在各种语境与话语体系中不断丰富和演进,但仍可从理论共性的角度出发,将共同体视为基于目标相同、价值认同、利益趋同的共同理念,由若干个体或组织在共同的条件或因素作用下,朝着共同的目标,按照共同的规则,组成的相对稳定的统一体④。

育训共同体是在遵循共同体理论的基础上,在解决职业教育供需矛盾以及学历教育与职业培训"两张皮"问题的过程中应运而生的。2017年,党的十九大报告指出要完善职业教育和培训体系,深化产教融合、校企合作。2019年,《国家职业教育改革实施方案》进一步明确提出要完善学历教育与培训并重的现代职业教育体系,健全多元化办学格局;落实职业院校实施学历教育与培训并举的法定职责,按照育训结合的要求,面向在校学生和全体社会成员开展职业培训。育训共同体范式的提出,正是顺应上述新时代国家职业教育改革新思想和新要求,以化解当前职业教育产教供需矛盾为目的,以提高技术技能人才培养质量为导向,以南通地方职业教育主动融入长三角经济带建设及服务区域经济社会发展为宗旨,以国际职教合作、政行企校融通、高水平高职院校示范带动为途径,以共同信任、共同愿景、共同组

① 马庆发."十二五"职业教育发展方略八大关键词[J].职教通讯,2011(3):1-6.

② 孔伟.哲学视域中的共同体理论:兼论马克思的共同体思想及其当代意义[J].中国人民大学学报,2018,32(3):88-97.

③ 斐迪南·滕尼斯.共同体与社会:纯粹社会学的基本概念[M].北京:北京大学出版社,2010.

④ 邹良影,刘程灿.高职院校"双创型"实践育人共同体建设探究[J].中国职业技术教育,2019(9):86-89.

织、共同利益、共同质量为主要特征,以联合组建教育与培训组织、合作平台、合作实体为主要形式,以资源互补、利益共享、风险共担等制度设计为保障,由地方政府、行业企业、职业院校、社会组织等担负学历教育与职业培训的各方建立在产教融合基础上的理论创新和实践探索。

(3)育训共同体的多维审视。从哲学视角来审视育训共同体,育训共同体具有伦理的精神维系。共同体最早源于滕尼斯对夫妻、家庭及村落的分析,本真意义上伦理是维系共同体的主要纽带。随着社会的变迁,共同体的联结纽带发生了变化,不同共同体之间维系的纽带呈现出多样性。职业教育领域的共同体在中世纪时期主要表现为师徒制中师傅与徒弟之间维系的纽带伦理,但随着职业教育的发展,合作共赢成为联结各合作主体的主要纽带,共同体各主体之间在注重合作、效率的同时形成一种"家"的氛围——伦理共同体,这使得共同体各主体之间产生一种亲密感,主观上互相认同、有集体归属感。因此,育训共同体在除了以物质利益、组织制度维系的同时,还应具有伦理的精神维系,伦理的共同体形成的凝聚力更具生命力、活力和创造力[①]。

从社会学视角来审视育训共同体,育训共同体具有系统论的整合观与系统观。系统概念是在控制论和生物学语境中发展起来的[②],系统论认为世界上的任何事物都可以看作一个系统。20世纪70年代,系统论中的"行动者—系统—动力学"理论(ASD理论)将社会关系、群体、组织和社区看作一系列各自具有独特内部结构和运动规律,彼此之间在一定程度上存在既定边界的社会系统,并且系统整体上是开放的,与外部环境保持着频繁的互动[③]。育训共同体的整合观和系统观,是将职业教育各主体(行动者)、制度结构和文化结构、外部环境条件放在系统的视域中进行审视和协调,以达到系统的最优化。系统观视阈下的育训共同体一是要认识育训共同体各主体之间价值观的冲突,主要表现为政府、学校、企业和社会的价值观冲突。二是要使职业教育的各利益主体寻求合作、达成共识、协调发展。三是要生成育训共同体的整合机制、动力机制和运作机制,保障育训共同体的有效运行和发展。四是要基于ASD理论正确理解育训共同体各主体之间的关系、育训共同体内部的活动过程、育训共同体与外界环境的互动过程、育训共同体

---

① 陈越骅.伦理共同体何以可能——试论其理论维度上的演变及现代困境[J].道德与文明,2012(1):39-44.

② 于尔根·哈贝马斯.现代性的哲学话语[M].曹卫东译.南京:译林出版社,2011.

③ 汤姆·R.伯恩斯等.经济与社会变迁的结构化:行动者、制度与环境[M].周长城等译.北京:社会科学文献出版社,2010.

的制度结构等。第五要通过系统观的研究视角,使研究不再局限于育训共同体本身,需要更多地考虑外在环境条件和文化制度因素的影响。第六要用动态观点研究育训共同体,因为社会系统是动态的,外部因素不断影响并改变社会系统,促使其内部再结构化,而社会系统内部的社会活动经常导致创新,并产生意外后果①。

(4)育训共同体的基本内涵。育训共同体的范式建构源自当代职业教育共同体对产教融合服务区域经济社会发展的贡献度和适配度的思考与分析,它带有产教融合、校企合作的基因,也有其独特性,其基本内涵可以从三个方面来阐释。首先,育训共同体是跨境跨界多元融合的技术技能人才培养联合体。该联合体采用学历教育与职业培训功能深度结合的政行企校多元跨界联合组织架构,能够根据区域企业岗位工作群及能力要求,动态调整专业设置、课程单元与培训模块,借鉴国际优质职教资源,制定企业工种培训标准,开展企业岗位能力职业资格认证,完善围绕区域产业需要的技术技能人才培养体系、终身教育培训体系、转岗教育培训体系。其次,育训共同体是学历教育与职业培训之间的连接器和转换器。育训共同体解决学历教育与职业培训"两张皮"问题的根本方法是多角度、全方位整合社会资源,打造模块式"育训结合"连接器(将学历教育的课程学分与职业培训的岗位证书进行模块化对接互换)、嵌入式"课培融通"转换器(将学历教育的课程标准与企业岗位的培训标准分别进行嵌入式转换重构),形成高效顺畅的育训衔接运行机理。最后,育训共同体是可持续、稳定、协调发展的现代职教综合生态体系。育训共同体内部成员之间具有互联互通、和谐共生的生态基因,针对学历教育蕴含的共性规律与职业培训独特的个性规律能够进行共同体内部管理机制创新与资源利益优化,从而形成专业内容渗透重组、培训标准国际借鉴、成员单位依存交融、育训资源优势互补的区域职业教育和产业协调发展的生态体系。

总之,育训共同体是由政府部门、行业企业、职业院校、社会组织等担负学历教育与职业培训的各方,以产教融合为基础,以资源互补、利益共享、风险共担等制度设计为保障,以联合组建教育与培训组织、合作平台、合作实体为主要形式,以共同信任、共同愿景、共同组织、共同利益、共同质量为主要特征,逐步形成的长期、持续、稳定的技术技能人才培养联合体。通过育训共同体的构建,政府部门、职业院校、行业企业等相关主体能够进行有机结合和互动,职业教育与经济社会能够协调发展,职业教育质量能够稳步提升。

---

① 汤姆·R.伯恩斯等.经济与社会变迁的结构化:行动者、制度与环境[M].周长城等,译.北京:社会科学文献出版社,2010.

4.2 育训共同体内涵辨析

基于育训共同体的概念,从育训结合的主体、目标、形成、组织、功能五个方面对育训共同体的内涵进行界定。

4.2.1 育训共同体的主体

由于共同体是一个群体概念,因此育训共同体由多元主体构成,可以是校企双方,也可以是政府部门、职业院校、行业企业、科研院所、第三方评价或中介服务机构等多元主体共同参与组成。同时,参与合作的职业院校、企业、科研院所等主体可以是一家,也可以是由多家职业院校、企业、科研院所等联合组成的职业院校群、企业群、产业链等共同构建的合作共同体。

4.2.2 育训共同体的目标

育训共同体是教育场域与职业场域合作各方主体共同构建的利益共同体。这个利益共同体基于互惠共利的原则,强调"1+1>2"的合作功能与增值效益,各方主体的合作着眼于长远目标的实现,而不是短期获利。因此,育训共同体追求的是长期、稳定、持续的合作,并通过长期合作,以获得各方主体利益的长期化、最大化。因此,育训共同体需要建立长期目标和共同愿景,并在共同愿景的引领下,通过合作创新实现教育场域与职业场域各方合作利益的最大化。

4.2.3 育训共同体的形成

育训共同体是在教育场域与职业场域各方主体相互信任、优势互补、利益共享的基础上渐进式磨合形成的。由于育训共同体是政府部门、职业院校、行业企业等之间建立的长期、紧密、稳定的合作关系,因此它与一般的校企合作模式不同,它的形成不是一蹴而就的,而是一个逐渐递进、不断完善的过程。育训共同体的形成需要三个方面的基础条件:一是实现资源优势互补。由于教育场域与职业场域的合作是建立在各方主体优势资源基础上而开展的合作,因此育训共同体各方主体能否实现资源优势互补就显得至关重要,在各方合作过程中,缺乏优势资源的一方很难成为共同体的主要成员,尤其是长期合作的成员。二是建立合作信任关系。相互信任是育训共同体各合作主体之间持续合作的重要基础,主体之间缺乏信任,合作会随时中止。三是完善风险利益机制。利益共享、风险共担是将共同体成员连接在一起的重要纽带,没有共生、共享的物质和精神利益指引,就不会有共同体的形成。由此形成了育训共同体三个方面的基本观点,即育训共同体既是跨境跨界多元融合的技术技能人才培养联合体,也是学历教育与职业培训之间的连接器和转换器,更是可持续、稳定、协调发展的现代职教综合生态体系。

4.2.4 育训共同体的组织

育训共同体的长期发展需要有坚强的组织体系来保证运行。一方面,育训共同体是由多元主体共同参与的,各主体在实施育训团队组建、育训项目研发、育训合作创新的过程中投入了相应的人力、物力、资金等资源,资源的整合使用、合理调度需要一个各主体认可的合作共建组织(或平台)来运作完成。另一方面,由于育训共同体构建的目标是破解职业教育面临的人才培养供给端与产业发展需求端之间不能有效匹配、企业参与办学的动力不足、育训结合的体系建设和制度标准不够健全等瓶颈问题,因此为了提高问题解决的效率,育训共同体也需要建立合作共建组织(平台),或建立有效的运行机制(包括信任机制、决策机制、激励机制、保障机制等)来协调各方资源,为多方合作主体实现共同利益服务。

4.2.5 育训共同体的功能

职业教育发展中的问题并不单是职业教育本身的问题,还受到种种时代特征的影响。借用吉登斯的话讲,建构场所的不单是在场发生的东西,场所的"可见形式"掩藏着那些远距离关系,而正是这些关系决定着场所的性质[1]。通过育训共同体视域对我国职业教育发展的"瓶颈"和那些影响其性质的"远距离关系"的重新审视,有助于从整体的、全面的和联系的视角提出我国职业教育发展的路径选择。

4.2.5.1 推进职业教育的类型化建设

推进社会对职业教育类型化的集体认同,形成积极的社会舆论,是职业教育发展的重要前提。职业教育的社会舆论从意向构成来看,既反映了职业教育的阶段性特征,也与职业教育的"场域"有关,它受到历史传统文化、时代特征和劳动收入标准等多种因素的综合影响,因此促进社会对职业教育的认同需要从多个角度来考虑。一是,优化职业教育结构,构建现代职业教育体系,注重内涵发展,提升教育质量,这是推进社会对职业教育认同的纽带。近年来,我国加快了经济结构的调整步伐,持续推进经济发展方式转

---

① 安东尼·吉登斯.现代性的后果[M].田禾,译.南京:译林出版社,2011.

变,与此相适应,职业教育也进入了结构调整的关键时期,在宏观方面需理顺职业教育与其他类型教育的关系,构建现代职业教育体系,加强育训结合、中高职衔接等;在微观方面需依据经济的发展、产业结构的调整进行专业与课程调整等。二是,打破重知识轻技能的传统文化观念,营造尊重技能、尊重劳动的社会文化氛围,保障技术技能人才职业生涯的可持续发展,提升就业质量和劳动收入标准,推进社会对职业教育的共识和自觉行动。

4.2.5.2　完善现代职业教育体系

育训共同体的提出为改革职业教育办学模式,构建现代职业教育体系提供了新的思路。育训共同体是分层次的,宏观层面上是社会各界构建的职业教育共同体,表现为政府、社会、行业、企业、家庭、学校之间的联合,社会对职业教育有积极的集体认同,国家能对经济发展的趋势做出准确预测,政府利用"有形之手"和市场经济的"无形之手"进行有效协调,并能根据经济发展趋势对学校结构体系和专业设置做出宏观调控。中观层面上是政府、行业、企业、学校之间构建的利益共同体,形成校企双方的合力机制,学校实现自己的育人目的,企业能在校企合作中"分享"成果,实现人的发展需要与社会需要的有机结合,如各类职教集团等都是中观层面育训共同体的表现形态。微观层面上是学校内部构建的职业教育共同体,如职业院校内部以专业为纽带搭建的专业群之间的教学共同体以及各种教师专业发展共同体、学生学习共同体等。

4.2.5.3　实现职教需求端与供给侧的对接

职业教育与区域经济社会发展有着天然的联系,一方面,职业教育的发展为区域产业转型升级培养培训和提供高素质的技术技能服务型和创新创业型人才,全面提升区域经济发展现代化水平;另一方面,区域经济社会的高质量发展也将助推职业教育自身进行供给侧改革,实现职业教育的全面转型升级。

从需求端来看,以高端装备制造产业、新一代信息技术产业、新能源产业、新材料产业、节能环保产业为重点的先进制造业发展需要大批高素质技术技能人才,自然对职业教育的发展更加充满期待。同时,区域新兴产业的巨大发展趋势,必然需要大规模的新兴产业相关专业人才,这方面的技术技能人才培养培训也是职业院校责无旁贷的职责。

从供给侧来看,区域经济社会发展尤其是产业转型升级对职业教育需求日益明显,也将带动职业教育自身的供给侧进行结构性改革。一是不断扩大职业教育供给主体。改变目前职业院校"单主体"培养技术技能人才的现状,逐步形成校企"双主体、双元制"的人才培养模式,按照育训共同体的融合创新范式为产业发展提供高素质技术技能与创新创业人才。二是不断改革职业教育供给模式。以需求为导向,坚持以人为本,全面构建公平全纳、贯通开放的终身职业教育体系①。现代终身职业教育体系的核心是满足人的终身学习的需求与终身发展的需要,让每个社会成员都能找到适合自己的教育类型和路径,以人为本,面向未来,符合职业人才的成长规律,适应和满足经济社会对职业人才的需求,坚持以人的发展为首要目标,实现校企联动、普职融通、纵横贯通,最终实现按需学习。三是不断提高职业教育供给质量。职业教育的供给侧改革,要在市场需求的导向下,把专业建设和结构优化作为提高人才培养质量的改革基础和改革重点,从需求端和供给侧两方面"同频共振",促进市场需求和人才供给的良性互动,深化专业供给侧改革,将专业供给与经济转型升级紧密绑定,真正实现以服务为宗旨,以就业为导向,紧跟市场需求发展变化,做好增量、盘活存量、主动减量,从源头上让专业扎根于产业升级、服务于经济发展。

4.2.5.4 实现学历教育与职业培训并举并重

职业教育包括职业院校的学历教育和行业企业的职业培训,实施学历教育与职业培训并举并重是职业院校的法定职责,《国家职业教育改革实施方案》要求健全国家职业教育制度,打通技术技能人才成长通道。一是健全职业教育与培训标准。发挥标准在职业教育质量提升中的基础作用,健全学历教育与职业培训的师资队伍、教学教材、课程建设等方面的标准,持续更新并推进专业教学标准、课程标准、顶岗实习标准、实训内容标准建设。以育训共同体为载体,创新标准建设机制,依据标准自主制订人才培养方案。同时,对接职业标准并与国际先进标准接轨,借鉴国际先进标准开发职业技能等级标准。二是深化复合型技术技能人才培养培训模式改革。探索在职业院校的专业课程与企业的岗位工种层面建立课程学分与岗位证书对接互换制度。通过育训共同体的育训团队建设,以学历教育课程学分与职业培训岗位证书对接为纽带,以学历教育学习领域课程标准化转换和职业培训工作领域培训标准化转换为手段,将课程教学和岗位培训过程结合在一起。职业院校学生在取得课程学分后可以到相关企业参加实际生产环境下对应的岗位培训,在免试理论部分的基础上获取岗位技能等级证书,这个证书在同类企业的同类岗位中都是互认的,学生就业时就能真正做到直接上岗工作,增强了人才供需的匹配性。同时,企业员工在企业工作中具备了岗位证书后,可以在取得职业院校入学资格后,换取岗位对应的课程部分或全部学分。一个育训团队可以是多个院校的相近课程对应于多个企业的相

① 杨海华,俞冰.新型城镇化进程中的职业教育需求与供给侧改革路径探讨——基于苏州样本[J].职教论坛,2017(21):28-33.

近岗位,学生和员工也可以来自多个院校和企业。团队中涉及的育训各要素以共同的学习领域和工作领域为纽带联系在一起,既有育训内容与育训环境的互联互通,也有课程学分与岗位证书等育训成果的互认互换。

综上所述,育训共同体的核心内涵如表4-1所述。

表4-1　育训共同体的核心内涵

育训共同体	
合作主体	是一个群体概念,可以是双方主体参与,也可以是由政府、行业、企业、职业院校、社会服务机构、在校学生、企业员工等多方构成的跨界多元融合的技术技能人才培养联合体
合作目标	建立长期稳定的利益共同体,追求"1+1>2"的合作功能与增值效益
合作形成	基于相互信任、资源互补、利益共享、风险共担的基础,在多次合作过程中渐进式磨合形成
合作组织	共建多元主体共同参与的合作平台,包括共建产业学院、职教集团、育训实体等
合作机制	信任机制、动力机制、决策机制、风险利益机制、保障机制等
合作功能	推进类型教育改革、完善现代职教体系、促进产教融合与校企合作、实现学历教育与职业培训并举并重、推动区域经济社会高质量发展、提升技术技能人才培养质量

4.3　育训共同体主要特征

育训共同体是个综合系统,应该从系统论的角度对育训共同体的各要素及其关系进行整体、全面和系统的把握。建立育训共同体的根本目的是实现共同体成员之间长期、持续、稳定的合作。通过前述的育训共同体内涵辨析可以看出,作为类型教育的职业教育范畴的育训共同体的本质特征基于发展进程具有动态性,基于交往机制具有共同性,基于组成结构具有多元性,基于组织功能具有整合性,基于实施过程具有行业性,基于成员类型具有多样性。

4.3.1　成员类型的多样性

依据不同的分类标准可将育训共同体划分为不同的类型。根据成员联结的纽带可以划分为伦理育训共同体和利益育训共同体,前者如传统的学徒制育训结合,属于"家元"性质的范畴,成员间联结的纽带感情色彩浓厚;

各种互惠互利的校企合作形式属于利益育训共同体,利益双方是基于契约协议的联结;完善的育训共同体则是伦理育训共同体与利益育训共同体的结合。按照育训共同体构成的原则和方式可以划分为紧密型育训共同体和松散型育训共同体,前者以实体的团体或组织的形式出现,有规范的规章和制度,有明确的权利、义务和责任分工;后者则不以实体的组织出现,没有明确的规章制度,是成员基于共同的利益结成的合作关系,如学校与企业基于友谊或协商建立的合作伙伴关系。此外,根据主要组织者还可以划分为政府主导的育训共同体、行业企业主导的育训共同体以及职业院校主导的育训共同体等。

4.3.2 组成结构的多元性

育训共同体作为跨界多元融合的技术技能人才培养联合体,如表4-2所示,涉及政府、行业、企业、职业院校、社会服务机构、在校学生、企业员工等多方要素。基于参与各方的价值和各主体的发展愿景,在尊重各方利益诉求的基础上厘清各方利益的实现途径,是组建共同体的内在动力和重要基础。因此,只有各组成要素间共同达成长期的发展战略,避免单方或短期的局部行为,才能使育训共同体获得良好发展。

表4-2 育训共同体多元组成要素的利益愿景

多元组成要素	利益愿景
政府	就业安置、经济建设、社会稳定与和谐发展等社会效益
职业院校	出口畅、入口旺的办学优势和职业教育发展等社会效益
行业协会	为产业行业发展或社会发展提供相匹配的技术技能人才
企业	人才、技术支持的竞争优势和企业市场发展等经济效益
社会服务机构	利用所具备的优势资源开展相关的人才或技术外包服务
学生/员工	顺利就业及良好的职场竞争力、可持续发展的职业生涯

4.3.3 交往机制的共同性

育训共同体内各成员在沟通交往过程中,需要互相之间形成共同信任、共同愿景、共同组织、共同利益,从而才能够共同合作、共同促进、共担风险、共同发展。

4.3.3.1 共同信任:有良好的合作信任基础

共同体的各方主体对于对方的许诺和履行义务的能力是否信任,这是共同体构建的基础。育训共同体合作过程中各组成要素之间的相互信任，主要源于合作主体的社会声誉、品牌诚信，以及主体之间的合作历史、关系运作、合同约定等方面。而相应的合作主体之间的信息不对称、价值取向错位、利益分配不均等，也都容易导致合作主体产生信任危机。从育训合作的创新实践来看，合作主体间的相互信任可以提升合作创新的稳定性，减少合作创新的不确定性，有利于高校和企业之间建立长期合作关系，推动协同创新深入发展。育训共同体的形成是渐进的，是经多次小范围合作成功后逐步形成的，因此育训共同体的组成要素在前期合作实践中，已经证明对方能够按照约定、有能力完成合作中所应承担的义务，这种在实践过程中所形成的关于对方良好社会声誉和品牌的认识，使得合作各方主体能够建立起良好的信任基础。

育训共同体各组成要素间的信任发展一般经历三个阶段：一是个人信任阶段。合作初期各主体要素能够选择开展合作创新，大多是源于主体之间初步建立的个人信任；二是制度信任阶段。随着主体间合作创新的开展，以及各方优势资源的不断投入，在个人信任的基础上，各主体将陆续通过制度建设，不断确立在合作创新中的地位以及合作利益的保障，从而促进个人信任向制度信任的转化；三是系统信任阶段。系统信任是指各主体要素对系统建立的一般性信任或普遍性信任。在良好的组织协调和制度有效运行的基础上，各主体要素对共同体的系统信任就会逐步形成，从而使得共同体的运转自由度和灵活性大幅提高。

4.3.3.2 共同愿景：有长远发展的共同目标

信任是共同体合作形成的重要基础，如果只有信任，没有长远目标，共同体的合作是不能持久的。因此，基于育训共同体，共同愿景才是引领各主体要素之间建立长期伙伴关系，开展持续稳定合作的重要因素。共同愿景是指具体的能够激发所有成员为之奉献的愿望和远景，是共同体成员共同愿望的景象，是发自内心的意愿，是一个可以实现的共同目标。育训共同体多元组成要素的共同愿景是在共同体合作创新过程中，共同勾画出的共同体未来发展的蓝图，是育训共同体各成员所接受和认同的组织发展愿景，是共同体各成员个体愿景的交集。对于政府而言，是基于就业安置、经济建设、社会稳定与和谐发展等社会效益的期待；对于职业院校而言，是基于出口畅、入口旺的办学优势和职业教育发展等社会效益的期待；对于行业协会而言，是基于为产业行业发展或社会发展提供相匹配的技术技能人才的期待；对于企业而言，是基于人才与技术支持的竞争优势和企业市场发展等经济效益的期待；对于社会服务机构而言，是基于利用所具备的优势资源开展相关的人才或技术外包服务的期待；对于学生/员工而言，是基于顺利就业及良好的职场竞争力、可持续发展的职业生涯的期待。

因此,一方面,育训共同体的共同愿景分别体现了共同体各方希望长期发展的愿望,通过共同体的组织平台,各组成要素从原来的独立发展转化为相互支撑、联动发展;另一方面,共同体集聚了各组成要素的优势资源,基于资源的扩张和优势互补,各组成要素之间将形成"共振",使各组成要素为共同体描绘的未来发展愿景将高于单一成员的愿景,从而吸引育训共同体各组成要素长期合作、共同发展。基于共同愿景维系的育训共同体,一个重要特征即育训结合活动不再被动依赖于外部推动,而是基于市场需求和共同体组织自身发展自动自发地开展,使得育训共同体的合作目标能够更为清晰,合作伙伴之间能够建立更好的制度信任,合作要素之间的耦合性更强。

4.3.3.3 共同组织:有明确的合作共建组织

育训共同体不是校企双方在项目间的简单合作,而是在项目合作基础上逐步建立起来的组织层面间的合作。合作内容是按照"教育场域以课程为核心、职业场域以岗位为核心"分别进行教育与培训的内容和过程的转换与重构,使两者转换后在学习方式、知识内容、能力结构和综合难度四个方面保持基本一致,从而达到课程学分与岗位证书能够互换、院校学生与企业员工能够互通的目的。为此,育训共同体在合作成立共建组织时应遵循以下原则。

一是互惠互利原则。互惠互利是育训共同体建设的基础。互惠互利实现的途径主要有强强联合或优势互补两种,对育训共同体而言则是以优势互补为主。当前一些职业院校重理论轻实践的人才培养和知识创新模式,使得教学科研与生产实际、技术应用前沿脱节明显,需要更多地利用企业直面实践、直面市场的优势来弥补。正是因为产教两面、校企双方的优势与需求是相互嵌入、互为影响的,所以互惠互利才有实现的可能。

二是耦合互动原则。在考虑育训共同体的组织设计时,人员互动、资源整合、机制创建是否有利于育训共同体各组成要素之间的有效耦合,是否能够实现各合作主体间认识上的契合性以及资源的顺畅流动,是能否实现育训共同体各组成要素之间成功合作的重要基础。

三是开放发展原则。育训共同体的开放发展主要表现在对外和对内两个方面。对外方面,育训共同体对外的开放发展是指组织与外部环境之间不断交换信息的过程。育训共同体的形成,正是顺应新时代国家职业教育改革新思想和新要求,以化解当前职业教育产教供需矛盾为目的,以提高技术技能人才培养质量为导向,以南通地方职业教育主动融入长三角经济带建设及服务区域经济社会发展为宗旨,以国际职教合作、政行企校融通、高水平高职院校示范带动为途径的对外合作的过程。在育训共同体的运作过程中,各合作主体需要随时考虑外部环境的信息输入,及时有效地调整组织结构、功能等,使组织能够更好地保持外部适应性。同时,育训共同体的运行成效和结果也必然要向外部环境输出,并通过输出反馈,及时调整育训共同体的建设思路与方案设计,从而使育训共同体的合作创新能始终保持外部市场的适应性。对内方面,育训共同体对内的开放发展是指共同体内部组织参与者之间的开放。这种开放包括两个层面:第一个层面是指参与者的自由性与开放性,育训共同体不是一个封闭的组织,组织在自愿参与的原则上组成,各主体参与这个组织是自愿的,也可以自由退出;第二个层面是指参与者之间信息流动的开放性,包括参与者信息沟通的自由性与资源配置的流动性。参与者之所以愿意参与共同体组织,是因为参与者想通过共同体的合作创新使自己更好地适应经济社会发展的需要,因此在共同体内需要建立良好的沟通机制以及成果共享机制,以确保各参与主体的参与权益。

根据上述原则创建的育训共同体合作组织或载体,负责协调、处理、解决育训共同体运行过程中的相关事项,维护育训共同体各组织成员之间的正常利益,是实现育训共同体成员共同愿景、共同利益的有力保障。

4.3.3.4 共同利益:有互惠共利的利益机制

育训共同体合作的开展有相应的合作目标,从本质上讲,这些目标的实现就是各合作方的利益所在。育训共同体各方对合作目标的利益预期是合作成效的重要因素。当然,育训共同体合作各方在考虑合作时同样也会对将来有可能碰到的风险进行评估和判断,这些风险往往与利益结合起来共同分析,只有当风险可控且利益预期超过风险判断时,合作才能实现。对风险与利益的判断是育训共同体合作达成的基础,如果合作各方在合作过程中,在利益分配和激励方面出现分歧,将直接影响合作的有效性。因此,育训共同体应该具有比较清晰的利益分配设计,而且这种设计以互惠共利为基本原则,并且需要取得合作成员的一致认可。

在上述交往机制共同性的四个方面中,合作信任是共同体建立的前提和基础(包括社会声誉、品牌诚信、合作历史、合作质量等),缺乏信任就没有合作的开始;合作组织是载体(包括共建产业学院、职教集团、混合所有制育训机构等),合作创新需要通过合作载体来运作和完成;合作机制建设是关键(包括动力机制、利益机制、决策机制、创新机制等),缺乏合理有效的合作机制,共同体各成员的合作将难以为继;合作愿景是引领(政府重在经济建设与和谐发展、职业院校重在专业建设、行业协会重在产业行业发展、企业重在人才与技术竞争、学生/员工重在顺利就业等),共同体成员间只有建立共同愿景,才能引领职业教育的学历教育与职业培训长期有机融合、持续健康发展。

4.3.4 组织功能的整合性

整合是指不同事物通过强制或互利联合形成整体的过程,或者通过合作达成的有序状态和结果。育训共同体组织的整合性是指职业教育主体达成的有序状态,主要体现在对政府部门、职业院校、行业企业、学生员工之间的利益和关系进行有效协调和调整,促使这些职业教育的各利益相关方形成合力,达到和谐共生的状态。育训共同体是一种整合机制,通过政府推动(包括政策、法规、制度等),协调学校、行业、企业之间的关系,使共同体各方基于发展共识进行对话和合作,形成长效发展运行模式。这种整合机制的功能主要体现在:一方面能够实现资源整合,在人才培养过程中通过组织和协调学校的教育职能和行业企业的经济职能,使各相关主体有同属于一个整体的感觉,有对共同体的依赖感,并能在共同行动中各负其责;另一方面能够使政府部门、行业企业、职业院校、学生员工之间达成基于公共利益的教育价值共识,使公共利益、局部利益和个人发展成为一种互为依赖的共同目标[①]。

4.3.5 实施过程的行业性

职业教育具有职业性的特点,而职业都是具有行业指向性的。《国际教育标准分类法》对职业技术教育的界定是为引导学生掌握在某一特定的职业或行业,或某类职业或行业中从业所需的实际技能、知识和认识而设计的教育[②]。由此可见,职业教育本身就具备行业性的特点。育训共同体的本质是以人的培养为目标,以政府、学校、行业、企业为主体形成的合力机制,具体体现在学校是与某一行业(或者是隶属于某行业的企业)进行的合作,培养的是从事该行业的技术技能人才,行业的发展和境遇也影响着学校与行业企业的合作方式和人才培养需求。总之,职业教育的有效实施离不开行业企业的积极参与,育训共同体的行业性更加强调行业企业对职业教育的积极介入,真正参与到职业教育人才培养目标的确定、专业的设置、教学内容的确定与实施,以及学生的就业创业等整个过程之中。

---

① 马和民,周益斌.走向对话与支持的教育共同体[J].南京社会科学,2010(3):116-121.

② 欧阳河.试论职业教育的概念和内涵[J].职教与经济研究,2003,1(1):1-8.

5 育训共同体组织体系与构建模式

育训共同体作为跨界多元融合的技术技能人才培养联合体,涉及政府、企业、工会、行会、职业学校、学生等多元主体,只有多元主体共同达成长期的发展战略,避免单方或短期的局部行为,才能使共同体获得良好发展。通过对育训共同体组织体系的类型分析与模型构建,探索能够推动行业企业基于经济发展的"功利性"取向与职业院校基于个性发展的"公益性"取向有机集成和互补的有效途径,在服务区域经济社会发展的技术技能人才培养中开创本地化育训结合的创新模式。

5.1 育训共同体的组织属性

5.1.1 职业教育育训结合的历史演变

育训共同体是职业教育共同体的一种表现类型,职业教育的发展是随着人类社会的发展不断进化和演变的,要充分认识和理解现代职教体系下的育训共同体的组织属性与育训结合的组织体系,就需要基于职业教育的整个历史发展过程,把社会变迁中出现的职业教育形态纳入职业教育共同体的视阈进行解读,以明晰随着社会的变迁,职业教育共同体呈现出的不同的形态、特征和性质。

5.1.1.1 技术革新背景下的社会变迁

社会变迁是社会的根本属性和存在方式,主要体现为社会结构方面的重要变化①。美国社会学家丹尼尔·贝尔(Daniel Bell)按照技术的革新将社会划分为前工业社会、工业社会、后工业社会三个阶段②。所谓前工业社会

---

① 柴志明,冯溪屏.社会学原理[M].杭州:浙江大学出版社,2005.

② 丹尼尔·贝尔.后工业社会的来临:对社会预测的一项探索[M].高铦,王宏周,魏章玲,等译.北京:新华出版社,1997.

是以土地为资源,生产力发展水平不高,机械化程度很低,主要以农业、渔业、采矿等消耗天然资源的经济部门为主的社会形态。工业社会(18世纪蒸汽机出现之后到20世纪70年代电子信息技术广泛应用之前)的主要特征是大机器工业生产取代了以往的农业、手工业生产,生产力水平大幅度提高,经济部门主要以制造业为主导的第二产业为主。后工业社会(20世纪70年代电子信息技术广泛应用之后)是工业社会进一步发展的产物,后工业社会的关键变量是信息和知识,主要经济部门是以加工和服务为主导的第三产业。

后工业社会与工业社会相比在五个方面有明显的转变:①经济发展方面的转变,由制造业经济转向服务业经济。后工业社会大多数劳动力不再从事农业或制造业,而是从事服务业,如金融、贸易、运输、保健、娱乐、教育和管理等。同时,政府也由管理型政府转向服务型政府;②知识管理方面的转变,知识人才成为社会的一个中枢,是社会革新和制定政策的来源,有力地促进了政府行政从统治管理型模式到服务型模式的改革;③技术管理方面的转变,技术人才成为社会的另一个中枢,可以对技术的发展进行合理的预测,以进行规划和控制,并且用技术进行鉴定的方式将会得到重视;④决策制定方面的转变,决策的科学性进一步提升,主要以计算机为工具,综合运用概率论和统计学、集合论、博弈论、决策论、信息论、控制论等新的数学工具以进行各种决策制定;⑤劳动生产率方面的转变,后工业社会是工业社会的高级阶段,与工业经济社会比较,它将科学技术大量应用于生产和管理之中,从而大大地提高了劳动生产率,这就促进了社会的进步和人民收入的普遍提高。

5.1.1.2 前工业社会职业教育"育训结合"的单一性范式

从社会变迁的角度审视职业教育需要从社会整体出发对于育训结合进行理解,探讨社会结构的变迁与职业教育发展之间的关系。技术革新是影响社会经济结构变革的重要因素,职业教育作为技术技能型人才培养的教育类型,技术变革自始至终贯穿于职业教育"育训结合"的演进过程。

前工业社会中职业教育的主要形态是传统学徒制,育训结合的参与主体是以传统学徒制为中心的所有相关者。传统学徒制教学通常是在实际生产过程中师徒共同劳动,徒弟在师傅的指导和影响下学习知识或技能的过程。随着行业协会的出现,原来的学徒制职业教育不再是分散无组织的,从13世纪中期到15世纪中期,学徒制逐渐从私人性质的制度过渡到公共性质的制度。传统学徒制作为一种特有的职业教育的育训结合形式,有四个特点:①培养时间比较长,传统学徒制属于个别教育,学徒大多在完全自然的工作过程中随机学习,学徒期特别长,教育效率低下;②教育全程化,师傅在培训徒弟的过程中负有全面教育责任，包括传授职业知识和技能，读、写、算等文化知识教育及思想品德等；③现场实作的学习方式，徒弟在师傅的指导下在生产现场进行系统的操作，并逐步过渡到独立工作；④以职业实践为中心组织教学内容，师傅重视技术经验的传授，通过具体实例说明行业规范，让徒弟机械地重复操作。

5.1.1.3　工业社会职业教育"育训结合"的工具性范式

19世纪在工业革命的影响下，机器大生产迅速取代了作坊手工业，其标志是工厂制度的迅速建立。工厂运行与发展需要一定技术的工人，旧的传统学徒制已经不能适应甚至阻碍了规模化的集体生产，生产方式的改变要求劳动培养形式的改变，从而直接导致了职业学校的产生，校企联合职业教育共同体成为工业社会职业教育的主要形态，育训结合从前工业社会传统学徒制的生产方式和教育组织方式转变为工厂生产与职业学校教育的分工协作方式，满足了工业经济发展对劳动力的需求。从西方国家的实践来看，工业社会中的校企联合职业教育共同体呈现出一定的不平衡结构，资本家及其工厂往往处于中心地位，职业学校则处于边缘地位，使得这一时期的职业教育共同体虽然是一种利益共同体，但本质却是一种单边利益共同体，职业学校带有较强的"工具性"特点。

5.1.1.4　后工业社会职业教育"育训结合"的合作性范式

进入后工业社会，伴随着社会结构的变化，职业教育共同体的形态也必然发生变化。"从工业社会向后工业社会的转变，也像从农业社会向工业社会的转变一样，将是共同体形式替代的过程"[①]。后工业社会作为公共领域的学校成为独立的法人单位，独立性增强，以育人为首要目的成为其价值追求。企业在市场机制的作用下，逐利性是其主要的价值追求。学校的教育性与经济世界的逐利性使学校主体与经济世界的价值观不可避免地出现了分裂。同时，学校知识的更新具有"滞后性"，技术更新的速度使学校知识与社会需求之间出现了矛盾。因此，校企合作型的职业教育共同体成为后工业社会职业教育发展的主要范式。实践中，各国通常通过学校与企业这两大直接利益相关者之间的合作促进职业教育的发展，如德国的"双元制"、英国的"三明治"模式、日本的产学合作等。

（1）从人才培养的角度来看，知识经济要求劳动力的再生产采用多主体合作的方式。后工业社会属于"知"本经济和"人"本经济阶段，知识、技术及人才成为驱动企业发展的关键因素。不同于工业社会通过职业学校或工厂

---

① 张康之，张乾友.共同体的进化[M].北京：中国社会科学出版社，2012.

的简单的训练就能满足工厂用人的需要,后工业社会中企业对人的知识、技术等智能性因素要求不断提升,而且新技术、新工艺的应用要求企业人才终身学习,这些变化都要求打破传统的人才培养的方式,学校或企业单主体的人才培养方式与育训结合方式都不能达到人才培养的要求,基于校企双主体合作的育训结合必然成为后工业社会职业教育发展的范式。在这种育训结合范式下的形成及劳动力的再生产过程中,各国选择了不同的发展路径,呈现出了模式的多样化。

(2)从技术革新的角度来看,技术变革的速度加快要求职业教育相关主体密切合作。后工业社会中新技术的不断涌现给政府、学校、企业等职业教育环节提出了新的要求,面对政府、学校、企业因利益导向既相互依存又存在冲突的问题,需要各主体间进行合作,使社会的发展、企业的利益与教育的完善达成一致,从"各自为政"到"共同合作"成为职业教育各相关主体的必然选择。

(3)从服务职能的角度来看,育训结合需要加强职业教育各相关利益主体间的合作。后工业社会的中心是服务,包括人的服务、职业和技术的服务。它的模式就是科学知识、高等教育和团体组织合成的世界,其中的原则是合作和互惠而不是协调和等级,因此后工业社会也是一个群体社会,其中的社会单位是团体组织,而不是个人①。因此,后工业社会中职业教育各相关利益主体的相互依赖性加强,政府部门、行业企业、职业院校、研究机构、中介机构既相互依存,又互相独立。政府对职业教育加强指导和监管,企业对技术技能人才培养的依赖性进一步加强,学校发展的自主性也逐步增强。

(4)从联结的纽带来看,基于育训结合构建人才培养共同体是职业教育的共识。合作型的职业教育共同体中政府部门、企业行业、职业院校成为真正意义上的职业教育主体,各主体需要共同合作才能达到共同目标,并满足自己的需求。各主体间的合作需要契约保障,但联结的纽带是各主体的需求,包括社会发展的需求、企业发展的需求、学校发展的需求及学生发展的需求。这种共同合作下的育训结合首先体现在职业教育共同体构建的基础是各主体为满足各自需求而达成的共识,其次体现在共同目标的达成过程中,各主体需要各司其职、共同合作。政府监督、协调,实现行政力量与市场机制的有机结合;学校发挥自主发展的能力,适应市场的变化;行业企业能将市场的变化及时反馈与学校,并在促进职业教育发展中承担责任,最终达成共同目标,实现社会、学校、企业及学生的协调发展。

---

① 丹尼尔·贝尔.资本主义文化矛盾[M].赵一凡,蒲隆,任晓晋,译.北京:生活·读书·新知三联书店出版,1989.

5.1.1.5 数字经济新时代职业教育"育训结合"的多元主体合作性范式

进入21世纪,以云计算、大数据、人工智能、区块链等为代表的新一代信息技术发展如火如荼,以数字化、网络化、智能化为特征的信息化浪潮蓬勃兴起,加速了信息技术与经济社会各领域、各行业融合创新,推动着全球进入数字经济新时代,数字科技创新浪潮席卷全球。数字经济新时代的主要特征是全球化、高科技化(如互联网、人工智能、大数据、云计算、量子通讯、基因工程、新能源、新材料、纳米技术等)、经济虚拟化等。在数字经济新时代,世界各国的联系空前紧密,都成了"地球村"的村民,同呼吸共命运,形成了人类命运共同体。全球科技革命和产业变革孕育兴起,全球化进入新阶段。前三次工业革命,人类走过"蒸汽机时代""电气时代""信息时代",今天世界正在开启以人工智能、清洁能源、量子信息以及生物技术等为主的第四次工业革命。

经济全球化、社会信息化及知识经济时代的到来,致使各国通过人力资源的要素集聚与人力资本提升来发挥本国的国际竞争力,知识与技术更新周期的缩短以及工作岗位与内容对人的素质提升的要求都愈发提高,职业教育和培训的重要性更为凸显。纵观德、美、澳、日等国,育训结合的职业教育呈现出以下三种类型:①政府主导推动,②学校或行业企业本位驱动,③多元主体驱动职业教育与社会协调发展。前两种都是在后工业社会初期就产生并逐步发展的阶段性育训结合类型。随着现在后工业社会数字经济新时代、知识经济时代的到来,科学技术的迅猛发展,各国社会经济发展的影响因素更为复杂,从而促使职业教育功能更加多元化,需同时满足国家经济社会发展对人才的需求,行业企业的需求以及学生个体可持续发展的需求。

由此可见,职业教育功能的多元化需要政府部门、行业企业和职业院校几大主体协调合作方能达成。育训结合进入多元主体驱动协调发展阶段,这个阶段的"多元"特征包括:一是表现为合作方式的多元化,各主体权责明确、形成合力,共同促进职业教育协调发展,政府在科学制度和体制机制保障下持续发挥主导作用,面对复杂的国际环境和国内社会经济环境,能够有效出台政策推进职业教育的革新和发展,对产教融合、校企合作提供支持,职业院校和行业企业能够发挥各自的优势互为补充、互相支持,在合作中各得其所,最终培养出具有可持续发展能力的高素质技术技能人才。二是表现为办学模式的多元化,除公办职业院校外,行业企业办学、民办职业院校和培训机构得到快速发展,职业院校间差异发展、优势互补、资源共享、统筹协调。三是表现为合作类型和方式的多样化,除政府主导的校企合作外,行业推进的校企合作、中介机构推进的校企合作及各种松散的合作伙伴关系互为补充,相得益彰。

5.1.2 育训共同体生态型组织属性

5.1.2.1 育训共同体——新时代多元主体驱动下的育训结合组织

20世纪90年代以来,国内关于多主体参与职业教育办学的政策与实践是一个渐进的过程。1991年,《国务院关于大力发展职业技术教育的决定》提出各方面联合办学,发挥企业的优势;在各级政府的统筹下,发展行业、企事业单位办学和各方面联合办学,鼓励民主党派、社会团体和个人办学;要充分发挥企业在培养技术工人方面的优势和力量。1996年,《职业教育法》规定政府主管部门、行业部门、行业组织应当举办或者联合举办职业学校、职业培训机构,组织、协调、指导本行业的企业、事业组织举办职业学校、职业培训机构,同时规定职业教育应当实行产教结合,为本地区经济建设服务,与企业密切联系,培养实用人才和熟练的劳动者。2002年,《国务院关于大力推进职业教育改革与发展的决定》提出多元办学,深化职业教育办学体制改革,形成政府主导、依靠企业、充分发挥行业作用、社会力量积极参与的多元办学格局;企业要和职业学校加强合作,实行多种形式联合办学,开展订单培训,并积极为职业学校提供兼职教师、实习场所和设备,也可在职业学校建立研究开发机构和实验中心,有条件的大型企业可以单独举办或与高等学校联合举办职业技术学院。2005年,《国务院关于大力发展职业教育的决定》提出大力推行工学结合、校企合作培养模式,推动职业院校和企业合作办学,多主体合作办学的思路进一步清晰。2010年,《国家中长期教育改革和发展规划纲要(2010—2020年)》提出建立健全政府主导、行业指导、企业参与的办学机制,制定促进校企合作办学法规,推进校企合作制度化。政府、学校、行业企业多主体办学最终制度化,政、校、企的职责阐明更加明确。

党的十八大以来,产教融合逐渐上升为国家战略,成为国家教育改革、产教资源配置、人力资源开发的整体制度安排。产教融合是在产业和教育渗透交融的格局与机制下,人才供给侧和产业需求侧结构要素的全方位融合。2017年《国务院办公厅关于深化产教融合的若干意见》的出台,标志着产教融合全面迈向新阶段,产教融合从职教政策上升为国家战略。贯彻落实这一国家战略,不仅要在国内搭建产教融合的平台,而且要通过加强国际交流合作,引进海外高层次人才和优质教育资源,搭建跨境产教融合的创新平台。2019年,《国家职业教育改革实施方案》提出深化产教融合、校企合作,育训结合,健全多元化办学格局,推动企业深度参与协同育人,扶持鼓励企业和社会力量参与举办各类职业教育;落实职业院校实施学历教育与培训并举的法定职责,按照育训结合、长短结合、内外结合的要求,面向在校学生和全体社会成员开展职业培训;完善学历教育与培训并重的现代职业教育体系,畅通技术技能人才成长渠道。

综上所述,目前我国职业教育的育训结合已经进入多元主体驱动协调发展阶段,"育训共同体"概念正是以上述新时代高职教育的新思想和新要求为指引,以如何提高区域技术技能人才培养质量为导向,以主动融入区域经济社会发展为宗旨,以国际职教合作、政行企校融通、区域高水平高职院校示范带动为途径提出来的。基于这一理念,职业教育应重点围绕推进职业教育产教融合模式创新这一主题,通过构建区域技术技能人才培养育训共同体的研究与实践,达到促进区域职业教育持续高质量发展的目的。因此,育训共同体在组织体系建设上,应符合育训结合的多元主体合作性范式要求,走政行企校多元主体驱动、育训结合多种模式协调共存的"生态型"发展之路,构建"生态型"组织体系。

5.1.2.2 生态型组织的内涵特征

(1)生态圈。生态圈理论认为,在某个空间区域内,生物体之间以及生物体与无机环境之间通过复杂的交互作用而形成的有机整体就是生态圈。产教融合是新时代背景下的产业发展要求,也是现代职业教育发展的必然趋势。职业教育产教融合复合性高、参与主体多、牵涉面广,堪称一个高度复杂开放的系统,是一项政府、学校、行业、企业等众多主体共同参与的社会性工程,并且各主体、各子系统、各要素之间相互联系、相互影响、相辅相成,教育领域与产业领域的各类要素都融入其中,完全符合生态圈多元要素、复杂开放的基本特征。因此,用生态圈理论指导职业教育产教融合工作,通过建立完善的产教融合生态圈,促进职教界与产业界的良性互动和有序发展。

在产教融合过程中,政府发挥政策制定和统筹协调的职能,一方面为产教融合、校企合作搭建服务平台,另一方面为各方主体的深入合作提供政策支撑。学校发挥人才培养和社会服务的职能,一方面创新人才培养模式,推进教育教学改革;另一方面依托自身的技术优势、智力优势为企业创造经济价值。行业组织发挥组织协调和资源配置的职能,一方面积极组织更多企业参与校企合作,协调校企合作进程中的相关事务;另一方面帮助学校和企业筹集更多教育资源。企业发挥着育人主体的职能,一方面为技术技能型人才培养提供实践教学资源,另一方面为职业院校教学体系的优化提供决策咨询。由此可见,产教融合生态圈可以定义为以职业院校与企业的校企合作为核心,在地方政府的支持下,围绕地方产业经济发展,与行业企业开展深度战略合作所构成的生态系统。

(2)生态型组织。"生态型组织"是组织依照产业价值链和用户价值创造为中心,以组织文化为自我生存平衡调整的纽带,从过去的建立合作伙伴的关系,转变为创建外部共同生存的生态圈,在组织内部建立有利于更小众组织成长的环境和发展机制的新型组织形态。与生态型组织相对应的,是机械型组织。机械型组织是一部效率机器,每个员工都是机器上的一个零件,所有零件按照金字塔结构组织起来,这样的组织优点是高效(前提是管理良好,每个人都在自己的位置上发挥出应有的功效,如果管理混乱,则高效的优势也不存在),缺点是很难适应变化。生态型组织是去中心化的,能够支持分布式决策,当外界环境发生变化的时候,会迅速做出反应,并在学习和总结中不断优化完善,从而变得更加坚韧。在当前技术变革日新月异、社会经济快速发展的时代,生态型组织无疑比机械型组织更有优势。生态型组织的特征有:

①自然极致。所谓自然极致,就是在生态体系之中,更强调自然法则大于人为法则。组织的发展不是基于预先的功能设计,而是围绕客户需求变化,不断迭代、不断优化、高效运行,以向用户提供价值创新为中心,把所有的能量聚集到为客户提供更好的服务上。

②自我进化。生态的本质是循环,物种之间、物种与环境之间相互作用,相生相克,生生不息。生态型组织不怕融入别人的生态体系里面,强调自身做精、做专、做好,寻求新的生存方式。要转换思维,遵循生态的规律,让各要素价值重构、自我进化,不断增强组织的自适应能力。

③动态平衡。生态型组织对传统金字塔组织最大的颠覆,就是打破固有僵化的结构和秩序,从追求稳固和固化到追求相对稳定和动态平衡,从相对单一的形态到多样化的形态。生态型组织会呈现出多种形态,比如平台化、网络化、矩阵化、蜂巢化、多维化,或者各种形态共存于一个组织内。所以生态型组织会是在相对稳定的平台上流动的一切个体要素,基于价值自组织、自融合,随需而变,随情境而变,不断调整,不断实现动态平衡的过程。

④价值取向。以价值链为导向,融合价值链中各环节的资源,实现价值链之间互联互通,注重价值链中各环节的协同和聚合效应。生态型组织的治理方式,将以共同的价值为导向,基于共享的基础平台,追求共识、共担、共创、共管,建立生态型联盟体。

⑤自我驱动。在一个良性的生态环境中,最有前途的生命形态总是以一种不可预测的方式出现。生态性组织也是如此,创新的火花不知道会从哪里出现,但一定要有让它能出现的环境。培育自我演进的创新系统,要有自下而上的驱动机制,注重为内部微型组织提供生长的环境和机制,让变量更多地从系统的末端而不是顶层发生。组织的活力与原动力一定是来自基层与一线,而不是来自自上而下的规划和命令。

⑥开放聚合。注重与外部合作伙伴建立合作与协同的共赢关系。开放

是生态型组织的基本属性,越开放,越能吸收外部能量。万物为我所用,我能与万物连接,如此才能不断使组织如有机体般与环境交互能量,吸纳生长营养。对生态型组织而言,就是要以开放包容、共赢共生的心态去建立自己的生态价值体系。聚焦是开放的前提,越是开放,越要强调做好本分,做好自己、锻造核心能力。

⑦竞争生存。在生物学领域里面有一个概念叫"基石物种",无论是热带雨林还是海洋,"基石物种"都扮演着枢纽的作用,它们的存在对整个系统有着远超过自身物种比例的作用。如果失去了这些基石物种,生态的多样性就会崩溃。现在很多企业搞不了生态组织,就是因为缺乏"基石物种"(核心业务)和"中枢神经系统"(智慧管理体系)去协调各生物之间的生物钟。

⑧自组织管理。在生态型组织内部,这一组织管理方式赋予员工很大的自主权,鼓励他们开发新产品、探索新的工作方法;部门间的有机渗透,使员工和任务之间能够很好地结合起来;建立在有机结构基础上的开放性和对目标的共识,使员工间互相信任。与自组织管理相对应的组织结构是平台化结构,即"大平台+无数个小前端"。组织平台化为各种类型的通过自组织方式形成的小前端提供生长和创造价值的环境。平台占据生态制高点,掌握核心环节以后,营造好的生存环境,让各个自组织在平台上连接、融合、共生,自演进自循环。无数个基于共同的价值观、兴趣和目标,通过自组织方式来形成的责权利单元、项目小组、创造工作室等,基于一个平台,受控于中枢神经系统调节,在规范标准的框架内运作,围绕使命,响应客户需求,随需而动地实现目标和价值。由此使得组织能在优胜劣汰、不断进化的环境中生存与发展。

5.1.2.3 育训共同体生态型组织属性

职业教育是一种类型教育,这种类型教育具有跨界、融合、多元(属性跨界→产教融合→生态多样)的特色。职业教育作为类型教育的基本路径是产教融合、校企合作、工学结合、知行合一,落脚点是要建立各种类型的产教融合生态圈(生态型组织)。作为政行企校多元结构和组成单元,要么自己组建一个产教融合生态圈,要么成为别人的产教融合生态圈中的组成部分。育训共同体既是一种服务区域经济社会发展的区域产教融合联合体,也是跨界多元融合的技术技能人才培养联合体,主要目的是解决育训"两张皮"以及育训的标准、方式及是否与区域产业布局相匹配,是否能够培养出符合区域产业发展需要的高素质技术技能人才。因此,育训共同体应按照生态系统的结构类型来建设,其外部是区域社会经济大的生态圈,其内部也有诸如各类职教集团、混合所有制育训实体、产业学院、职教园区等细分的生态型组织。这些各级各类生态型组织都要在其所属的更大的生态圈中繁衍生存下来,才能不断优化育训结合体系,推动职业教育现代化进程。

由此可见,育训共同体的生态型组织属性有:

(1)共享。共享是生态圈得以存在的基础,也是育训共同体生态型组织的基本特征。作为区域产教融合联合体,育训共同体生态型组织中的共享包含信息共享和资源共享两个方面。信息共享意味着育训结合的政策信息、教育信息、产业信息、市场信息交汇融通,通过建立在紧密联系、深度融合机制及组织基础上的信息共享,大大提升了信息流的价值和运用效率。资源共享意味着区域内人力、物力、财力的集成,各类要素资源可以被育训共同体生态型组织中的主体共同享有、共同使用,不仅能够拉近利益相关主体的距离,还能够节约合作成本。

(2)融合。育训共同体是跨境跨界多元融合的技术技能人才培养联合体,融合是育训共同体最突出的特征。该联合体是学历教育与职业培训功能深度结合的政行企校多元跨界联合组织,能够根据区域企业岗位工作群及能力要求,动态调整专业设置与培训模块,借鉴国际优质职教资源,制定技术技能培训标准,开展企业岗位能力职业资格认证,完善围绕区域产业需要的高层次应用型人才培养体系、终身教育培训体系、转岗教育培训体系。育训共同体生态型组织中的融合表现为相关利益主体之间、生态圈各类要素之间形成了相互进行内嵌的关系格局和发展态势,其本质是合作的深化和升华,是不同主体之间合作的深层次和高境界。育训共同体的内涵丰富、形式多样,它包含了教育与产业的融合、学校与企业的融合、教学与生产的融合等,超越了校企联合培养人才的合作层次,将合作范围延伸到产业的整个价值链,是两类具有高度互补性资源之间的全要素、全方位的集成整合和一体化合作,是利益共同体、发展共同体。

(3)连接。育训共同体是学历教育与职业培训之间的连接器和转换器,连接是育训共同体的核心特征。育训共同体解决学历教育与职业培训"两张皮"问题的根本方法是多角度全方位整合社会资源,打造模块式"书证融通"连接器(将学历教育的学分积累及学历文凭与职业培训的资格证书进行模块化对接)、嵌入式"课培融通"转换器(将学历教育的课程内容与对接国际职业标准的职业技能培训内容进行嵌入式整合),形成高效顺畅的育训衔接体制机制。正因为有了连接各类资源要素、各类主体的功能,育训共同体生态系统才能够成为各主体充分发挥各自功能的平台。育训共同体生态型组织的连接有宏观与微观两个层面,宏观连接表现为政府、产业、学校三大主体类型的紧密联系、共谋发展;微观连接表现为学生、教师、企业员工等主体的密切配合、共育人才。多维度、多层次、立体化的连接关系一方面为育训共同体生态型组织内的信息和资源共享奠定了基础,另一方面也为育共同体生态型组织内各主体的融合发展创造了条件，是育训共同体生态型组织构建最突出的功能。

5.2　育训共同体的结构组成

育训共同体作为跨界多元融合的技术技能人才培养联合体，涉及政府、行业、企业、职业院校、社会服务机构、在校学生、企业员工等多种类型的成员。育训共同体各成员之间的合作是一个复杂的创新过程，包括知识创新（学的过程）、能力创新（育的过程）、技术创新（训的过程）的全过程。为了实现育训共同体按照育训结合的多元主体合作要求，走政行企校多元驱动、育训结合多方协作的"生态型"发展之路，基于系统论的观点，育训共同体范式在结构组成上采用"三主体"的构建方式，即核心主体、支撑主体、管理主体。

5.2.1　核心主体

育训共同体的核心主体是指育训结合过程中直接从事知识创新、能力创新和技术创新的职业院校、行业企业、学校学生或企业员工，以育训结合为纽带，按照育训结合的方式方法连接形成的育训团队功能体，如图 5-1 所示。

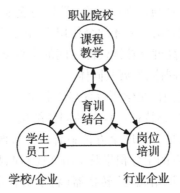

图 5-1　育训共同体核心主体关系

"育训结合"这一纽带的基本连接方式为学历教育课程学分与职业培训岗位证书相对接，以学历教育学习领域课程标准化转换和职业培训工作领域培训标准化转换为手段，将课程教学和岗位培训过程结合在一起。具体而言，就是以校企合作基于工作过程的课程体系为依托，职业院校学生在取得相关专业课程的学分后可以到相关企业参加实际生产环境下对应的岗位培训,在免试理论部分的基础上获取岗位技能等级证书,这个证书在同类企业的同类岗位中都是互认的,学生就业时就能真正做到直接上岗工作,增强了人才供需的匹配性。学校的课程学分与企业的岗位证书可以经过一定的比例折算成综合学分与绩点,作为学生该门课程的最终成绩。如果学生在修完学校的课程学分后不参加企业组织的岗位培训,那他就不能获取岗位技能等级证书,这门课程就不能通过。当然,在折算综合学分时,可以根据岗位技能等级证书的级别分别确定学校的课程学分所占比例,岗位技能等级证书的级别越高,则学校的课程学分占比越低。与之相应的,企业员工在企业工作中具备了岗位技能等级证书后,可以在取得职业院校入学资格后,换取岗位对应的课程部分或全部学分。

由此可见,育训共同体核心主体中涉及的育训各要素以共同的学习领域和工作领域为纽带联系在一起,既有育训内容、育训环境的互联互通,也有课程学分、岗位证书等育训成果的互认互换。育训共同体核心主体的要素参与形式是多样化的,一个育训团队功能体可以是职业院校与企业的一对一组合关系,也可以是一对多、多对一、多对多的组合关系。如多所职业院校的相近课程对应多家企业的相近岗位,学生和员工也可以来自多个院校和企业。

5.2.2　支撑主体

育训共同体的支撑主体是育训共同体核心主体功能实现的支持系统。如图5-2所示,育训共同体支撑主体由学历教育转换器、职业培训转换器、育训结合连接器组成。

学历教育转换器实现专业课程知识的工作岗位导向重构,虽然转换内容与过程依赖于具体行业企业的工作岗位,但课程教学活动并不需要完全依赖"职场环境",可以在"学场环境"中通过学习情境设计、单元课程设计等方法设定课程标准并予以实施。职业培训转换器是行业企业工作岗位标准化培训转换工具,只有实现了包括上岗标准、操作标准、场所标准、设备标准在内的岗位培训标准化,才能为校企之间的人才供需匹配、企业之间的人才培训交流提供基础保障。育训结合连接器的功能是在各育训共同体核心主体开展课程教学与岗位培训的过程中,一方面实现课程学分与岗位证书互换机制,另一方面实现各种育训过程数据在相关职业院校、行业企业、学生或员工之间进行双向数据流通和界面呈现。

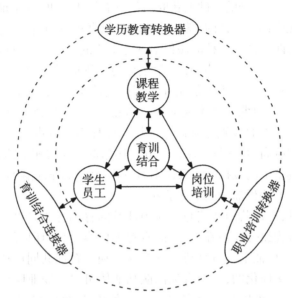

图5-2 育训共同体核心主体与支撑主体关系

5.2.3 管理主体

育训共同体管理主体为育训共同体支撑主体的功能实现提供管理与赋能。如图5-3所示,育训共同体管理主体由政府部门管理、区域职业院校(教育场域)管理、区域产业布局(职业场域)管理、产教融合连接器等管理环节组成。

产教融合连接器将涉及教育场域与职业场域的政府、院校、行业、企业的发展规划、供需要求、规模能力等基础信息数据进行汇聚整合,然后提供给育训共同体信息平台进行分析处理,形成育训共同体的基础支撑数据,为育训共同体的核心主体与支撑主体的运行提供基础政策与信息服务。

以持续、紧密、稳定合作为主要特征的育训共同体与一般校企合作相比,管理的作用显得更为重要。育训共同体的管理主体包括外部管理和内部管理。外部管理以政府管理为主,通过政府部门职能作用的发挥、政策导向的引导、公共资金的激励等方式,引导协调育训共同体各主体紧密合作,以期产生理想的育训结合成果。内部管理帮助育训共同体解决三个方面的问题,一是育训共同体各要素之间的相互信任问题,没有信任,合作就无法延续,共同体也就不存在;二是育训共同体各要素之间发展的愿景问题,没有愿景,各主体就没有继续合作的动力,共同体一样不能存在;三是育训共同体的组织运作问题,没有高效有序的组织运作,育训结合也不会取得成功。

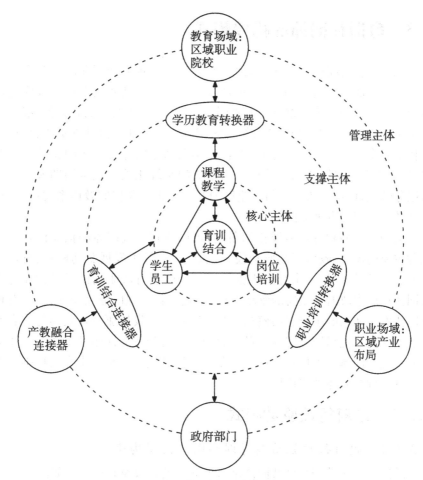

图5-3 育训共同体"三主体"结构组成

要解决上述三方面的问题,育训共同体需要加强三个环节的管理:一是合作前的诚信管理,合作对象的诚信评估和选择,合作前的相关契约签订,都有助于后期合作的有效开展;二是过程中的环节管理,对育训结合过程要环节分解,加强各环节的过程管理有利于整体育训结果的控制;三是合作后的结果管理,建立健全评估机制,选择专业的第三方机构来评估合作成效。同时,育训共同体的管理还需要加强若干机制的建设,如沟通交流机制、风险防范机制、绩效激励机制等。

综上所述,育训共同体的结构组成包括核心主体、支撑主体、管理主体。其中,核心主体是育训共同体的功能核心,支撑主体是育训共同体的功能实现,管理主体是育训共同体的功能保障。

5.3　育训共同体的构建模式

职业教育功能的多元化需要政府部门、行业企业和职业院校几大主体协调合作方能达成，育训共同体正是在多元主体驱动协调发展阶段应运而生的。育训共同体范式秉持多方协同参与、共商共建共享的教育治理理念，在聚焦产教融合的基础上，通过统筹区域教育与产业的内外部资源，从单体合作走向多元共治，从单一的校企合作实训基地向综合的集团化共享平台提升，从离散的阶段化的人才培养向集成的系统化数字化全周期人才培养与服务转化，促进学历教育与职业培训并重并举的现代职教体系建设，实现职业教育与产业发展的同频共振。

从合作类型和方式多样化的角度，可以将育训共同体的构建模式分为四种主要的模式：政府行政驱动模式、职业院校校本发展驱动模式、行业企业发展驱动模式、社会中介组织推进模式。政府行政驱动模式是指在育训共同体形成中政府是主要的驱动力量，这是一种常规的驱动模式，也是育训共同体发展初期的主要建构模式。职业院校校本发展驱动模式与行业企业发展驱动模式是指职业院校或者行业企业为自身发展而驱动主体间合作的一种育训共同体发展模式。社会中介组织推进模式是指在中介机构推进下的一种育训共同体的建构模式。

5.3.1　政府行政驱动模式

5.3.1.1　政府行政驱动型育训共同体模型构建

政府行政驱动型育训共同体是自上而下的行政驱动模式。如图 5-4 所示，政府行政力量在这一模式的形成过程中是最主要的驱动力量，发挥了巨大的作用。政府通过设立相关机构，制定激励政策或采用其他干预措施推进教育界和经济界各相关主体间进行合作，有力地促进了育训共同体的形成。

5.3.1.2　政府行政驱动模式的机制

行政驱动模式在育训共同体的构建中都发挥了不可替代的作用，其功能主要体现在宏观和中观层面，即国家及地方政府与教育界、经济界共同体的形成，这个层面共同体的构建为微观层面校本发展驱动模式及中介驱动的发展模式搭建了平台。作为自上而下行政驱动模式中的主要驱动力，政府促进育训共同体构建所采用的方式主要有：设置行政驱动主体、明确行政驱动目标、建立行政驱动制度和规则、协调育训共同体运行。

（1）设置行政驱动主体。行政组织是行政活动的主体，是行政活动得以

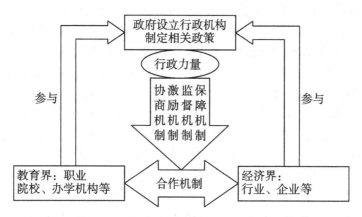

图5-4 政府行政驱动型育训共同体模型构建示意图

展开的物质承担者,行政活动中的一切活动都是以行政组织为基础展开的[①]。政府作为行政驱动主体具有权威性,自上而下的政府行政驱动育训共同体构建的最高行政机构的设置呈现出政府、教育界和经济界结合的特点。这种行政机构是管理和统筹职业教育发展的最高权力机关,具备法律效力。同时,行政驱动主体具有系统性和层级性,行政驱动主体本身就是一个系统,除了国家政府层面的职业教育管理机构,还包括政府和地区层面的职业教育管理机构,各机构之间权责分明、协调有序。

(2)明确行政驱动目标。行政驱动目标的达成需要多元主体的参与,政府主导的行政驱动模式的目标选择是从社会宏观视角出发,考虑整个社会的公共利益与和谐发展。因此,政府行政驱动的育训共同体的构建目标就是从整个社会的公共利益出发,为了促进社会经济发展,满足区域产业发展对技术技能人才的需求,推动区域产业结构调整和经济转型,提升职业教育质量和人才培养质量,提高职业院校学生就业率和就业对口率。政府行政驱动的目标可分为长期目标和阶段目标,教育发展规划就是长期目标之一,专业设置或教学标准就是阶段目标之一。政府行政驱动的目标还可分为宏观指导目标和微观确定目标,为促进育训共同体构建而出台的引导性政策或教育体制改革措施就属于宏观指导目标,企业培训标准以及双师型教师标准就属于微观确定目标。

(3)建立行政驱动制度和规则。育训共同体的运作需要以一定的制度和规则作为保障,政府通过相关政策的制定,运用行政力量建立育训共同体的协商机制、保障机制、激励机制、监督机制等。协商机制是指政府在推进

---

① 何颖.行政学[M].哈尔滨:黑龙江人民出版社,2007.

育训共同体构建过程中所建立的政府部门、职业院校、行业企业三方之间的合作交往机制，协商机制能够有效打通教育界与经济界参与职业教育决策的路径。保障机制是指政府通过政策明确育训共同体合作各方的权利和义务。激励机制是指政府对育训结合工作中有成效的合作主体进行财政或税收方面的激励措施。以德国为例，该国《联邦职业教育法》和《企业基本法》规定，提供职业教育培训的企业培训费用的可获得补助，若培训质量高、就业前景好的企业可获得全额资助①。激励机制对企业参与育训共同体有较强的促进作用。监督机制是指政府相关管理机构对育训共同体中职业院校与企业的学历教育与职业培训资格进行认定，并对学历教育与职业培训质量进行监控。

（4）协调育训共同体运行。育训共同体协调机制的建立是指共同体的利益冲突通过政策干预给予协调处理。政府部门、职业院校、行业企业是不同的利益主体，政府从社会经济大局出发，根据社会经济的需求协调各利益主体的关系，对职业教育的发展做出宏观调控。职业院校与行业企业既有相互依存、共同发展的相同性，也有价值取向的相异性。职业院校遵循职业教育规律，具有技术技能人才培养和促进学生个性发展的社会价值取向；行业企业则遵循市场经济规律，具有获取经济利益的"逐利性"价值取向。因此，育训共同体中各合作主体既有共同的价值追求，又有各自的利益偏好。以育训共同体中的校企合作为例，一方面，职业院校需要行业企业协助加强学生的实践技能训练，行业企业需要职业院校为其培养适合的企业员工，反映了校企共同的价值追求；另一方面，职业院校在合作中想得到企业的师资、资金、设备的支持，而企业则想在合作中获取更多的经济收益或经济补偿，反映了校企各自不同的利益偏好。在这种情况下，政府恰好就能起到对合作中出现的矛盾进行调节的作用，从而使育训共同体合作平台能够更好地运行并发挥应有的作用。

5.3.1.3 行政驱动模式的特征

（1）政府主导多元参与的治理体系。在职业教育行政主体组织体系上，政府从"管理"到"治理"观念的转变体现在由政府单一管理变为政府主导多元参与管理。政府发挥着重要的功能，但需从全能政府向有效政府转变，虽不具备最高绝对权威，却承担着建立社会组织行动的共同准则和确立有利于稳定行为主体的大方向和行为准则的重任②。为了提升管理的有效性，职

---

① 李传双.国外企业参与职业教育激励机制研究与启示[J].中国高教研究,2011(6):83-85.

② 赵景来.关于治理理论若干问题讨论综述[J].世界经济与政治,2002(3):75-81.

业教育管理机构由政府单一主体转向政府与教育界、经济界合作的多元参与的格局,管理体制上既保留了自上而下的权威性,以发挥政府主导共同制定行动准则的职能,又包含了教育界及企业界自下而上的交流合作与互动协商,使权利的向度更加多元。

(2)多元主体持续互动的目标达成。管理主体的多元性使各主体之间的依赖性增强,参与管理活动的各个组织,无论公共组织还是私立组织,都不拥有独立解决一切问题所需的充足的知识和资源[①]。由此可见,在育训共同体中,政府、经济界、教育界组成的多元管理主体彼此依赖、持续互动,在相互合作中进行协商和谈判,在共同目标的达成中实现各自的追求。育训共同体多元管理主体之间的这种互动会受到诸如经济和制度环境变化等外界因素的影响,需要各合作主体及时做出反应并进行优化完善,以便从全局出发使各合作主体取得利益均衡和效益最大化。

(3)公共利益协调导向的发展过程。政府部门、行业企业、职业院校作为育训共同体中的相关合作主体互相依附、共生发展。这种合作的实质在于建立在市场原则、公共利益和认同之上的合作。行政驱动模式的育训共同体就是以公共利益为导向构建的协调发展模式,政府部门、行业企业、职业院校基于对公共利益的认同进行互动和合作,当合作主体间出现矛盾时,在一定情况下可能会牺牲某些主体的部分个体利益,从而换来共同体整体利益的最大化。

5.3.2 职业院校校本发展驱动模式

5.3.2.1 校本发展驱动型育训共同体模型构建

校本发展驱动模式是指在育训共同体的构建中,以职业院校为本位,以学生为中心,在政府的宏观调控下,职业院校与行业企业进行各种类型和层面的合作,以达到推进职业院校特色发展的目的,同时满足地方政府、产业布局、行业企业、职业院校学生或企业员工的需求。

如图5-5所示,在育训共同体的校本发展驱动构建模式下,职业院校是合作的驱动者,企业是合作的关键者,政府是合作的宏观调控者。职业院校根据社会发展需求和校本发展需求制定校本发展规划,设计建立相应的合作关系。育训共同体校本发展驱动模式建立的条件有:学校发展的目标定位、合作伙伴的遴选确定、合作机制(包括合作方式、合作契约、合作保障等)的设计实施、合作文化的营造推广等。

---

① 丁煌.西方行政学说[M].中国广播电视大学出版社,2009.

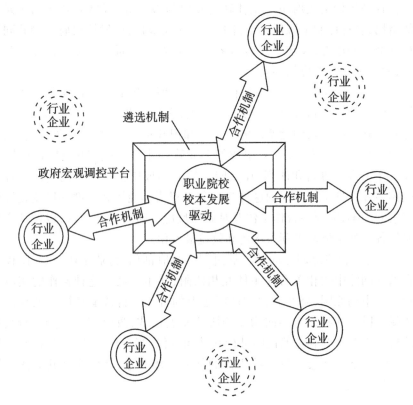

图5-5 校本发展驱动型育训共同体模型

(1)学校发展的目标定位。校本发展的理论基础有四个:①教育专业化理论,强调学校的管理专业化;②市场经济理论,强调依法治校与自主发展,对区域经济社会发展做出贡献;③现代管理理论,强调管理中的目标、法规、效益、动力;④后福特主义理论,强调管理过程,学校不能只对官方负责,还应对社会(市场)的需求、学生的诉求负责(闵德铃,2007)。由此可见,育训共同体校本发展是以学生为中心的自主发展,动力源于地方政府、市场和学生的各项需求。为满足各方需求,职业院校需进行发展目标的整合和发展路径的设计,形成知识领域、行政领域和经济领域的合力。学校发展的目标定位和路径设计要与地方政府的政策及市场需求的变化相适应,从而使学校在发展过程中呈现出不同的特色。

(2)合作伙伴的遴选确定。校本发展驱动模式的关键在于企业的积极参与,这也是校企之间合作伙伴有效互动的基础。育训共同体中的职业院校与企业属于不同性质的实体组织,校企之间合作关系的建立基于双方各自的利益驱动和功能互补,因此合作双方在合作中需要形成一定的遴选机制,对潜在合作伙伴进行评估,对双方的利益诉求进行互动和认可,制定双方的互补共赢目标。同时,校企双方的遴选机制还需要得到政府的支持,在政府的统筹部署下建设合作平台,畅通校企之间的沟通交流渠道。

(3)合作机制的设计实施。育训共同体内部育训团队的校企合作伙伴确定后,合作伙伴间将根据学历教育与职业培训的目标和原则进行合作机制的设计和实施。各合作主体的组织方式主要是通过职业院校驱动校企合作来实施的,相关合作机制在政、校、企的参与下通过协商共同制定,采用项目驱动、契约保障的方式进行。合作机制的优化实施与改进完善则是在政府部门、行业企业和职业院校的共同参与和监督下完成。

(4)合作文化的营造推广。育训共同体合作伙伴的合理选择与合作关系的建立,不仅取决于校企双方的功能互补与合作共赢,还受到合作文化的影响。良好的校企合作文化与合作理念能够使合作各方由"驱动"合作变为"自觉"行动。在合作计划的制定和实施过程中,基于互补共赢的合作文化有利于合作伙伴的选择和合作关系的建立。同时,校企合作文化的营造以及区域合作文化的塑造也离不开各利益相关者的合作实践,各利益主体互相信任、共担责任、互惠互利、共享成果,形成良性循环和自觉行动才能塑造出可持续发展的合作文化。

5.3.2.2 校本发展驱动模式的特征

(1)学校主导、共同参与、权责清晰。在校本发展驱动的育训共同体模式中,职业院校在与行业企业合作关系的建立、合作模式的构建与实施过程中始终处于驱动和主导地位;行业企业是积极参与者,参与共同体合作计划的制定与实施,并向学校及时反馈实施结果;政府在共同体的运作中属于政策引导者和宏观调控者,为校企合作提供公共平台,对校企合作的运行进行监控,对校企合作中出现的问题进行协调,对校企合作的成效做出评价。

(2)利益导向、优势互补、互利互惠。技术革新以及劳动力市场不断变化等因素要求职业院校紧跟市场需求及时做出调整,职业院校是无法单独完成这一调整任务的,需要企业的支持与帮助。企业作为技术革新的承载者和技术技能培训的提供者,能够弥补职业院校的先天不足,并能从校企合作中得到职业院校在场地、师资、学生等方面的"智力"支持。因此,校企合作在本质上就是利益导向、优势互补、互惠互利的过程。

(3)信任基础、契约保障、文化支撑。育训共同体一线的育训团队与校企之间的合作通常以项目的形式,通过签订契约来明确各合作方的权利和义务。契约在法律上常被解释为两人(或主体)间具有约束力的协议,规定了签订方的权利、义务和责任①。校企合作关系的建立与契约的签订是基于双方的互信，认为双方能在合作过程中共同承担责任、共同实现目标。校企合作关系的持久性需要合作文化来支撑，合作文化基于学校文化和企业文化，又与区域社会经济文化密切相关，合作文化的营造是育训共同体内各方联系的最为紧密的纽带。

5.3.3 行业企业发展驱动模式

5.3.3.1 行业企业发展驱动型育训共同体模型构建

行业企业发展驱动模式是指在育训共同体的构建中驱动力来自行业企业，行业企业基于发展需要与职业院校建立合作关系，政府在育训共同体建立中起到宏观调控和协调作用。从国际视域来看，日本的企业培训与德国的"双元制"职教模式就类似于这种行业企业发展驱动模式。如图5-6所示，行业企业推动职业教育发展是行业企业发展的内在需求，进一步推动了校企合作机制的构建。

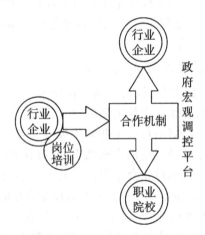

图5-6 行业企业发展驱动型育训共同体模型构建

（1）行业企业发展驱动的内在需求。行业企业参与人才教育与培训的内生动力来源于自身发展对人才的迫切需求。技术更新、经济全球化等因素对现代企业的发展正在产生深刻的影响，技术技能人才作为企业运行的推动者和科学技术知识的承载者成为企业间竞争的关键因素。同时，行业企业也充分认识到，企业参与人才教育与培训的过程除了能够获得人才供

---

① 马本江.信用、契约与市场交易机制设计[M].北京:中国经济出版社,2011.

给的重要支撑之外,还能获得额外的经济利益,这些因素都进一步驱动了企业寻求人才教育与培训的路径。

（2）行业企业发展驱动的路径选择。从行业企业发展需求的角度看,行业企业发展驱动的路径有两种模式:一种是"厂中校"模式,另一种是"双元制"模式。"厂中校"模式以日本的企业内培训为代表,这种模式下行业企业基于自身发展的需求培养相应的技术技能人才或对员工进行有计划有步骤的培训,员工的职业能力与企业的岗位需求完全匹配。"厂中校"模式虽然能够使企业的发展及时得到适用人才的有力支撑,但这种模式也存在两方面的不足,一是培训规模受到不同地区行业企业发展实际状况的限制,培训质量难以统一保证;二是培训内容往往局限于满足企业自身岗位工作的需要,忽视了企业员工职业生涯发展以及终身学习与素质提升的不同需求,培训的时效性不强。"双元制"模式以德国的"双元制"教育与培训为代表,其出发点是企业的可持续性发展不仅需要对新进员工加强培训,还需要针对现有员工的终身学习与转岗发展需求提供跨企业的培训平台。"双元制"模式基于更为广泛的职业院校及不同企业之间的联合,能够有效解决"厂中校"模式存在的问题,是目前国际国内较为普遍采用的行业企业发展驱动模式。

（3）行业企业发展驱动的机制构建。在行业企业发展驱动模式中,企业是育训共同体构建的驱动者,企业主动与职业院校建立合作关系,企业与职业院校在人才培养过程中承担不同的任务分工。企业主要负责实践技能培训,根据区域经济结构与市场需求的变化对培训岗位和培训计划进行调整。职业院校根据企业培训的要求,针对部分理论知识和企业自身培训不能完成的内容,采用校企合作共同制定的课程标准或培训标准,由职业院校教师组织实施课程教学与岗位培训,教学与培训场所可以在职业院校与企业之间进行转换,教学方式以工学结合为主。需要注意的是,在行业企业发展驱动模式中,企业与职业院校的合作并不是一一对应的关系,对于参与企业有资格准入标准,符合标准的企业才可参与这种模式下的校企合作人才培养,不符合标准的企业则可在政府相关法律政策的规范下,通过共建"跨企业培训中心"的方式参与校企合作人才培养。

5.3.3.2　行业企业发展驱动模式特征

（1）企业核心主导,各方协同参与。在行业企业发展驱动模式中,企业是育训共同体构建的主导者,政府和学校是协同参与者,以企业为核心,以企业培训为主，以学校教育为辅，两者平行进行密切合作，成为一个整体[①]。政府主要起到监督和协调作用，或者委托行业企业主管部门对企业与学校的合作进程进行监督。以德国"双元制"为例，企业的职业培训主要由企业协会进行监督和管理，校企合作由州职业教育委员会进行协调，职业院校的运行则由各州文化部进行监督。

（2）企业为主投入，承担社会责任。在行业企业发展驱动模式中，企业在实现经济效益的同时，需要承担相应的社会责任，尤其是对职业教育的发展承担相应的责任。以德国"双元制"为例，企业投入职业教育的资金占职业教育资金总投入的绝大部分，包括学生的津贴和保险、教师的工资报酬和保险、设备和教材的购置保管费用等。据德国官方统计，2003—2005年，企业对发展职业教育的年投入均为276.8亿欧元，而联邦和州政府三年的投入分别仅为31.57亿欧元、31.15亿欧元和28.15亿欧元[②]。

5.3.4　社会中介组织推进模式

社会中介组织是指在政府、企事业单位和个人之间起桥梁和纽带作用，为经济和社会活动提供服务的各种组织和机构的总称[③]。社会中介组织一般可以分为：行业协会类、监督评价类、代理服务类、社会公益类、准司法行政类、科研文教类、城市社区类等[④]。随着职业教育不断向深度和广度发展，社会中介组织在推动职业教育发展的过程中发挥了越来越重要的作用。如图5-7所示，由于社会中介组织所具有的多样性特点，社会中介组织推进模式也呈现出多样性的特征，在推进育训共同体构建中发挥了不同替代的作用，成为其他三种模式的有力补充。

5.3.4.1　社会中介组织推进型育训共同体模型构建

（1）行业协会组织参与咨询监督协调。行业协会是协调政府部门、行业企业与职业院校关系的桥梁和纽带，在职业教育的发展中起着不可替代的作用。行业协会在育训共同体构建中所起的推动作用有两个：一是决策与咨询，为政府制定和完善职业教育政策提供建议和参考；二是协调与监督，在经济转型及产业结构调整过程中协调政府与企业的关系，根据市场变化协调学校与企业的关系，对行业企业与职业院校的合作行为进行监督。以

---

① 石伟平.比较职业技术教育[M].上海:华东师范大学出版社,2001.
② 魏晓峰,张敏珠,顾月琴.德国"双元制"职业教育模式的特点及启示[J].国家教育行政学院学报,2010(1):92-95+83.
③ 张云德.社会中介组织的理论与运作[M].上海:上海人民出版社,2003:5.
④ 张云德.社会中介组织的理论与运作[M].上海:上海人民出版社,2003:10-12.

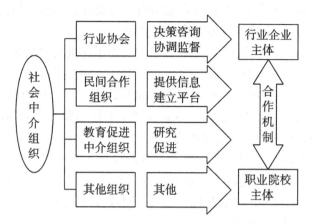

图 5-7 社会中介组织推进型育训共同体模型构建示意图

德国为例,行业协会组织包括工商行业协会、农业协会、律师协会、手工业协会等机构,在促进职业教育发展中起着重要作用,承担制定颁布教育规章、认定教育资质、审查与管理教育合同、修订审批教育期限、组织实施结业考试、建立专业决策机构、调解仲裁教育纠纷、咨询监督教育过程等 8 项重要职责[①]。

(2)民间合作组织建立沟通交往平台。"信息性"是中介具有的最大优势,也是市场经济社会中,中介组织及其活动的核心资源[②]。许多企业、学校自发结成合作联盟,组建各种协会或集团,使需要建立联系的职业院校和企业之间形成能够互相交流沟通的平台,在应对市场变化、技术革新、人才就业等方面加强信息交流,架设沟通交往的渠道。随着经济全球化和跨境教育的不断发展,这种民间合作的教育协会或集团已不局限于国内,许多国际性的自发组织也不断涌现,如世界合作教育协会(World Association for Cooperative Education,WACE),其前身是 1983 年成立的世界合作教育联盟委员会,由来自美国、英国、澳大利亚、加拿大、菲律宾等国家或地区的大学校长、教育专家和雇主组成。该协会的目标是成为世界领先的国际社会组织,将世界的高等教育机构、雇主和政府连接在一起,为共同推进终身学习和成功的职业生涯做好准备,以应对全球化及工作场所多样化的要求,致力于发展、扩大和推广行业企业与教育机构的合作及工学结合项目。此外,该协会还包括展示最佳实践、推进全球辩论和讨论、培植国际网络和交易、提

---

① 姜大源.德国职业教育[J].中国职业技术教育,2006(2):56-57.
② 陈德权.社会中介组织管理概论[M].沈阳:东北大学出版社,2010.

供研究及项目和服务等,并在世界范围内招募教育者与雇主为会员,使其建立联系,组织两年一次的世界合作教育会议。

(3)教育中介组织研究推动职教发展。为了促进科、教、文、卫等事业的发展,许多基金会、联谊会、联合会及各种学会、协会等教育中介组织应运而生,教育中介组织不同于学校内的科研机构,但能为教育事业提供服务,不以营利为目的①。许多具备较强专业性和学术性的教育中介组织通过提供科研为促进职业教育发展提供服务②。如法国的"普通教育与技术教育委员会"主要职能是对公立初等、中等及其他职业技术教育机构的教学大纲、考试办法、学习周期、文凭授予等规章方面进行研究,为教育行政部门决策提供依据③。美国的卡内基教学促进委员会则致力于促进"教学的职业",为提升教学的地位和荣誉服务④。

5.3.4.2 社会中介组织推进模式的特征

(1)整合社会资源,注重提高效益。育训共同体的合作主体主要包括政府部门、职业院校和行业企业,政府在处理社会事务、职业教育发展问题及协调职业院校与行业企业的关系时并不是万能的,不可能解决所有问题,这就需要社会中介组织作为育训共同体构建的有效协作主体存在和发展。同时,社会中介组织的产生是社会分工发展的产物,分工与专业化在提高效益的同时,也导致了交易成本的上升,这就需要中介对信息进行整合,以降低交易成本⑤。此外,社会中介组织本身就有整合各种社会资源的功能,在整合和推进育训共同体构建中必然发挥积极的促进作用。

(2)服务多元主体,注重公共利益。非营利性是社会中介组织的重要特征之一,社会中介组织不以盈利为主要目的,在育训共同体的构建中服务多元主体,促进政校行企的公共利益最大化,关注政校行企的功能结合最大化。其中,对政府部门的服务主要体现在提供决策咨询、接受政府委托制定专业标准、对校企合作进行协调和监督等;对行业企业的服务主要体现在规范市场秩序、提供有效信息、降低交易成本等;对职业院校的服务主要体现

① 张云德.社会中介组织的理论与运作[M].上海:上海人民出版社,2003:12.
② 孙凯.国外中介组织在高等教育改革中的作用与启示[G].改革开放与中国高等教育:2008年高等教育国际论坛论文汇编,2008:375-380.
③ 顾明远.教育大辞典[M].上海:上海教育出版社,1992(12):229.
④ 金东海.发达国家教育中介组织及其借鉴意义[J].西北师大学报(社会科学版),1995(6):64-67.
⑤ 杨云峰,王永莲.职业中介组织的研究与功能发挥[J].中国职业技术教育,2012(6):83-88.

在推进职业教育高质量发展等方面。

5.3.5　不同构建模式的比较分析

5.3.5.1　需求与利益是构建的内生动力

需求是发展的原生动力,有需求才有发展。对职业教育而言,破解职业教育面临的人才培养供给侧与产业发展需求侧不能有效匹配的问题需求是育训共同体构建的内生驱动力。在育训共同体的各组成主体中,政府部门、职业院校、行业企业三大主体也有各自的需求,政府部门的需求在于促进经济社会和谐发展,职业院校的需求在于自主发展和培养市场所需人才,行业企业的需求在于获取利润与技术技能人才。需求的满足就是各主体利益的获得,各主体需求的满足都需要其他主体的密切配合。因此,育训共同体稳定运行的前提是要对各主体的需求进行协调,使育训共同体从个别需求驱动转变为共同需求驱动,从个体利益寻求合作伙伴转变为以共同利益为纽带形成共同联合体。

5.3.5.2　调控与监督是构建的先决条件

育训共同体各主体需求的满足、利益的获取虽然离不开其他主体的密切合作,但如果没有政府部门的调控与监督,合作的效果就会大打折扣。从育训共同体合作构建的各阶段来看,政府行政驱动模式是促进校企深度合作的先决条件,在建立健全职业教育法律法规、完善职业教育体系、加强教育界与经济界的联系、创设校企业合作文化与环境等方面起到了关键作用。职业院校校本发展驱动模式和行业企业发展驱动模式都离不开政府调控平台的建设,校企在办学模式层面的合作需要政府创建平台,校企在人才培养过程中的合作也需要政府进行有效的监督和管理。

5.3.5.3　学校与企业是构建的核心主体

从育训共同体的构建模式来看,上述四种构建模式因为驱动力不同,处于中心位置的构建主体也存在差异,但无论哪种模式,职业院校和行业企业始终处于共同体构建的核心地位。同时,从育训共同体的构建阶段来看,在共同体构建初期,政府部门的行政干预是不可或缺的,行业企业的深度参与标志着育训共同体的成形,伴随着育训共同体逐步走向成熟,当校、企两主体之间的合作由被动配合实施变为主动自觉行动时,政府的行政作用就自然从"有形之手"转为"无形之手"。没有政府的直接干预,校企之间的合作也能正常进行,但校企的任何一方都不能缺位,否则育训共同体就将无法正常运转。

5.3.5.4　协调与互补是构建的发展路径

育训共同体的理想构建模式是政府部门、行业企业、职业院校三方的主体各司其职,中介组织有效参与,具有共同合作的内生动力和主观能动性,从而形成各主体间的共同合力并能够稳定运行与协调发展。从育训共同体构建的不同阶段和四种模式来看,政府行政驱动模式是育训共同体构建的初始阶段的主要模式,职业院校校本发展驱动模式和行业企业发展驱动模式是育训共同体构建的成形阶段的主要模式,社会中介驱动模式则是育训共同体构建的成熟阶段的主要模式。因此,这四种构建模式在育训共同体不同的发展阶段中不是替代关系,而是叠加关系,完善的育训共同体应呈现出四种模式协调发展、互为补充的态势,表现为办学主体多元、办学模式多样,从而满足区域经济社会和产业发展对高素质技术技能人才的需求。

5.4 育训共同体的组织体系

根据育训共同体的生态型组织属性,育训共同体是可持续、稳定、协调发展的现代职教综合生态体系。育训共同体内部成员之间具有互联互通、和谐共生的生态基因,针对学历教育蕴含的共性规律与职业培训独特的个性规律,能够实现共同体内部管理机制创新与资源利益重构,从而形成专业内容渗透重组、培训标准国际借鉴、成员单位依存交融、育训资源优势互补的区域职业教育和产业协调发展的生态组织体系。

5.4.1 育训共同体构建生态型组织的现实要义

5.4.1.1 构建育训共同体是实现职业教育协同育人的主渠道

协同育人是国家长期以来始终坚持的教育发展战略。2012 年,《科教结合协同育人行动计划》将校企协同、合作育人作为深化产教融合工作的基本原则,通过强化多元育人主体的协同,促使协同效应在育人过程中发挥作用,突破传统职业院校单一主体育人的一元化教育格局,把教育系统与产业系统连接以来,构建全新的、更加开放和立体的综合性职业教育系统,实现职业院校育人向社会育人的转变。首先,构建育训共同体为职业教育协同育人提供了方法论。构建育训共同体是生态系统理论在职业教育领域的运用,主张用整体性、关联性、动态性、平衡性、时序性等原则看待和理解职业教育协同育人工作,这就为顺利推进协同育人提供了方法论指导。其次,构建育训共同体为职业教育协同育人创造了条件。职业教育协同育人的主体是学校和企业,构建育训共同体能够在更广泛的意义上将更多主体以及资源纳入职业教育体系,为协同育人创造了更加有利的外部条件。

5.4.1.2 构建育训共同体是推动职业教育内涵式发展的支撑力

长期以来,职业教育发展一直以外延式发展为导向,具体表现为职业教育规模的扩大、招生人数的增长、基础设施建设的完善等。伴随着我国经济发展进入"新常态",职业教育的发展目标要从满足人民群众"有学上"向"上好学"转移,需要新时代职业教育创新人才培养模式、提高人才培养质量、优化人才培养结构,由外延式粗放型发展向内涵式高质量发展转变,这一转变离不开育训共同体的支撑。

(1)构建育训共同体为职业教育创新人才培养模式提供了有利契机。创新人才培养模式是职业教育内涵式发展的基本要求。以往我国的职业教育完全由学校主导,而构建育训共同体是推动职业教育突破传统育人机制、创新政行企校联合育人模式的重要契机。

(2)构建育训共同体有利于提升职业教育人才培养质量。通过构建育训共同体,能够打造育训结合一体化的学历教育与职业培训体系,形成学中做、做中学的教学情景,进而提高职业院校学生的实践能力,提高人才培养的整体质量。

(3)构建育训共同体有利于优化人才培养结构。通过构建育训共同体,能够有效强化职业教育与行业产业之间、职业院校与教育市场之间的联系,提高技术技能人才培养的适应性和适切性,提高职业院校学生的就业率与就业对口率。

5.4.1.3 构建育训共同体是推动教育形态和学校形态变革的动力

新时代职业教育变革的本质是教育从工业文明向后工业文明时代形态的蜕变,表现为职业教育将以产教融合为根基,模式从单一主体育人向多元主体联合育人迈进、教育时空从线性三维时空向复合多维时空转变、学习方式从有限方法向无限方法趋近。为了适应这些变革,职业院校的组织形式、部门架构、治理模式、教学逻辑都将发生重大变化。

(1)构建育训共同体推动了职业教育形态的转变。在现代信息化技术的广泛应用和多元化教育资源的大力支持下,职业教育获得了一种混合式、共享式、开放式、动态式发展的全新形态。以职业院校师资队伍建设为例,构建育训共同体相当于打造了一个具有高流动性的人才库,一方面可以吸引产业领域的工程技术人员投入到职业教育办学中,拓宽职业教育双师型教师的来源渠道;另一方面可以为职业院校教师提升专业素养和实践能力提供培训平台。同样,在教学方面,育训共同体的构建突破了学校和企业的边界,让车间成为教室、生产线成为课堂、技术员成为导师,不仅重构了整个教学过程,也丰富了教育资源。

(2)构建育训共同体推动了学校形态的变革。通过引导产业资源投入职业教育办学,促使职业教育领域的学校形态发生了两大变革:一是混合所有制办学模式的出现,二是职业教育集团的兴起。混合所有制办学延展了职业教育办学的主体类型，为职业学校办学活力的增强注入了新的元素；职业教育集团的兴起进一步夯实了职业教育办学的教育场域与职业场域基础，丰富了职业教育办学的内涵。这两方面引领职业教育学校形态的变革正是得益于育训共同体所赋予的动能。

5.4.1.4 构建育训共同体是产教融合可持续发展的重要保障

职业教育产教深度融合环境生态链是指在整个产教融合过程中，各参与主体资源与成果共享、利益共存、平台共建、生存环境共同治理的运行系统。该系统有利于解决职业教育跨部门、跨领域产教深度融合措施出台难、实施慢的问题，是创设公平公正、互联互动、共生共担生态环境的重要举措。职业教育产教融合的矛盾实则是一种供需的动态失衡，表现为职业教育和产业发展在适应和促进经济社会发展的竞跑中，教育相对落后，跟不上产业快速发展调整的需求①。基于多重要素打造互联互动、共生共担的环境生态链是解决职业教育产教融合中错综复杂矛盾的根本，是推进职业教育可持续发展的重要保障。

（1）解决职业教育产教融合措施出台难的问题。我国职业教育产教融合存在着教育部门、人力资源与社会保障部门等跨多部门的问题，涉及职业教育深度融合于多行业、多区域等跨领域难题，需要国家统筹职业教育产教深度融合政策，加强顶层设计，为我国职业教育产教深度融合健康发展提供制度保障②。互联互动、共生共担的职业教育产教融合环境生态链基于生态循环链模式，助推职业教育产教融合环境的良好运行。职业教育产教融合生态链系统不仅仅是一个"权力共同体"和"利益共同体"，更是一个"责任共同体"，各相关部门都具有天然的共生相关性，始终处于权力共生、责任共担的循环运转系统中。

（2）解决职业教育产教融合措施实施慢的问题。职业教育产教融合涉及政府部门、行业企业、职业院校、学生员工等多个层面、多种类型，存在职业院校、企业双主体的共同参与、分工合作、面广量大、实施不易的问题。具体表现为职业院校"寻企难"，企业因利益权衡积极性不高，实施力度不大。基于职业教育产教融合生态链，职业院校与企业共同作为校企合作育人的育训共同体，职业院校培养行业企业所需要的人才，企业向职业院校传递市场最新需求信息，政府在整个生态循环链中依据行业企业、职业院校、学生员工等的发展需求制定合理有效的政策，从而协力推动育训共同体各方共同营造适合各层次需求的职业教育产教融合政策环境。

---

① 杨小敏.深化产教融合法治建设要跟上[N].中国教育报,2018-05-22(9).
② 和震,李玉珠,魏明,等.职业教育产教融合制度创新[M].北京:科学出版社,2018.

5.4.2 育训共同体生态型组织体系的构建标准

如图5-8所示,在生态战略的指引下,致力于打造生机勃勃的生态型组织,就需要遵循生态型组织共同的组织标准(即敏捷性、生物适应性、信任与决策灵活性),这些基本的组织标准重塑了我们对组织结构、组织权力、组织边界、决策模式的传统认知[①]。育训共同体是具有生态型组织属性的技术技能人才培养联合体,应当按照生态型组织的组织标准形成具有敏捷灵活的响应机制、开放协同的生态基因、互信互利的治理体系、果断有效的决策能力的育训共同体生态型组织体系构建标准。

图5-8　生态型组织的基本标准 ABCD

5.4.2.1　敏捷灵活的组织机制

敏捷灵活指的是生态型组织回应和预测新市场机遇的能力,是组织对挑战、机会和问题进行快速反应和灵活应对的能力。具有敏捷灵活性的组织能够对外部环境做出快捷、有效的反应。无论是领导者还是普通员工,组织的敏捷灵活要求团队成员拥有学习和成长的能力。个人的敏捷灵活既是一种思维模式——拥抱成长、好奇心和其他创新素质,也是一整套技能,比如提出好问题的能力、结合业务发展的想象力。领导者的学习灵活性,比如快速学习的能力,是评判其是否拥有高效领导力的关键指标。无处不在的敏捷灵活确保生态组织的不同组成部分,以及处于这些组成部分的每个个体,都能迅速学习、改变和行动,从而更好地适应机遇和需求。

在当前的物联网时代,竞争环境高度动态和不确定,不管是竞争对手的策略,还是顾客的需求,以及新技术的革新,都处于动态变化之中,传统的机械式组织结构已经越来越无法适应这种快速的变化了。在高度动荡的生存环境中,一个组织的敏捷力决定了这个组织的生命力,对外部变化反应僵化、迟钝的组织越来越没有生存的机会。在一个敏捷性组织中,良好的领导

---

① 曹仰锋.生态型组织:物联网时代的管理新范式[J].清华管理评论,2019(3):74-85.

者和良好的组织机制都是必不可少的。组织层级是影响组织敏捷力的核心要素。在市场化生态组织中,为了确保敏捷灵活,高度自主的业务团队之间同样需要实现资源的互联互通。以企业为例,敏捷灵活能够放大企业的客户至上特性和创新能力,使企业脱颖而出。例如,腾讯公司的微信团队,被充分授予权力、职责和信息,好让它们能够迅速迭代,掌握新的市场机遇,再加上强大平台的支持,如腾讯的技术基础架构,帮助微信在存储、计算能力和带宽方面进行快速的规模化扩张。

5.4.2.2 开放协同的生态基因

在生态型组织体系中,组织的"生物适应性"可以衡量组织的适应能力、开放能力。适应能力强的生态组织会不断演化出自主进化、自主生长、自我修复和自我净化的能力。一个有机的生命体,首先需要有适应能力。适者生存,这是大自然的法则。社会组织也遵循"适者生存"的基本原则,组织只有适应外部的变化,才能长期生存下去。适应性强的组织必须是开放的组织,开放与封闭相对应,都涉及组织的边界。在物联网时代,万物互联、人物互联,企业尤其需要不断加大组织的开放力度,因为它们都需要与外部的环境进行互动。从外部的环境中输入资源,吸收能量,经过内部的加工和管理过程,这些能量和资源被转化成新的产品或服务,然后把这些产品或服务再输送给外部环境中的组织,以此换来更多的资源和能量,从而维持组织自身的生存和发展。协同不仅意味着打破原有的边界,还意味着更加生态。当横亘在各个部门之间的"围墙"被推倒后,组织的边界就变得模糊化,这时的组织边界被形象地称为"隔膜"。"隔膜"这一词来源于生物学,每一个生物有机体都拥有一个隔膜使之具有独特的外形。虽然生物体的这些隔膜有足够的结构和强度,但是并不妨碍食物、血液、氧气、化学物质畅通无阻地穿过。当组织变成无边界组织时,其边界就成为"隔膜",既保障了组织的完整性,又使信息、能量、资源等要素快速而轻易地穿透和转移。由此可见,育训共同体内部成员之间具有互联互通(开放)、和谐共生(协同)的生态基因。

以企业为例,企业的开放性并非指企业边界的消失,而是指企业的边界必须是可渗透的、开放的。边界的可渗透性越强,组织的开放程度越高。反之,如果组织的边界不具有可渗透性,这样的组织便是封闭式组织。管理者可以根据组织边界的可渗透性这一标准对自身组织的开放程度进行衡量。对于无边界组织而言,信息、资源、创意、能量应该能够快捷顺利地穿越组织的垂直边界和水平边界,使整个企业内部的各部门真正融为一体。同时,外部环境中的资源、信息和能量也能够顺利穿越组织的外部边界,使企业能够和外部环境融为一体。因此,无边界组织不是完全取消了组织的边界,而是高度开放的组织。对许多企业而言,如何提高内部的协同性一直是一个非常大的挑战。海尔公司在推动组织变革时,明确提出了两个"零距离"标准,即顾客零距离、协同零距离,前者主要用于衡量海尔外部边界的"可渗透"程度,而后者则衡量海尔内部垂直边界和水平边界的"可渗透"程度。目前,越来越多的企业开始把信息化的目光转移到协同管理领域,在考虑问题时不再是选择替换系统,而是在原有系统上再嫁接一个新的系统,打破信息孤岛、应用孤岛、资源孤岛,构建统一信息门户,从而提升原有系统的价值。通过企业互联网协同平台,从全员应用的角度,让业务流和工作流结合,统一入口,作为一个企业门户发挥协同工作流优势,实现对客户、销售、运营、生产、财务、市场等业务流的融合和集成,进行协同式的一体化管理,实现了打破组织壁垒、帮助客户降低企业运营成本、提升企业组织运营效率、快速构建个性化的业务管理系统,灵活适应不断变化的组织和管理新需求,让组织成员发挥最大创造能力。

5.4.2.3 互信互利的治理体系

信任是一个生态型组织繁盛和竞争力的基础,是生态组织绩效与繁荣的基石,它嵌入在组织中的各种规则、制度、文化规范之中。和传统的机械式组织不同,生态组织包含了各种各样的参与主体,各个主体之间不是靠传统组织的权力和命令来约束,而主要是以价值契约进行约束。契约是刚性的,是硬实力;而信任则是柔性的,是软实力。契约与信任构成了生态组织治理的两大机制,刚柔相济,缺一不可。只有整个生态诚信,用户才能得到诚信体验,生态中各个节点才能共同创造价值并分享价值,生态圈才能越来越大,最终赢得体验经济中的终身用户。这一模式的核心就是通过构建信任体系,打造一个互信互利的生态圈。

5.4.2.4 果断有效的决策能力

组织就是一个决策系统,有效的组织应以正确的决策为基础。决策是由人来完成的,只有正确的人才能做出正确的决策。在进行生态组织设计时,需要坚持一个基本原则,必须就正确的问题由恰当的组织层次来做出决策,必须使决策转化为工作和成就。如果一种组织结构使得决策必须由组织中尽可能高的层级来做出,而不是由尽可能低的层级来做出,这种组织显然是一种障碍。这种组织障碍的表现是"决策上移",让高级领导者忙于应付,疲惫不堪,不能将主要精力集中于最核心的问题上,这对组织长期发展的伤害和影响将是深远的。有效的决策包含三个基本要素:信息、权力和责任。首先,信息为决策提供依据和灵感。管理者应到现场去解决实际问题,如果领导者只是坐在办公室里决策,失真的信息往往让决策者难以快速、果断做出决策。其次,权力为决策提供保障。最后,责任是决策的结果。

总之,在设计生态型组织结构时,需要考虑的是敏捷力、适应性、开放性、信任,以及决策的有效性和效率的最大化,这样的组织结构才是最合理的。如果组织结构不合理,它的绩效肯定会非常差,因为不合理的结构会导致内部摩擦和挫折。合理的组织结构是组织取得良好绩效的先决条件。

5.4.3 育训共同体生态型组织体系的建设路径

5.4.3.1 政府加强引导

政府要加强顶层设计和配套制度建设,引导建立关系形态多元的育训共同体。首先,政府要进一步完善现有的产教融合支持政策。从中央到地方各级政府应当在政策层面加大对产教融合的支持力度,扩大产教融合的财政补贴以及税收、金融优惠范围,营造更加有利于育训共同体构建的政策环境。其次,政府应当进一步加强法律法规建设。一方面应当尽快修订现行法律中不适应产教融合实践的条文,另一方面要加强支持产教融合法律法规的建设。最后,政府应当做好平台搭建工作。地方政府可牵头成立区域性的行业职业教育联盟,使之成为自觉推动产教融合的教育联盟成员。同时,地方政府还应当组织搭建信息沟通、技术支持、资源共享的信息化综合平台,紧密行业、学校、企业之间的关系,提升内涵建设质量,共同开展教学、科研、生产、职业资格鉴定和职业培训,实现人才、项目、技术等方面的全面共享。

5.4.3.2 企业主动参与

企业要转变观念,主动参与构建育训共同体。当前我国企业参与职业教育办学的积极性不高,这固然有体制机制不健全、政策法规不完善、社会支持不足等因素,但企业自身的原因同样不容忽视。在职业教育市场化办学程度越来越高、国家积极推动产教融合的大背景下,企业与职业院校合作共建育训共同体,在为职业教育育训共同体构建贡献一分力量的同时,也为企业的长远发展提供更大的潜力和后劲。一是,企业应当树立全局观,深化对产教融合的认识,充分意识到职业教育产教融合对行业、产业发展的重大意义,主动对接国家发展战略,积极融入区域职业教育联盟,为企业经营宏观环境的改善贡献力量。二是,企业应当树立正确的人才观,充分认识到协同育人为企业创造的潜在价值,摒弃浅薄、短视的育人思维和做法。三是,企业应当强化社会责任意识,在追求经济利益之外发挥更大的作用,更好地服务社会、造福大众,承担更多的社会责任。

5.4.3.3 学校强化对接

职业院校要深化人才培养改革,强化与行业企业发展需求的对接,通过切实有效的改革措施开展育训结合,推进校企合作。首先,职业院校要建立多元化产教融合协同育人模式,实现人才培养集约化集团式。职业院校应当依托有特色的重点专业或者专业群,对应行业企业开展有针对性的校企合作,加强与当地科技园、产业园、工业园等园区之间的联系和协作,通过订单式培养、校企共建专业、创办教学工厂、共建二级学院等灵活多样的形式与行业企业开展多领域、多形态、多层次、立体化的全方位合作,实现产教深度融合。其次,职业院校可以依托一个专业或者专业群与区域对应行业的多个企业同时开展合作,共同建立目标一致的校企协同育人平台,让职业院校成为区域行业发展的人才储备库。再次,职业院校应当积极介入区域主导产业链的人才培育体系,实施跨专业、跨专业群、跨行业的多元化技术技能型人才培育。最后,职业院校要持续提升社会服务能力,围绕企业重点技术需求提供技术攻关、科技研发、信息咨询、人才培训等服务,通过为合作企业创造更大的价值,不断吸引更多企业加入区域育训共同体建设。

5.4.4 育训共同体生态型组织体系的基本架构

5.4.4.1 敏捷灵活的效率驱动型"平台+前端"生态组织

一个组织要想提高敏捷力,就必须减少组织层级,建立强有力的共享平台,由机械型组织的金字塔组织形式向生态型组织扁平化的"平台+前端"这一新型组织形式转变,构建"大平台、小前端"的组织机制和业务机制。这一共享平台真正将客户放在中心地位,依托信息丰富的数据集和算法,使他们以更快的速度为单位捕捉和预测客户需求。如图5-9所示,其中"平台"包括两个层级,即"后台"和"中台","前端"由前台和一线团队组成。

后台是整个生态组织的"黑土地",赋能整个生态系统中的各个组成部分,主要由基石平台组成。以企业生态型组织为例,比如海尔的COSMOPlat平台、阿里巴巴的阿里云、谷歌的安卓系统、苹果的iOS系统、亚马逊的AWS云平台、西门子的MindSphere平台、丰田汽车的MSPF云平台等等,都是各自生态系统的"黑土地"。

中台主要是指集成的技术、管理与服务共享支撑平台群,为生态系统中的各个组成部分提供能力支持和服务,提供强大的信息技术和数据支持。这些平台通过共享服务提升系统效率,主要包括应用技术平台、数据服务平台和管理职能平台,为数据、工具、使用方法和合作制定标准,使得这些支持能够赋能不同的业务团队,好让前端业务团队专注于利用这些资源和能力拓展自己的业务。中台通常是由技术能力卓越、对客户需求具有深刻见解的领导者来带领。在中台的能力建设上,需要集合整个集团的运营数据能力、产品技术能力,从而对各前端业务进行强有力的支撑。

前台是指面向客户或用户的平台单位或界面,为一线团队提供场地、设施、资金、人员、信息等基础赋能。一线业务团队直接与客户或用户接触，需要灵活应对问题并快速决策，满足市场和顾客瞬息万变的需求。前端一线团队之所以作战能力强，敏捷性高，是因为有强大的平台支持，否则一线团队就会在孤立无援中失去应对挑战的能力。平台功能需要支持前端的小团队迅速掌握信息，快速做出判断，敏捷调度中台，甚至是后台的力量，从而引领整个组织为客户或用户创造价值。

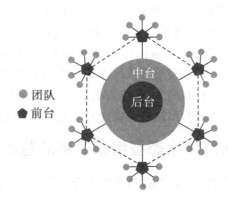

图5-9　生态型组织的后台、中台、前台与团队组织形式

目前，阿里巴巴、京东、海尔等企业都采用类似这种的生态型组织结构，并更加突出"强后台+大中台+小前台"。以海尔为例，COSMOPlat 是整个海尔生态系统中的强大后台，为所有前台组织和企业提供赋能支持，海尔将财务、人力、采购、信息化等职能集合，成立了大共享平台，直接为一线小微企业提供服务和支持，海尔的生态系统中有数千家小微企业，这些小微企业相互协同，共同为用户提供价值服务。

这种效率驱动型"平台+前端"生态组织在管理机制上采用"平台分权制"模式。平台分权制是一种高度扁平化的网络结构，让生态型组织变得更加敏捷和灵活。以企业为例，平台分权制赋予生态型组织中各个小微企业更大的自主权，决策权下移到具有自治权的小微企业，提高了决策的效率和质量，使得这些企业能够快速适应外部环境的变化，从而大大提高了整个组织的适应能力和开放能力。平台分权制是以价值为中心的管理模式，这里的价值既包括定量的经营成果，比如收入、利润等，又包括定性的经营贡献。平台分权制是生态型组织的结构和模式，它有助于构建充满活力的生态组织系统。在这种组织结构中，核心的组织形式有两级，即"平台+自治单位"，其中"平台"包括两个层级——后台和中台，"自治单位"是具有高度自治权的小微企业，又被称为前台。

5.4.4.2 育训共同体"一体两端三台"的组织体系架构

职业教育有别于普通教育具有跨界、多元、融合的特点,它在教育与产业、学校与企业、学习与工作、理论与实践等方面的跨界属性决定了其作为一个复杂的、开放的、多层次的有机系统,不是孤立的教育活动,而是由各组成要素与环境构成的统一整体。在这个整体中,各组成要素与环境之间相互联系、相互影响、相互融合、相互制约,并在一定时期内处于相对稳定的动态平衡状态,从而构成了职业教育的生态系统。因此,为了兼顾各组成要素的利益愿景,化解职业教育产教供需矛盾,育训共同体可以在遵循生态系统生态多样性的基础上走出一条实施产教融合的创新路径,即育训共同体在组织体系建设上,按照育训结合的多元主体合作要求,走政行企校多元主体驱动、育训结合多种模式协作的"生态型"发展之路。

育训共同体遵循生态型组织体系的基本原则,结合职业教育的办学规律,构建"一体两端三台"的扁平化网络组织体系架构模式,如图5-10所示。

(1)一体。"一体"是从组织类型的角度进行的系统化设定,即育训共同体是按照学历教育与职业培训"生态一体化"的要求进行组织建构的。这种"生态一体化"需要横跨教育与产业两大生态系统,实现"三互、三统",即学历教育与职业培训互为考量、互相作用、互通转换;学习领域与工作领域统一分析、统一标准、统一实施。它不仅是推进育训结合的客观需要,也是育训共同体多元主体间达成的共识。

(2)两端。"两端"是从组织结构的角度进行的模块化设定,即育训共同体的结构模块包括"育训团队端"和"共享平台端"两个部分。

①育训团队端。"育训团队端"由育训团队、学历教育转换器、职业培训转换器组成。其中,育训团队以学历教育课程学分与职业培训岗位证书对接为纽带,以学历教育学习领域课程标准化转换和职业培训工作领域培训标准化转换为手段,将课程教学和岗位培训过程结合在一起。职业院校学生在取得课程学分后可以到相关企业参加实际生产环境下对应的岗位培训,在免试理论部分的基础上获取岗位技能等级证书,这个证书在同类企业的同类岗位中都是互认的,学生就业时就能真正做到直接上岗工作,增强了人才供需的匹配性。同时,企业员工在企业工作中具备了岗位证书后,可以在取得职业院校入学资格后,换取岗位对应的课程部分或全部学分。一个育训团队可以是多个院校的相近课程对应多个企业的相近岗位,学生和员工也可以来自多个院校和企业。团队中涉及的育训各要素以共同的学习领域和工作领域为纽带联系在一起,既有育训内容与育训环境的互联互通,也有课程学分与岗位证书等育训成果的互认互换。

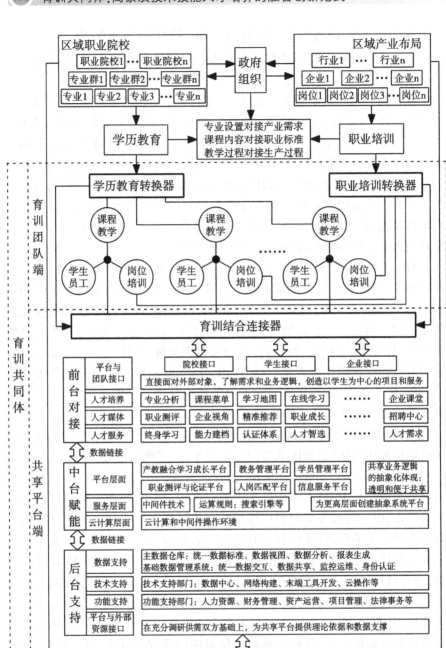

图5-10 育训共同体组织架构

育训团队是高度自主的闭环单元,捕捉并塑造职业教育育训结合带来的新机遇。从生态组织的观点看,各育训团队应该聚焦于特定技术工作岗位领域,团队之间应该像拼图板块一样组合在一起,相互兼容。根据育训团队各自的育训特性和目标,每个团队都将闭环式植入自身所需的独特能力和职能,比如岗位分析、课程开发、课程标准、培训标准等。根据任务性质,育训团队可以承担各种角色,它们可以是研发团队,可以是教学团队,可以是培训团队,也可以是服务团队,它们根据育训内容,依托校企合作,提出想法,进行尝试,把验证有效的创新想法与实施方法规模化、系统化、标准化。

一个成功的育训团队与其他高效能团队所需要的特质是相同的,即包含目的、治理、关系、回报、领导者、学习六个方面:①目的,高效能团队需要有明确的工作目标,即有清晰准确的产出结果和目标,明确承担的职责;②治理,明确团队成员的组成对象、工作要求、决策方式与考核指标,确保团队拥有充分权力做出业务决定,并注入足够的资源,团队才能处于最佳运行状态;③关系,团队成员间的高度信任及相互承诺、主动关心与相互支持能促进成员表现得更好,信任使得成员之间能够友善平和地表达不同意见,化解矛盾、消除分歧、达成共识;④回报,通过责、权、利高度匹配统一,将团队成员的回报与团队绩效清晰而紧密地联系在一起,激励团队取得整体成功;⑤领导者,考虑到业务团队被赋予的高度自主性和资源支持,团队必须有一位综合能力强的团队领导者,以便及时做出明智的业务决断;⑥学习,通过了解哪些想法有效,哪些想法无效,持之以恒地提升自我。团队灵活性也通过团队自身的持续提升以及成员的不断适应和成长得以塑造。当育训团队拥有这些特质时,就能够不仅迅速适应市场需求,根据新的岗位要求开发并实施育训结合项目,而且随着高效团队的建设从一个团队传播到另一个团队,团队的共同成长更具可持续性。

②共享平台端。共享平台端由产教融合信息平台、育训结合连接器、产教融合连接器组成,提供给育训团队端所需的共同能力、信息和资源,助力以同类课程和岗位聚合的各个育训团队建设与发展。其中,产教融合信息平台由后台、中台、前台组成。共享平台所遵循的组织原则是任何能够或应该被共享的东西都要放置在共享平台上。为了实现平台的功能,共享平台提供共享资源、信息和能力,即用户流量、大数据、云计算、研究与开发、供应链、物流和服务等。共享平台端能够使育训团队端专注于各自的核心业务,就像一个个中心枢纽,利用自身所拥有的支持、资源和管理机制使整体比局部更具价值。

共享平台构建与团队需求和优先考虑内容相匹配的组织结构和激励手段,其功能是赋能而不是掌控。共享平台视育训团队为自己的客户,为其赋能和提供服务。为了营造协同合作的必要条件,共享平台必须订立促进生态组织互联互通所需的共同标准和体系，使得工具、数据、代码和流程能够实现共享。当育训团队随着产教融合不断发展壮大时，日益增多的资源、能力和信息应该迁徙到共享平台上。从技术技能人才培养流程与工作界面的角度来看，育训团队端是显性的，共享平台端是隐性的，显性端与隐性端之间通过数据进行链接。从赋能与服务支持的角度来看，共享平台具有三个层面：一是核心业务支持平台。这类支持与育训团队的日常业务运营交织在一起，其典型功能包括产业调研、岗位分析、课程开发、培训实施等；二是技术支持平台。这类共享平台在技术和数据方面为育训团队提供强大支持，其典型功能包括信息技术存储、计算基础设施、安全、代码、用户数据、人工智能和开发工具等；三是职能支持平台。这类共享平台所提供的典型职能包括产教融合战略、人力资源、财务分析、公共关系、政府关系和业务拓展等。

共享平台越能促进跨单元的借鉴学习，以便育训团队在同样的生态环境中受益，该平台就越有价值。为信息和资源共享制定共同标准与协议是至关重要的，这样才能互通互联。除此之外，根据不同业务的独特需求，高效共享平台所给予的是菜单选择，而不是每个人都必须遵循的"食谱"。简而言之，共享平台就像一位卓越顾问，需要运用专长来证明自己的价值，为育训团队服务。当共享平台与育训团队携手共进时，两者都将受益。育训团队不断变化的需求为共享平台的持续优化升级提出了新机遇和新挑战。

（3）三平台。如图5-11所示的"三台"结构，应用层为前台、平台层为中台、大数据层为后台。前台、中台和后台形成了以数字化信息传递和处理为纽带的高效逻辑关系，是育训团队端与共享平台端这两端之间数据共享与处理的三个层级。

"三平台"是从共享平台端数字赋能的角度进行的功能化设定，即由前台、中台、后台这三个平台构成的产教融合信息系统是技术技能人才的育训数据平台和终身学习培训平台。前台专注于了解人才培养、人才媒体、人才服务的需求和业务逻辑，开发以技术技能人才培养为中心的产品和服务。中台专注于对接前台的业务信息，并从后台获取基础支撑。中台的功能包括业务中台和数据中台，业务中台对接前台从岗位分析到能力分析，再到知识技能分析与课程模块搭建整个职业教育业务流程的数据输入输出处理，为前台提供产教融合学习成长平台、教学教务平台、职业测评与认证平台、人岗匹配平台等针对不同育训团队运行的个性化、定制化软件工具支持；数据中台对业务中台在运行过程中沉淀下来的数据进行综合分析，通过众多微型服务模块、人工智能和用户信息的应用软件、云计算和中间件的操作环境等计算能力服务更高层面创建抽象分析系统，在为后台提供大数据的同

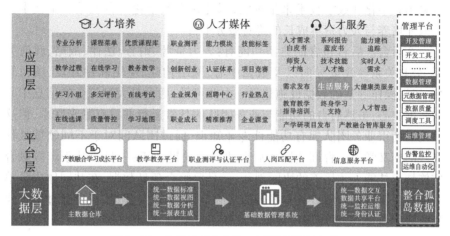

图 5-11 育训共同体的"三台"数据链接架构

时,得到后台进一步的共享数据与基础运算服务支撑。后台专注于提供政策导向与基础大数据的软硬件设施建设,它既是中台和前台的大型综合信息中心与数据中心,也为各育训团队提供方针指引和功能支持。基于这一数字化"三平台"结构,学生和员工能够及时了解企业岗位需求、认知岗位能力组成、明确学习渠道与内容,各项学习或培训成果都可以在平台上以区块链的数据记录方式固化下来,形成对应每名学生和员工教育培训的知识、能力和素质"标签",众多具备"标签"的学生和员工便构成了一定区域的技术技能人才"淘宝库",平台也就成了技术技能人才"淘宝网",进而推动市场需求侧与人才供给侧的匹配情况在平台上实时动态反映出来。

①前台。前台是一个O2O平台,是线上加线下数据系统化一体打包数据流通平台,不是单纯的基础数字化平台类型,所以可以看到前台的界面有企业端、院校端、学生端,各类人才培养、人才媒体、人才服务贯通始终。前台是育训团队端的核心,它既为育训团队端的人才培养、人才媒体、人才服务以及合作伙伴等提供基础数据处理与界面功能,也是育训团队端和共享平台端之间的数据链接纽带。前台由各种菜单式的功能模块组成,不仅是各育训团队的数字化处理接口,而且也提供了相应的企业端、院校端和学生端的接口界面,使得各育训团队的工作能够高效地数字化运行,同时通过与共享平台端的中台连接,在育训团队端与共享平台端间建立起数字链接,从而在育训团队端自身小循环的基础上,融入育训共同体整个生态体系的大循环中,持续繁衍生息、不断进化完善。前台和中台的功能边界在于是否直接面对外部用户。

②中台。中台的核心不只是数字技术,更是融入了现代职教管理理念,

并采用数字化和数字技术来呈现它,因此这个数字化中台就是一个技术技能人才培养与人力资本成长的终身服务平台。

③后台。后台包含的典型功能有:人力资源、财务、法律、战略、政府关系、公共关系等政策导向以及数据中心、网络构建、应用软件开发、项目管理、云端操作等基础数据设施建设。由此可见,后台是大型综合的信息中心与数据中心,虽然后台的功能与业务团队的日常运行并没有紧密联系,但这些功能使得业务团队拥有功能性专业知识,促进团队间对于不同领域最佳实践的交叉学习。育训共同体后台建设的关键在于:一是要基于产教融合实施技术技能人才培养的协同创新,二是要整合孤岛数据,在共同体成员单位原有各类信息化教育教学平台的基础上,不必重复建设,只要通过后台建设将数据打通,就可以实现数据共享使用。

5.4.5 育训共同体的赋能机理

育训共同体范式提出的初衷就是要推动校企之间的全面深度合作,通过教育元素与职业元素间的转换和连接为校企之间形成命运共同体赋能。由于企业基于经济发展的"功利性"取向与职业教育基于个性发展的"公益性"取向之间的矛盾在校企合作中客观存在,因此育训共同体不是简单遵循将教育场域的元素与职业场域的元素直接进行功能组合的传统观点,而是基于校企双方对技术技能人才共同的核心关切,从人才供需的角度,认为解决了人才供需匹配问题,就是解决了校企共同的利益问题,没有人才供需匹配这一关键纽带,校企之间的命运共同体就无法真正建立起来。由此可见,育训共同体组织架构是否合理,就要看其工作机理能否为人才供需的匹配提供有效方法和手段,从而为这一范式的具体应用提供可借鉴的实现路径。如图 5-12 所示,育训共同体的赋能机理主要表现在转换、连接、循环三个方面。

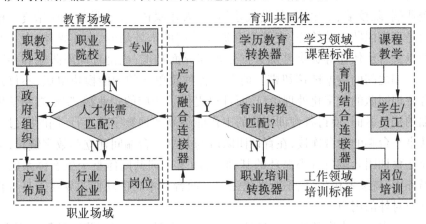

图 5-12　育训共同体两转换、两连接、两循环运行机理

5.4.5.1 教育培训两转换

育训结合在实施层面的困难是由各自所处的场域不同决定的。学历教育主要在职业院校中通过专业、课程、教师、教室(实训室)等开展人才培养的教育场域元素实施;职业培训主要在产业行业中通过企业、岗位、师傅、工作环境等从事某项工作的职业场域元素实施。因此,职业教育除了知识、理论学习的"学场",还包括以能力、实践为表征的"职场",虽然这是它有别于普通教育的最大特点,但也为育训结合设置了"跨界"的难度。为了有效破解这一难题,育训共同体范式提出按照"教育场域以课程为核心、职业场域以岗位为核心"分别进行教育与培训的内容和过程的转换与重构,使两者转换后在学习方式、知识内容、能力结构和综合难度四个方面保持基本一致,从而达到课程学分与岗位证书能够互换、院校学生与企业员工能够互通的目的。

针对教育场域的"学历教育转换器"借鉴德国双元制模式以及基于工作过程的系统化课程开发理念,岗位导向、注重过程(工作过程和开发设计过程)、多能(专业能力、方法能力、社会能力)并重、细化标准,从调查并分析专业面向的企业核心岗位及主要工作任务、相关工作过程和核心职业能力入手,提炼典型工作任务,将职业行动领域转换为学习领域,从而确定学习领域课程方案并构建学习领域课程标准。该转换器实现了专业知识的岗位导向重构,虽然转换内容与过程依赖于工作岗位,但课程教学活动并不需要完全依赖"职场",可以在"学场"中通过学习情境设计、单元课程设计等方法设定课程标准并予以实施。

针对职业场域的"职业培训转换器"是指企业以员工实际上岗需求为导向,将岗位具体工作要求(所负责的岗位职务范围、应承担的岗位目标责任、需达到的岗位标准要求、待完成的岗位执行效果)转换为工作领域培训标准,实现对本企业员工的岗前培训以及其他单位相关岗位工种的技术技能人才继续教育与培训。目前,很多企业的岗位培训存在培训内容不成体系、标准化程度低、培训师资水平参差不齐等问题,导致企业之间相同工种的培训项目不能互通,受训人员不能直接互换上岗。虽然有些问题是因不同企业设备差异造成的,但根本原因还在于企业缺少对岗位培训内容、过程与结果的标准化认识。因此,该转换器的本质就是岗位标准化培训转换工具,只有实现了包括上岗标准、操作标准、场所标准、设备标准在内的岗位培训标准化,才能为校企之间的人才供需匹配、企业之间的人才培训交流建立基础保障。

5.4.5.2 前台后台两连接

"前台连接"是指育训共同体的育训团队端与共享平台端前台的连接,

即"育训结合连接器"。"后台连接"是指育训共同体的外部场域与共享平台端后台的连接,即"产教融合连接器"。

"育训结合连接器"既是上述"教育培训两转换"后的结果汇总与分析比较的连接机构,也是将转换结果与共享平台端前台进行数据交换并由中台进行深度加工处理的接口。该连接器的主要功能是在各育训团队开展课程教学与岗位培训的过程中,一方面实现课程学分与岗位证书互换机制,另一方面实现各种育训过程数据通过共享平台端前台的院校接口、企业接口、学生接口进行双向数据流通和界面呈现。职业院校通过院校接口利用共享平台资源实施课程项目化教学改革;行业企业通过企业接口推行岗位认证、发布人才需求及岗位能力要求;学生和员工通过学生接口选择菜单式模块化的对接岗位能力的数字化课程进行学习,还可与不同院校或企业的人员协作完成同一个学习项目。

"产教融合连接器"将涉及教育场域与职业场域的政府、院校、行业、企业的发展规划、供需要求、规模能力等基础信息数据进行汇聚整合,然后提供给育训共同体后台进行分析处理,成为后台的基础支撑数据,为中台和前台支持育训团队端的运行提供基础政策与信息服务。

5.4.5.3　体内体外两循环

体内循环是指在育训共同体内部的小循环,体外循环是指包含育训共同体之外的教育场域和职业场域的大循环。这两类循环的本质都是比较反馈循环,体内循环的比较对象是课程学分与岗位证书基于互换机制的匹配度,体外循环的比较对象是技术技能人才供给与需求基于产教融合的匹配度。体内循环是"岗位"导向的,体外循环是"就业"导向的。相对于较高的就业率,当前职业教育的就业对口率则表现不佳,这在一定程度上也反映出人才供需的矛盾。虽然从表面上看,这是体外循环中的职业院校专业设置与地方产业布局不配套造成的,但本质上仍是课程教学与岗位培训的不匹配问题。这个根本问题不解决,专业再怎么调整也无济于事。因此,育训共同体范式将体内、体外两循环的核心设置为体内循环,通过育训结合连接器分析比较课程教学与岗位培训的对接互换性能,然后根据匹配度对学历教育和职业培训这两个转换器进行优化调整,从而为体外循环的人才供需匹配奠定基础。

第三部分　实践篇

完善学历教育与职业培训并重的现代职教体系是当前职业教育化解人才培养供给侧与产业发展需求侧矛盾的重要方略,教育场域和职业场域若想通过"两场合一"实现职业教育对产业发展的赋能,简单功能互补式的对接是无法彻底解决人才供需矛盾的,这也是当前产教融合驱动力不强、融合力不够、创新力不足等问题的根本原因所在。育训共同体人才培养融合创新范式的提出与实践正是解决这一问题的有效举措之一,通过跨界、融合、重构的转换与连接方法实现基于人才供需匹配的"两场合一"。本篇基于育训共同体的生态型组织架构与工作机理,研究分析育训共同体运行机制,并结合育训共同体范式在江苏工程职业技术学院的实践和探索,阐述了将育训共同体范式应用于技术技能人才培养的实践中,实现育训共同体作为推进产教融合连接器和转换器工作机理的有效方法与路径。

6 育训共同体运行机制

通过"育训共同体"实践体系的构建与运行,探索解决当前产教融合驱动力不强、融合力不够、创新力不足等问题的有效路径,实现育训共同体内部成员之间育训资源共建共管共享、学历教育和职业培训资质证书互融互通互换、育训结合的成功经验可示范推广。

6.1 育训共同体运行机制的总体架构

运行机制是在一定机体内各组成要素之间相互作用和联系的制约与功能关系。在机制的整体运行中,各要素之间的配置方式以及调节功能不同,则运行机制的运行过程和特点就不同。因此,基于教育生态理论的育训共同体系统的运行机制是指从教育生态的角度来看,共同体中各行为主体间相互联系和作用的关系以及所具备的功能。

育训共同体是动态发展和变化的由多元要素构成的系统,运行机制在功能上就类似共同体的调节器,如果协调得好,系统就会处于良性运行状态,相反,若调节不到位,系统就会紊乱和无序。通过第5章对育训共同体生态型组织体系的分析,能够充分认识到组织功能的实现是与其运行机理密切相关的,而运行机理并不能自动维持组织的正常运转和稳定运行,还需要通过运行机制的促进和保障,才能确保育训共同体生态系统健康持续运行。这种机理与机制的关系就类似于光合作用,二氧化碳与水,经过光反应与碳反应,转化为氧气等,这属于一个"作用机理";至于"作用机制",我们控制光照与水分的配比,基于光合作用的机理就会产生不同的效果,相当于一个调节器的作用。

在育训共同体生态系统中,教育场域、职业场域、育训团队、共享平台等都须通过协同合作的方式进行跨界对接与数据链接活动。因此,育训共同体在诸多要素主体的共同作用下,就需要有合理有效的运行机制来协调、约束和激励。基于对育训共同体生态型组织的分析和育训共同体发展所应具备的功能与特性,结合教育生态学视角下的育训共同体结构模型,我们认为,以教育生态学理论为背景的育训共同体运行机制应由遵循育训共同体持续发展所需要具备的条件来确定,即保证系统生存、促进系统完善、系统健康发展以及加速系统成长这4个条件,如图6-1所示。因此,可以将育训共同体的运行机制定义为:育训共同体的核心要素在相互作用、相互影响时,按照一定的法则和规律充分调动各种关联资源,不断实现创新突破的运行方式。教育生态学视角下的育训共同体所包含的运行机制可以分为生存发展机制、协调共享机制、新陈代谢机制、动态稳定机制4个部分。其中,生存发展机制和协调共享机制属于激励机制的范畴;新陈代谢机制和动态稳定机制属于制约机制范畴。

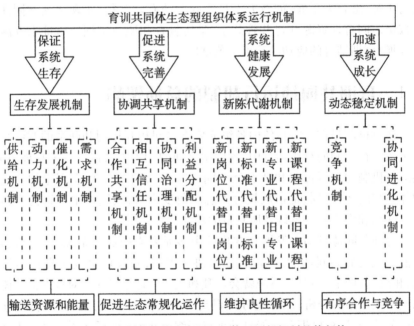

图6-1　育训共同体生态型组织体系运行机制总体架构

(1)生存发展机制。包括育训共同体范式及应用资源的供给机制、动力机制、催化机制、需求机制,是系统外部环境对系统发展推动作用的体现,为系统输送资源和能量,使系统朝着有利于生存壮大的方向发展,并使其成长速度和规模得到扩展,从而加速育训共同体的范式应用与功能拓展。

(2)协调共享机制。包括利益分配机制、相互信任机制、协同治理机制、合作共享机制,促进育训共同体生态系统常规化运作,保证育训共同体可以良性常规发展。通过协调共享机制,职业场域和教育场域的各要素间能够更好地实现专业设置与产业需求的对接、课程内容与职业标准的对接、教学过程与生产过程的对接。

(3)新陈代谢机制。维护育训共同体良性循环,是系统健康成长的核心,育训共同体在遵循系统的生命周期发展基础上,才能合理调整布局及方向,从而保持系统发展的持续和长久。在新陈代谢机制的促进作用下,育训共同体的育训团队端能够有效实施新旧更替与迭代发展,始终根据课程教学、岗位培训与学生员工的最新发展与实时状况进行技术技能人才培养的动态调整,从而不断在"新岗位代替旧岗位、新标准代替旧标准、新专业代替旧专业、新课程代替旧课程"的过程中实现育训共同体范式与应用的与时俱进。

(4)动态稳定机制。包括竞争机制与协同进化机制。体现了育训共同体中主体成员间的共生关系,育训共同体各要素之间既竞争又合作的和谐关系是实现育训共同体内部各组成部分优胜劣汰、适者生存的必备因素。因此,这些机制的共同作用使育训共同体内部成员在一定的规则下有序竞争与合作,提升区域技术技能人才培养的水平,增强区域产业经济发展的持久能力,提高区域职业教育供给侧与需求侧之间的匹配度。

6.2 育训共同体的生存发展机制

生存发展机制为育训共同体系统输送资源和能量,使其成长与发展的速度和规模得到扩展,包括资源供给机制、动力机制、催化机制、需求机制。其中,资源供给机制能够给育训共同体的共享平台端提供各种相关的软硬件资源输送渠道,保障共享平台端和育训团队端的有效运行;动力机制能够激发育训团队端的人才培养机制体制创新欲望和要求,驱动育训共同体系统进行理论范式与实现方式的创新活动;催化机制能够对育训共同体在运行过程中的学历教育转换器和职业培训转换器产生促进作用,推动这两个转换器发挥转换效能;需求机制能够对育训共同体在运行过程中的育训结合连接器和产教融合连接器产生带动作用,拉动这两个连接器在职业教育供需的匹配过程中将各种资源或转换重构内容进行有机整合。

6.2.1 供给机制

育训共同体生态系统的资源供给机制主要针对共享平台端的运行需要,为共享平台端提供各种所需的软硬件资源,包括师资资源供给、经费资源供给、技术资源供给、数据资源供给等,就像自然生态系统中需要阳光、水分、土壤、空气等赖以生存的营养物质一样。共享平台端是为整个育训共同体提供基础赋能的,从"三平台"的角度来看,如果没有共享平台端后台的资源支持,就无法实现中台的赋能功能,更无法设计和实施前台与育训团队端的对接了。因此,资源供给机制是保障共享平台端和育训团队端的有效运行的基础。

6.2.1.1　师资资源供给

虽然职业教育的师资资源主要来自于学校和企业的教学、技术与管理方面的师资力量,但如果不能加以有效整合利用,就会形成各自为政、各管一摊的离散局面,导致难以构成合力。育训共同体的育训团队要实现学历教育转换内容与职业培训转换内容在教学与培训过程中的集成,就需要统筹考虑来自教育场域和职业场域的人力资源,不仅要提供充足的双师资源,更要在课程内容转换与培训内容转换与实施中,使校企两方面的师资能够保持育训结合的改革同步同频,这是育训团队能否取得实效的关键所在。政府在规划地方产业布局时,应统一谋划与产业相对应的技术技能人才供给机制,必要的政策激励是可行的,但仅靠激励是解决不了根本问题的,还是要加强职业教育与培训,通过强化师资资源供给来保障技术技能人才培养的质量与可持续性。因此,从政府到企业和学校,都要重视师资资源的建设工作,注重对育训结合教师的培养,从而保证师资资源的稳定供给。

6.2.1.2　经费资源供给

育训共同体实施过程中的资金与经费主要是来自于政府财政拨款、学校自筹经费、企业经费投入、社会资助等方面,由于多元主体的特性以及信息不对称等因素的影响,育训共同体实施经费的供给需要更多的具有针对性和创新性的投入模式。一是,建立以育训共同体为纽带的校企混合所有制产业学院,校企共同投入,不以营利为目的,规定投入资金主要用于保障育训共同体的稳定运行和创新发展。二是,建立育训共同体经费扶持体系,政府对参与育训共同体实施的各职业院校和企业加大资金扶持力度,在提供更多的财政支持的同时,联系有关金融机构为基于育训共同体的职业院校与企业共同建立的合作机构提供经费支持。

6.2.1.3　技术资源供给

育训共同体的最突出特点就在于教育与培训技术上的优势,尤其是育训共同体的共享平台端,需要结合当前的网络信息化技术,一方面要完成前台、中台、后台的信息化开发与处理任务,另一方面还要完成育训结合连接器和产教融合连接器的功能设计与结构开发。由此可见,技术资源供给对育训共同体的运行与机理实现至关重要。在育训共同体生态系统中的技术资源的供给,主要还是来源于职业院校、研发机构、第三方科研机构,还有一些是来自大企业和政府支持[①]。通过科技型中小企业螺旋式上升的技术创新,大力培养其自主创新能力,并加紧与职业院校的密切合作,也是技术资源取之不竭的来源[②]。

6.2.1.4　数据资源供给

数据资源是一种应用型资源,是在实践应用中不断提供和充实的。育训共同体在运行过程中,需要以教育场域和职业场域的多种元素为对象,广泛搜集外部信息,更好地获取外部资源,包括已有资源、实施能力、组织过程、信息和知识等。这些数据资源的取得要依靠诸如政府及其相关职能部门、科研院所、职业院校、上下游企业、供应商、客户、竞争对手、社会中介机构等的关系网络共同支撑。为了更好地突显育训共同体的运行效能,就需要有更多的职业院校和企业参与进来,采集更多的运行数据,得到更广泛的数据资源供给,从而在大数据技术的支撑下实现育训共同体的优化和完善。

6.2.2　动力机制

育训共同体生态系统运行的动力机制是促使育训共同体育训团队创新工作的动力因素,这些因素的相互作用会推动整个育训共同体生态系统的运行和发展。从影响的作用机理角度来看,可以把影响育训共同体生态系统运行发展的动力因素分为内部动力因素、外部动力因素两大部分,如图6-2所示。

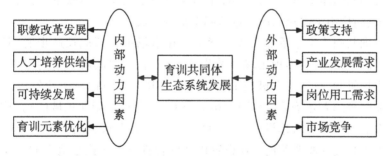

图6-2　育训共同体生态系统动力机制的作用机理

---

① 张玉喜,赵丽丽.政府支持和金融发展、社会资本与科技创新企业融资效率[J].科研管理,2015,36(11):55-63.

② 罗洪云,张庆普.知识管理视角下新创科技型小企业突破性技术创新过程研究[J].科学学与科学技术管理,2015,36(3):143-151.

6.2.2.1　内部动力因素

育训共同体生态系统运行的内部动力因素主要是由职教改革发展、人才培养供给、可持续发展和育训元素优化四个部分组成。

职教改革发展的驱动是核心动力，育训共同体是以促进职业教育供需匹配为目的的，改革与创新在育训共同体生态系统发展过程中有着举足轻重的作用。人才培养供给侧的改革发展需求是职业院校新时代职业教育高质量提升的内生动力，也是育训共同体育训团队端通过学历教育转换器进行基于工作过程的项目化课程开发的内生动力。这个改革与转换过程是较为漫长的，不可能一蹴而就，需要不断地在人、财、物等方面加大投入力度，才能保证人才培养供给能力的持续提升。在目前激烈的市场竞争环境中，地主产业、行业企业以及职业院校能够可持续发展，且能够在市场中长久地占领一席之地，可持续发展能力显得尤为可贵。育训共同体的可持续发展能力就是在考验育训共同体各要素在资源有限、压力无限的情况下如何保持优势、始终走特色发展之路，这种考验也就是激发育训共同体内部成员潜力的动力。激烈的市场竞争虽然有压力，但竞争保留下来的专业、岗位、课程等要素均得到了进一步优化和提升，从而确保育训共同体的良性生存与发展。

6.2.2.2　外部动力因素

育训共同体生态系统运行的外部动力因素主要是由政策支持、产业发展需求、岗位用工需求和市场竞争四个部分组成。

育训共同体生态系统中各要素是要在市场中不断成长进步的，但是在市场机制中，有时会出现市场调节失灵，这样就需要政府政策的宏观调控，调节市场机制，打造一个健康的生态发展环境。地方区域产业发展需求是与职业院校的人才培养供给因素相对应的，作为外部职业场域的动力因素，产业发展离不开政府建设的基础设施，产业发展需求也离不开与企业岗位用工需求相关的职业院校专业设置以及课程教学。无论是地方的产业布局还是企业的产品生产或是职业院校的专业课程，都要适应市场需求，根据市场的反应进行优化、调整、改进，如果不能迅速匹配，就可能被市场淘汰，所以市场也是育训共同体的重要动力因素。

无论是职教改革发展、人才培养供给、可持续发展、育训元素优化的内部动力因素，还是政策支持、产业发展需求、岗位用工需求、市场竞争的外部动力因素，都是促使育训共同体生态系统不断进行创新发展，能够在激烈的市场中生存发展的动力，它们为育训共同体的生存发展提供了所需的驱动力。

6.2.3 催化机制

当前,我国职业教育正处于由快速发展向高质量发展转换的历史时期。《国家职业教育改革实施方案》作为新时代我国职业教育的行动纲领,提出启动"1+X"证书制度试点工作,在进一步发挥好学历证书作用的同时,鼓励学生积极取得多种类型的职业技能等级证书。随后,教育部等四部门联合印发《关于在院校实施"学历证书+若干职业技能等级证书"制度试点方案》的通知,就"1+X"证书制度的贯彻落实提出了较为具体的行动路径。该制度的施行促进了育训共同体理论范式的提出与应用。从更广阔的政策指向来看,职业教育"1+X"证书制度是构建资历框架的基础性工程,应按照稳步推进的原则,通过"书证融通"实现职业教育学历证书与职业技能等级证书双向互认、转化,构建起职业教育内部的局部型资历框架。

如图 6-3 所示,育训共同体正是遵循这一思想,从"1+X"证书制度的微观层面入手,将职业院校课程学习领域与企业岗位工作领域的内容与标准相结合,实施"课证融通",具有直观、快捷、可操作性强的特点,通过建立统一标准,引导开发建设和汇聚各类优质教育教学资源,推进优质资源共享,激活学历教育与职业培训并重的"神经末梢",打通学历教育与职业培训并举的"最后一公里",为"1+X"证书制度在微观层面的职业院校课程学分与企业岗位技能等级证书的结合与转换清通"毛细血管",更为"1+X"证书制度在宏观层面的学历证书与若干职业技能等级证书的结合奠定坚实的基础。

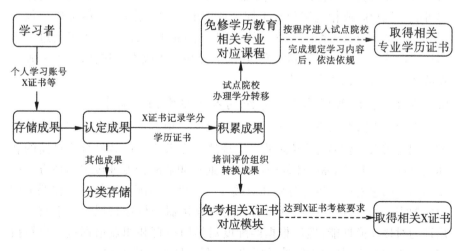

图 6-3 育训成果认定、积累和转换的催化机理

育训共同体在运行过程中,职业院校学生或企业员工的育训成果是逐步形成并分类存储的,在育训成果认定的基础上,通过相应的转移或转换办法,实现学历证书或职业技能等级证书的获取。其功能一是为个人提供各类学习成果认证、积累与转换服务(建账户、存成果、开证明、引导学等);功能二是为学习型组织和院校提供业务指导和定制服务(大数据分析、档案管理、人力资源评价与管理、资源共享、教育教学改革等)。

6.2.4 需求机制

共享平台端和育训团队端分别是育训共同体生态系统发展的能量来源和核心,而课证融通匹配需求和人才供需匹配需求是育训共同体运行机理的两个主要对比需求要素,所以需求机制包括课证融通匹配需求和人才供需匹配需求。这两项需求能够对育训共同体在运行过程中的育训结合连接器和产教融合连接器产生带动作用,在职业教育供需的匹配过程中将各种资源或转换重构内容进行有机整合,并开启育训共同体的体内与体外两重循环。

6.2.4.1 育训共同体生态系统的课证融通匹配需求

课证融通匹配需求是专业课程学分与职业岗位证书基于互换机制的匹配度需求,是"岗位"导向的。实现这一需求要在育训结合连接器的载体上,按照育训共同体的体内循环机理,通过专业课程学习领域的开发深度与企业岗位工作领域的认知深度之间的匹配程度进行分析和对接,分析和研究得越深、越细,就能够使课证更好地融合与转换。当然,在分析中,也要注意尽可能挖掘相同或相近岗位在不同企业中的共性工作环节,尽量避免包含过多的个别企业的个性因素,从而保证匹配的通用性,使得学习者通过不同路径获得的学习成果能得到转换,降低学习和成才成本。这样,人力资源开发的社会总成本也随之降低。

6.2.4.2 育训共同体生态系统的人才供需匹配需求

人才供需匹配需求是技术技能人才供给与地方产业需求基于产教融合的匹配度需求,是"就业"导向的。实现这一需求要在产教融合连接器的载体上,按照育训共同体的体外循环机理,通过职业院校专业设置与地方产业布局结合的紧密程度进行分析和对接。人才供需匹配需求是建立在课证融通匹配需求的基础之上的,通过育训结合连接器分析比较课程教学与岗位培训的对接互换性能,然后根据匹配度对学历教育和职业培训这两个转换器进行优化调整,从而为体外循环的人才供需匹配奠定基础。

6.3　育训共同体的协调共享机制

　　育训共同体协调共享机制是指通过机制设计来协调共同体内各组成要素的行为,以保持共同体生态系统有效运行及其协同效应的实现,促进育训共同体生态系统常规化运行。协调共享机制包括合作共享机制、相互信任机制、协同治理机制、利益分配机制。

6.3.1　合作共享机制

　　育训共同体生态系统成员之间的合作共享,就是要在最节约成本的基础上,利用各组成成员的优势,在知识信息共享的情况下,推进共同体各成员之间的协同发展。育训共同体生态系统所涉及的学习场域和职业场域的各要素的学习能力和组织能力的提高能够改善或提高育训共同体生态系统的稳定性。只有共同体内成员之间充分信任,才能促进育训共同体生态系统信息资源的透明公开,从而有利于形成真正的利益共同体,使育训共同体生态系统更加稳定。

6.3.1.1　合作共享机制的内涵

　　合作共享机制是指实现政行企校合作、信息公开、资源共享的内在方式和途径。它既是指共建、共享、共管的过程,也是联合调整与控制的方法及手段。与合作共享机制相对应的就是竞争机制,随着职业教育改革和地方产业的转型升级,为减少同质化竞争、避免资源的重复建设与浪费,职业院校之间、企业之间正相互作用将逐渐增强,负相互作用相应减少,育训共同体内部成员对竞争的态度逐渐从各自为政转化为联盟合作。育训共同体生态环境是共同体内部政行企校之间协调发展、共同进步的平衡环境,是靠各个机制与环节共同完成,是在共同体总的机制框架内进行的。合作共享机制建设的状况直接影响着共享的成效,机制的作用就是要保证信息的公开、透明与畅通,降低不必要的重复检索和建设。育训共同体成员间获取信息的方式以及激励他们收集和获得信息的措施,受到社会环境、内部因素、组织形式的影响。为了实现育训共同体资源的优化配置和有效开发利用,需要政行企校间相互合作运行,交叉共享资源,互帮互助共同创新发展。育训共同体生态系统为此建立了共享资源平台,使育训共同体内部成员能够及时获得准确的产教融合信息,能够及时做出正确的育训结合决策,能够及时实施有效的供需匹配举措。

6.3.1.2　合作共享机制的运行特征

育训共同体生态系统的合作共享机制与其他运行机制是合作、同步、协同运作的关系，从而确保育训共同体生态系统能够发挥整体作用，实现从无序到有序的运行。合作共享机制主要表现在以下几个方面：

（1）合作。一是就育训共同体生态系统的主体要素的态度、倾向而言，职业院校和企业对信息共享的认同，从思想上真正把握信息共享的重要意义，从而产生强烈的参与意识，这是首要条件。二是合作共享机制的实施目标必须与整个育训共同体生态系统保持统一。

（2）同步。合作共享机制的实施在各个环节上应同步化。合作共享机制是一个互为关联的体系，要协同相关运行机制，必须在合作共享机制的实施中，一方面同步实施信息共享活动，另一方面同步实施各个相关环节。

（3）协调。在合作共享机制的实施过程中，育训共同体生态系统内教育场域与职业场域生态环境之间应和谐，充分发挥主导性和主体性作用，充分体现资源共享的科学性和灵活性原则，从而使他们相互协调、相互作用，有机地联系在一起。因此，要充分发挥校企双主体的主导作用。育训结合是育训共同体的核心因子，育训结合离不开育训团队端各个育训团队的课程教学与岗位培训活动。这些育训活动毫无疑问都离不开职业院校学生和企业员工的参与。以生为本是指导实施共享机制、协调各相关机制运行的指导思想与宗旨，决定着合作共享的实施效果。

6.3.2　利益分配机制

收益分配问题是育训共同体生态系统保持稳定、持续、有效运行的关键和核心问题，政府、中小企业群落、科研机构、职业院校和第三方服务机构所组成的各主体都是独立的经济实体，都是在不断追求自身利益最大化[①]。因此，需要合理的收益分配机制，明确育训共同体生态系统中各利益主体收益分配的原则。

育训共同体生态系统的收益机制表现为在技术技能人才培养供给与地方产业需求之间匹配的前提下，校企双主体在师资、资金、设施设备等方面共同投入的回报过程中要遵守的收益分配原则。育训共同体生态系统收益分配的原则分为一般性原则和应用性原则，如表6-1所示。

---

① 郑延冰.民营科技企业研发投入，研发效率与政府资助[J].科学学研究，2016，34(7)：1036-1043.

表6-1 育训共同体生态系统收益分配的原则

收益分配原则	一般性原则	平等原则
		互惠互利原则
		公平兼顾效率原则
		协商原则
	应用性原则	投入产出一致原则
		风险收益一致原则

6.3.2.1 一般性原则

（1）平等原则。在育训共同体生态系统中,共同体内各成员无论规模大小、改革创新能力强弱,他们对协同合作与利益共享的追求是一样的。

（2）互惠互利原则。育训共同体生态系统的运行遵循共同体各成员共同的需求和利益追求,以职业教育供需匹配为核心的共同利益是各成员期望合作能够得到相应回报的基石。

（3）公平兼顾效率原则。公平原则要求育训共同体各成员的投入与回报成正比,不给机会主义的空隙。在育训共同体生态系统中,育训结合进行技术技能人才培养的工作需要各成员的共同投入和贡献。

（4）协商原则。通过协商原则,可以使育训共同体各成员的收益分配更公平合理,减少或避免冲突矛盾。

6.3.2.2 应用性原则

（1）投入产出一致原则。育训共同体生态系统的运行是通过不断的资源投入及成果产出来实现育训共同体的体内和体外两循环。因此,就需要成立专门的组织,对不同成员投入的资源进行正确的价值评估,为各阶段的收益分配提供根据,尽量形成投入与收益相一致的理想状态,多劳多得,少劳少得,不劳不得。

（2）风险收益一致原则。育训共同体是紧密联系的高契合度的产教融合联合体,构建育训共同体生态系统更是每运行一步都需要在政府的引导下,通过教育场域与职业场域的协同配合来同步实施。因此,只有采取风险承担与收益一致的原则,使各职业院校和企业能够心往一处想、劲往一处使,共同在连接和转换的育训环节中同频共振,才能保证公开公平,提高产教融合、校企合作的积极性和主动性。

6.3.3 相互信任机制

6.3.3.1 育训共同体生态系统的合作机制

在育训共同体生态系统中，要想使生态系统良性循环，不能仅靠一个职业院校、一个企业或一对校企合作，而是需要以区域产业发展为核心的众多职业院校与行业企业的合作。合作体现在系统的每个层面，既可以是职业院校群落之间的合作，也可以是同一产业对应的企业之间的合作等。然而，育训共同体生态系统中成员间存在很多高技术技能知识与人才教育培训管理的交流与共享，与传统校企之间以资源共享为基础的合作大不相同，系统成员之间的合作更具有明确的目的性，不仅包括合作关系的建立，还包括合作关系的保持。保持育训共同体生态系统中的合作关系可以在一定程度上避免共同体育训结合活动中的"搭便车""机会主义"等不良行为，也可以避免合作中核心关键技术与手段的流失。从实践中看，系统成员间的合作契约只能使机会主义减少弱化，但不能根除，因此只有合作信任机制才能从根本上很大程度地消除机会主义现象。

6.3.3.2 育训共同体生态系统的信任机制

信任能够有效促进育训共同体各成员之间合作交流，减少育训结合的实施成本。信任虽然可以通过长期的校企合作逐渐建立起来，但是在育训共同体生态系统中要求各个组成部分有共同的价值追求，这样建立信任的成本就会降低。育训共同体中各场域成员都是受外部环境利益驱动的，职业院校受社会效益驱动，企业受经济效益驱动，只有当它们在把技术技能人才培养规格的供需匹配这一共同利益放在首位，有合作精神和奉献精神时，才能促使育训共同体生态系统的各要素之间更好地合作与交流。

信任机制是合作的基础以及系统成员间关系的体现，根据信任逐步由弱到强的过程，可以将科技型中小企业创新生态系统间的信任机制分为三个阶段：初级契约信任阶段、中级认知信任阶段、高级共识信任阶段。

初级信任阶段：契约信任是育训共同体生态系统初级信任阶段。当育训共同体生态系统刚刚建立不久时，各个成员之间彼此并不了解，存在很大的信息不对称。虽然存在政府机构和中介机构等服务性机构的桥梁作用，但系统成员间的信任关系仍然很不稳定，他们之间的合作关系也只停留在非常肤浅的合同和契约规定的层面上。契约双方只需按照各自的承诺完成任务即可。

中级信任阶段：认知信任是育训共同体生态系统中级信任阶段。随着育训共同体生态系统的发展，系统成员彼此间的合作越来越多，成员间有了更加深层次的接触和一定程度的了解，这样大大降低了信息的不对称程度，彼此之间可以共享知识和信息交流,双方之间的信任方式更像一种老朋友似的信任,而不仅仅局限在合同上。假如合同规定的时间、质量、资金出现一点小偏差,双方是可以理解的。

高级信任阶段:共识信任是育训共同体生态系统高级信任阶段。当育训共同体生态系统发展到较大规模时,各成员间的共同利益紧密性加强,合作很频繁,信任关系比较稳固,这时育训结合活动参与者也会越来越多。一个复杂的育训结合项目往往需要众多成员共同合作来完成。信任机制不再针对点对点,而是整个系统信任度的高低,这样形成的育训共同体共同利益已经远超过了单个职业院校和企业,或者校企之间点对点的简单合作,促使育训共同体生态系统内成员为了实现共同的目标和愿景而努力。

6.3.4　协同治理机制

6.3.4.1　协同机制

我们身边处处存在协同合作,比如汽车零部件只有在组装完成的时候才能称为汽车,若方向盘或轮轴没有与其他部分融合为一个系统,它们就无法发挥既定的作用。所有这种类型的协同合作,使得整个族群能够发挥比任何一个独立成员更大的效用。系统理论告诉我们,个体各自为战的运行效能不如个体通过互相依赖或协同合作所形成的效能那样良好。

协同机制的研究是将协同理论应用到育训共同体生态系统后得到的结果,因此协同理论是开展协同机制研究的理论基础。一个系统从无序向有序转化的关键在于组成该系统的各子系统在一定条件下,通过非线性的相互作用产生相关效应和协同作用,并通过这种作用产生出结构和功能上的有序,这就是协同运行的有序体现。相应的,协同机制是育训共同体生态系统中各组成要素按照某种规则自动形成的一定结构或功能,并与多种资源相结合,在育训共同体中形成内驱动力,引导育训结合有明确的理论范式与实施路径,并促进育训共同体内部各个环节产生协同力,促使育训共同体在平衡临界点的演化依旧维持系统的动态平衡,最终呈现出育训共同体生态系统特有的有序化结构和功能模式。

育训共同体生态系统下的协同机制特征包括非线性、组织性和管理性。育训共同体生态系统建立的目的是要提高产教融合的深度和广度,实现校企之间的协调发展与改革创新。因此,育训共同体生态系统各成员协同关系是以产教融合为基础,资源共享为核心建立起来的。育训共同体生态系统必然涉及两个以上的职业院校或企业群落,每个参与成员都是具有自治权利的独立单位,除了联合与合作外,必然存在着自主与竞争。同时,育训共同体生态系统应当保证内部成员及时获得其发展所需的信息与资源,使在空间上集散分布的系统成员及时地通过育训共同体生态系统获取所需资源,资源共享就成了共同体成员协同过程中的核心问题。

协同机制也是育训共同体生态系统最重要的运行机制。育训共同体生态系统能够获得功能上的增长,其主要原因在于各个组成要素及特定属性间相互配合而形成了新的功能和作用效果。新的功能和作用效果不是要素简单机械的堆砌,而是要素属性之间的协同作用,也就是要素属性之间的匹配性或互补性产生的强相互关系①。育训共同体处于动态变化的环境中,只有各个运行机制协调结合、信息协同运动,才能形成整体统一的系统运行模式,各个育训团队的有效运作必须经过多人、多个成员组织,通过信息的及时沟通和准确传递来完成,以适应外部大环境以及内部小环境的变化求得生存和发展。同时,协同机制还指育训共同体内部供应链的协同,保证育训团队和合作伙伴的内外部资源的共享与优化利用,从中低层次的校企之间的运行流程重组上升到育训共同体所有组成要素之间的协作,这是一种更高级别的系统运行模式。

一个组织存在的目的就是要将个人能力转化为组织能力。育训共同体生态组织的核心要义便是众多协同合作系统的进一步延伸。作为一项管理抓手,真正的协同合作指的是能够协调不同的外部和内部资源、活动、角色和侧重点,以便预测和满足客户需求,拓展创新能力并迅速形成双赢的局面。一个拥有真正的协同合作能力的生态组织具有以下特点:

(1)可以提升系统中所有成员的赢利能力。

(2)更加整合完善的客户解决方案。

(3)更强的外部环境感知能力。

(4)与传统企业之间的协作安排相比,能大幅缩短新产品上线时间。

(5)提升系统中所有参与者的学习能力,促进其自身实力和能力的成长。

上述优势的形成依托大数据和技术所蕴含的智慧和力量,以及能洞察客户需求、有技能将一切都联系起来的人才。与自然界中生态系统包括两个基本部分(生物和非生物)相类似,生态组织既需要具备精神信念这样偏人性方面的软件,也需要拥有数字化能力这样技术层面的硬件,这样才能形成将复杂事物转变为满足客户需求的协同合作。当这种协同合作发挥功效时,内部和外部因素的流动将会更加敏捷、灵活,以便更好地进行创新并满足客户需求。

由此可见,育训共同体的共享平台与育训团队间应按如下方式进行协

---

① 王姣.组织间信息系统协同形成机理研究[D].吉林大学,2008(10):42.

同合作,从而使整体效用大于个体效用。

(1)共享平台设定原则和标准,育训团队则制定具体举措。共享平台不会规定育训团队应该做什么,而是提供原则和标准,作为各个育训团队遵循和协同合作的基础。

(2)当技术平台共享数据、技术、工具和能力时,各个育训团队可以根据自身情况酌情运用这些资源。

(3)通过上述业务和技术共享,强大的后端共享平台帮助前端育训团队构建育训共同体生态组织的四大关键能力:外部环境感知、以学生为中心、创新、敏捷灵活。

(4)共享平台实现跨团队学习共享。当不同育训团队能够发现和创造好的想法时,共享平台可以让这些想法快速流转和扩散。

(5)协同治理机制确保共享平台更好地响应育训团队和合作伙伴的需求。

上面提及的有关共享平台和育训团队之间的相互作用可以被概括为"协同交互作用"。共享平台和育训团队,以及各个育训团队之间的协同合作形成了一个互学互鉴的群体,那些具有实效性的想法和数据在群体中得到迅速推广,使得整体效用大于个体效用。在育训共同体生态组织中,有四类协同合作必须无缝对接和管理:一是共享平台与育训团队之间的协同合作;二是共享平台与战略合作伙伴的协同合作;三是各个育训团队之间的协同合作;四是育训团队与战略合作伙伴的协同合作。在这种合作机制下,一个育训团队就能够利用共享平台的支持和育训团队自身的力量对育训结合的新思想、新举措及时进行改革创新,并能在实践中与其他育训团队进行共享。

6.3.4.2 风险评估与规避机制

(1)风险表现形式。育训共同体生态系统的风险表现形式主要有以下几种。

①融合风险:为了更好地开展育训结合,育训共同体生态系统内成员的选择遵循多样性原则,由不同领域、不同文化的职业院校和企业组成,不同技术、资源的职业院校和企业在融合过程中互相之间可能会因受到不同文化环境的影响与制约导致合作产生信息交流不畅通以及决策延迟等问题,进而容易在合作创新的过程中因意见不一产生合作风险。其中,文化和价值取向的不同是育训共同体生态系统稳定发展过程中出现融合风险的一个关键源,即便是在企业之间,不同的企业也有不同的企业文化价值观,企业之间在合作的过程中往往也会因为文化背景和管理实践的不同产生文化摩擦,最终导致育训共同体生态系统的内部风险增加。

②机会主义风险:导致机会主义行为的主要原因是合作对象之间的信息不对称。个别信用等级不高的合作对象为了快速发展,可能会隐瞒自身情况,出现"搭便车"现象,育训共同体内部纳入表现不佳的合作对象,从而增加了合作后机会主义风险发生的可能性,增加育训共同体运行风险事件的发生概率,损害育训共同体的整体利益。

③核心资源流失风险:育训共同体生态系统各成员合作的前提就是各自拥有彼此优势互补的独特资源,这些独特资源往往就是合作对象的核心资源,不容易被其他成员所模仿。为了实现育训共同体的共同目标,育训共同体生态系统内部成员能够清楚了解到合作对象掌握的核心资源及相关人才信息,这就可能会发生人才被共同体成员挖走的情况,导致合作对象核心技术流失、发展能力减弱。由此可见,在合作过程中要求合作对象之间实现信息资源和数据共享,往往意味着共同体各成员专属的信息都将公开,这确实会造成核心资源流失风险事件的发生。

④外部环境风险:育训共同体生态系统外部环境包括政策环境、资源环境、文化环境、基础设施环境、金融环境、市场环境、技术环境等。国家针对产业发展、职业教育发展以及产教融合宏观政策的变化,都会对育训共同体成员产生重要影响,职业教育供需间的匹配关系往往会由于外部环境的不确定性,如地方产业布局的调整、职业院校专业设置的变化等引发一定的风险。随着外部环境的变化,如果育训共同体无法及时调整和适应环境变化,将可能导致系统运行的困难。

⑤育训团队风险:育训共同体生态系统中,育训结合的最终成功往往依赖于每一个育训团队。在育训共同体运行过程中,内部成员间研发成本共担、新技术攻关、规模效应、产业集聚、实现信息共享、避免重复研发投资、信息快速传播、技术扩散速度要求较高。育训结合成果的产出要求育训共同体内形成具有广泛认可的合作规则,所有育训团队环环相扣,紧密合作。因此,育训团队风险表现在育训共同体生态系统运行过程中,育训团队合作不紧密的问题导致整个育训共同体生态系统校企各成员间的合作失败或难度加大。

⑥锁定风险:在育训共同体生态系统中,系统内的成员组织之间通过长期的合作、磨合形成一定的合作默契,通过前向以及后向关联效应产生累积的合作优势效力,就会一直这样发展下去,形成一种"锁定"现象,成员组织之间就会被一种无形的、固有的合作模式所束缚,形成定势思维。这种"锁定"效应会导致育训共同体生态系统失去活力,创新能力下降,从而阻碍育训共同体生态系统的发展。

(2)育训共同体生态系统风险预警机制。风险预警机制的主要作用是根据各种风险类型不同的风险状态、风险程度和风险特征,对风险进行处理,向决策者与管理者及时反馈并提供相关线索与提示。

①建立育训共同体生态系统育训团队动态合作机制:育训共同体生态系统内部的各个育训团队不是一成不变的,而是动态变化的合作关系,有计划、有步骤地更新育训共同体成员的合作机制,这就是育训共同体生态系统育训团队动态合作机制。在育训共同体运行的过程中,由于成员间的差距较大,难免有一些育训团队与整个育训共同体生态系统不能共生演化,无法适应育训结合活动进行的节奏,导致系统生态位缺失,从而引发育训共同体生态系统运行风险事件发生,动态的合作机制要求系统内部能够快速反应此类事件,迅速更新育训团队,降低系统运行风险。

②建立知识产权保护机制:建立一个鼓励创新的统一透明、有序规范的生态环境,促使育训共同体从依靠过度消耗资源能源、低性能、低成本的竞争,转变成依靠技术创新、实施差别化竞争的局面①。实施严格的知识产权保护制度,尤其对育训共同体成员技术方面的商业机密、专利维权等用法律手段加以保护②。明确商业秘密和侵权行为界定,制定出相应的保护措施,探索建立诉前保护制度,研究商业模式等新形态下创新成果的知识产权保护办法。切实加强反垄断执法力度,及时发现和制止垄断协议及滥用市场支配地位等垄断行为,为育训共同体创新发展进一步拓宽空间。

③实施多元化策略机制:多元化策略是一种分散风险的方法,包括创新项目多样化、技术资源用途多样化、技术扩散全方位。由于育训共同体成员合作的长期性和持续性,因此采用多元化策略可以有效地降低育训共同体生态系统的风险等级,利用育训共同体现有的各种资源的价值,提高资源的使用效率,尽可能地摆脱资源的限制,为育训共同体储存后备资源和替代资源,以防原有资源的枯竭。

④风险管理信息化机制:市场信息瞬息万变,信息不足会加剧风险发生,增强信息管理对于风险防范来说极为重要。育训共同体生态系统信息管理包括外部信息管理和内部信息管理。外部信息管理的主要目的是减少不确定性,内部信息管理的作用则是增强风险防范能力,两者相辅相成。总之,育训共同体信息管理工作的完成依靠建立一个灵敏、高效的共享平台信息系统。

① 吴绍波,顾新.战略性新兴产业创新生态系统协同创新的治理模式选择研究[J].研究与发展管理,2014,26(1):13-21.
② 赵莉,王华清.高新技术企业专利管理与技术创新绩效的关联:技术锁定的调节效应[J].研究与发展管理,2015,27(3):114-125.

6.3.4.3 政府推引机制

育训共同体生态系统中各利益方协同创新是创新主体资源共享基础上的开放式创新,共享资源可以视作是育训共同体的产权,创新活动蕴含了产权获取、保持以及放弃等行为的合同关系。由于信息、人才、资本、技术、仪器设备等共享资源不仅是异质性的资源,而且同一类资源也包含着不同的属性,育训共同体成员单位无法完全了解这些资源的当期价值,更难以预测其未来价值,所以将未知属性和部分产权置于协同创新的公共领域。由于共享资源投入的种类、数量各异,育训共同体预期的收益和成本也将具有不确定性。

育训共同体生态系统中各利益方协同创新方向既要坚持市场导向,又要坚持国家目标导向,决定了政府在产教融合中以及校企产学研合作中的引导和集成作用[①];即使在国外,各国政府都在通过科技政策和专项资金等途径,积极引导和推动大学、科研机构、产业与政府的合作[②]。

政府在育训共同体中发挥集成、推进和引导作用,行业企业、职业院校分别为育训共同体参与主体呈现相对的稳定性和区位性。同时,育训共同体呈现开放性,不仅原有的参与主体保留进入和退出的选择权利,新的主体也可以选择进入和退出。当共享资源在育训共同体内跨界流动时,育训结合成果的获取、保持以及放弃始终不断演化,以合同形式构成各类协同关系。由于异质性资源的产权界定成本较高,加上资产属性的多样性和归属主体的分割性,决定了育训共同体主体对资源产权的不完全性。随着育训结合活动的推进,不同参与主体在育训共同体中的相对地位和相对责任发生差异,使得育训共同体参与主体面临究竟是维持在共同体内还是通过外部市场获得所需资源的选择,即当他们相信维持在育训共同体内的收益大于成本时,就选择保留在育训共同体内;相反则退出系统,直到育训共同体参与主体数量和产教融合程度达到相对稳定的新的均衡状态。

6.3.4.4 决策机制

决策机制在育训共同体生态系统中具有重要的地位,决策是贯穿于规划、实施和评价整个管理过程的基本活动,不仅在规划过程中需要进行目标选择的规划决策,而且在实施过程中也需要对系统组织机构、人员安排、信

① 洪银兴.产学研协同创新的经济学分析[J].经济科学,2014(1):56-64.

② LEBEAU L M,LAFRAMBOISE M C,LARIVIÈRE V,et al. The effect of university-industry collaboration on the scientific impact of publications:the Canadian case,1980-2005[J]. Research Evaluation,2008,17(3):227-232.

息资源配置等进行组织决策,在评价过程中还需要进行控制,它是连接各个环节的"枢纽",是将战略目标贯穿到各个信息化活动中的重要"渠道"。从决策角度要求育训共同体生态系统运用科学的、完整的决策方法,迅速对育训结合活动中各个环节的方案进行明确的、合理的分析选择,以便通过决策活动将育训共同体对应的战略要求贯穿下去,使育训共同体呈现出相互协调、和谐一致的整体状态。

育训共同体生态系统的决策机制,就是要挖掘育训共同体内在的动力,培育高质量的管理决策行为,使决策评价产生持久的良性效果。育训共同体生态系统的决策机制是建立在一定的组织基础之上,基于决策分析的个体、育训团队、组织体系都是决策机制的基本骨架。相应的,决策机制在以育训共同体生态系统整合的最后信息为依据运行时,此机制还包括信息生产机制、组织转化机制、团队创新机制。这三种机制是育训共同体内部信息流动的基本模式,各种转化后的信息在流动中进行所需相关知识的优化创新。同时,育训共同体生态系统还可以对共同体实施方法进行验证与调整。

随着育训共同体教育场域与职业场域各要素之间的合作交流,决策评价信息逐渐向群体进行信息传递、积累,不仅实现各要素间的信息共享,还给各自同行以借鉴,提高企业和职业院校的决策成功率。同时,育训共同体生态系统为合作对象决策者拓宽了决策方案的范围,促使决策评价的创新与积累,加大了共同体各成员间的联合与密切合作,使决策效应达到群体层面的整合与创新最大化,有效提高育训共同体的整体实力。可见,决策机制是育训共同体生态系统必不可少、至关重要的核心机制。

6.4　育训共同体的新陈代谢机制

新陈代谢机制维护育训共同体良性循环,是系统健康成长的核心,育训共同体在遵循系统的生命周期发展基础上,才能合理调整布局及方向,从而保持育训共同体发展的持续和长久。

6.4.1　育训共同体的生命周期与系统的新陈代谢

育训共同体中的任何一个行为主体都有其特定的生命周期,无论是企业还是专业、课程等,都存在推陈出新的新陈代谢现象。以企业为例,随着地方产业的转型升级,每年都存在新企业诞生和老企业转型。企业的生命性对外表现在企业所提供的产品或服务上,但企业的生命周期与产品的生命周期很多时候并不同步。对于单个企业而言,一种产品的生产退出仅仅表现着其产出种类的变化,产品的生命周期也就结束了,但是企业仍然存在。而大多数企业在其生命周期中都经历了不同产品和业务方面的变革。只有通过不断自我否定，一个企业才能不断寻找到新的机会，只有通过企业自身的转型和变革才能够获取企业未来的核心竞争优势，在这个过程中企业也不断实现了自身的新陈代谢与良性进化。

对于育训共同体的新陈代谢而言，其实质是育训共同体内部要素间物质和能量的转变以及育训共同体内部要素与外界环境之间的物质和能量交换，即育训共同体不断地从外界环境获取资源，为自身提供必需的营养，经过内部循环，转换成为自身的一部分。与此同时，育训共同体也不断地消耗已有的资源，完成必需的流程，即育训共同体不断用新物质代替旧物质的过程。育训共同体生态系统是一个复杂的系统，其主体在于内部的成员。因此，育训共同体具有普通生命体所具有但又超越生命体的特性。育训共同体生态系统的特性具体表现为系统和其他生命体一样，需要不断地输入养料维持生命，经过内部机制的加工，输出对外部环境有用的物质，系统在不断交换中获得成长。

6.4.2　育训共同体的新陈代谢形式

对于育训共同体而言，随着信息通信技术的不断发展，知识成本持续下降，技术竞争越来越激烈，因此知识和信息也就成了推动育训共同体发展的动力，从而育训共同体的核心资源也已经由自然资源向智力资源转变。加速技术与产品的创新以创造新市场、新需求，正成为育训共同体持续发展不可或缺的途径。通过普及这种创新行为，可以使育训共同体的发展具有更快的新陈代谢速度。

6.4.2.1　资源流动

育训共同体的资源流动是一个动态的过程，也是形成和优化区域产业及行业企业竞争优势的过程。由于育训共同体的产教融合特性提高了创新型企业等行为主体的成长效率，增强了创新发展水平，从而提高了其市场竞争力以及资源流入的潜在收益。同时，育训共同体可以通过优胜劣汰的机制放弃劣质资源，以此来减少资源过度投入所造成的负面效果，通过推动技术创新和产业发展提升区域资源的素质，吸引更多更强的人力、物力及财力资源流入。

6.4.2.2　要素更替

在育训共同体的发展过程中，区域的技术与环境特点是不确定和不可预测的。当外部环境发生变化时，如新的产业进入或市场人才需求发生变化后，育训共同体内部要素间的关系也随之发生变化。为加强育训共同体与区域产业和经济发展的适应程度，育训共同体内部互相依存的各行为主体在吸收与传播知识和技术的过程中,必须适应外部环境变化的节奏,增强自身的发展能力,适时以新岗位代替旧岗位、以新标准代替旧标准、以新专业代替旧专业、以新课程代替旧课程等,从而不断保持育训共同体的活力及外部环境适应力。

6.4.2.3　产品和技术的换代

基于育训共同体构建的产教融合系统中,网络信息化技术已经改变了传统形式上产品和技术的创新形式与内容。随着产业发展的需要尤其是社会实践方面的需要,深化产教融合的探索活动正在全方位、深入细致地进行,大量从校企合作中获得资源支持的企业,正在与职业院校建立更为紧密的联系,从而使企业的产品和技术的需求能够进一步推动知识创新能力的增强。新产品和技术的不断涌现,将带动整个育训共同体系统的健康发展。

6.4.2.4　产业融合体系的升级

育训共同体能够通过系统内各行为主体之间的互动,不断产生激发创新的能量与动力,加快创新扩散的范围,从而形成育训共同体系统内的连锁反应,主要是从企业的创新过渡到产业的创新,从产业的创新过渡到专业的创新,从单个产业的创新过渡到产业集群的创新,从产业集群的创新再过渡到专业集群的创新,进而推动与促进整个产教融合体系的更新升级。

6.5　育训共同体的动态稳定机制

动态稳定机制包括竞争机制与协同进化机制,这些机制的共同作用使育训共同体成员在一定的准则和法则下有序合作与竞争,体现了育训共同体中主体成员间的共生关系以及既竞争又合作的和谐关系,对提升区域技术技能人才培养的水平,增强区域产业经济发展的持久能力,提高区域职业教育供给侧与需求侧之间的匹配度都具有积极的促进作用。

6.5.1　育训共同体生态关系

在生态学理论中,生态位指的是处于自然生物群落中的单个生物单位对资源利用和对环境适应的总和。自然物种的生态位一方面取决于生活的区域,另一方面还要受到生活方式和其他生物物种的制约,其不仅包括生物所占有的特定物理空间,还包括它在群落中所处的温度、湿度环境下的作用与功能[1]。生态位理论揭示了在长期的生存竞争中,自然界中的每个生物物

---

① 张光明,谢寿昌.生态位概念演变与展望[J].生态学杂志,1997(6):47-52.

种都具备一个最适合自身生存与发展的空间位置（生态位），在这个生态位下，生物物种可以最大化地利用已有资源。实际上，一个物种所占有的生存资源总和就是这个物种的生态位。在单纯的自然界生态系统中，某个特定的生态环境只适应于最能适应它的物种，这就意味着，每一个物种只能在特定的生态环境中才能生存。每个物种在如图6-4所示坐标轴上，都有一个生存的范围空间，这个生存的范围空间的两端是该物种的生存极限。对于大多数自然生命体而言，生态位表示它们可以生存和发展的区域，这个生态位的中点邻近区域为该物种最适宜区域，坐标轴两端点的邻近区域为物种的胁迫区域，即该区域不适合物种的生存，也威胁着该物种的生命，单因子一维生态位如图6-4所示。

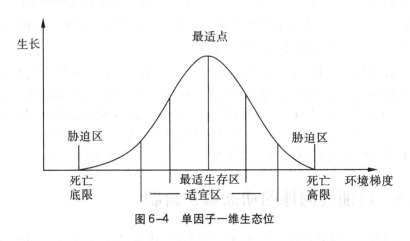

图6-4　单因子一维生态位

育训共同体内各成员的成长是以群落的形式生存和发展的，各群落共同组成了一个开放的生物圈。这些群落之间的相互关系和自然生态环境下生物物种间的相互作用关系相似，为了自身生存和发展，相互之间存在着多种生态关系，主要为偏利、共生、互惠、寄生、偏害、中性、捕食、竞争等①。可以将育训共同体中的成员间关系分为正相互作用和负相互作用这两大类。在开放的市场环境中，育训共同体中各成员为了各自的发展将要对稀缺资源在生产要素市场中展开激烈的竞争，并随着某些资源市场份额的相对减少，成员间的竞争也会加大②。育训共同体各成员要保住自身的生态位，不断进行产品和市场方面的创新，积极努力占据较高生态位，取得自身的竞争优势，从而使得参与竞争的职业院校和企业共同受益。与此同时，各成员通

① 文育芬,赵桂慎.企业生态与涉农企业竞争力[J].生态经济,2005(8):53-56.

② 谢守祥.企业生态特性[J].管理科学,2004(1):28.

过选择合适的合作伙伴以及育训团队针对知识技术共享等方面来展开有效合作,形成各成员间互惠共生的生存方式,从而使育训共同体内部与外部环境之间构成有序的合作与竞争关系。

6.5.2　育训团队的生态位竞争与协同进化

6.5.2.1　育训团队的生态位竞争

与生物物种类似,育训团队也处在特定的生态环境中。育训共同体生态环境是由自然、经济、社会、文化等因素组成的大系统,由于各育训团队拥有资源和获取资源的能力不同,育训团队在生态环境中所处的位置和承担的功能也不同。育训团队生态位是指一定时期内处于特定生态环境下的育训团队间以及特定育训团队与环境间相互作用而形成的相对定位,是育训团队所占有各种资源的总和。从本质上讲,育训团队拥有资源及获取资源的能力决定了育训团队在生态环境中所处的生态位,育训团队生态位的确定过程是育训团队对育训共同体生存资源的竞争过程。

当育训团队间利用同一资源或共同占有某一种资源因素(生产要素、产品市场空间等)时,就会发生生态位重叠。育训团队生态位的重叠程度取决于育训团队间生态位的相对位置。如果两个育训团队具有完全相同的生态位时,就意味着这两个育训团队的生态位完全重叠。大部分情况下这种情况不存在,因此通常情况下育训团队生态位之间只会发生部分重叠,即一部分资源被不同的育训团队独自占据,而剩余部分则被不同的育训团队共同利用。生态位重叠是育训团队竞争的前提,育训团队间竞争排斥作用的发生是任何两个育训团队生态位重叠的必然结果。这种由育训团队生态位重叠所引发的资源利用性竞争即育训团队竞争。因此,处于完全相同或部分相同的生态位的育训团队为争夺稀缺资源或产品市场占有率而发生的行为和活动被称为育训团队竞争[①]。育训团队生态位间的相互关系如图6-5所示。

(1)完全重叠型生态位。如果两个育训团队具有完全一样的生态位,根据竞争排斥原理,两个育训团队不能长期共存,育训团队间竞争的结果将导致获取资源能力弱的育训团队最终被排除在这个生态位之外,最终实现优胜劣汰。

(2)部分重叠型生态位。育训团队生态位出现部分重叠时,生产要素、产品市场空间等资源因素既存在被两个育训团队共同利用的部分,也存在

---

① 许芳,李建华.企业生态位原理探析[J].求索,2004(7):43-44+94.

着被两个育训团队独自占用的部分。由于每一个育训团队都占了一部分与对方无竞争的生态位空间,因此两个育训团队之间可以实现共存,部分重叠型生态位中育训团队存在着部分竞争关系。

(3)邻接型生态位。所谓邻接生态位,是指两个育训团队的生态位彼此邻接但不重叠,此生态位的两个育训团队间并不发生直接的资源因素竞争。大多数时候,两个育训团队间回避直接竞争会造成两个育训团队间邻接生态位的状态。

(4)分离型生态位。所谓分离生态位,是指两个育训团队的生态位完全分离。此时,两育训团队之间不存在对稀缺性资源的竞争,所以都能占有各自的全部基础生态位。分离型生态位的育训团队间并不存在直接的竞争。

(5)内包型生态位。内包型生态位指的是一个育训团队的生态位完全包围另一个育训团队的生态位的形态。此时,育训团队间的竞争关系转化为完全竞争。

通过以上分析可知,为了将育训团队间的竞争最小化,育训共同体中每一个育训团队都会根据不断变化的外部环境来相应调整自身的资源需求,从而避免本育训团队生态位与其他育训团队生态位的重合,以使之明显分离。因此,无论在创建初期还是发展阶段,育训团队要想在育训共同体中求得生存和发展,都必须充分评价自身的资源拥有情况和资源获取能力,确定自身的生态位,形成其自身独特的竞争优势,以便获得生存和发展的空间和时间。

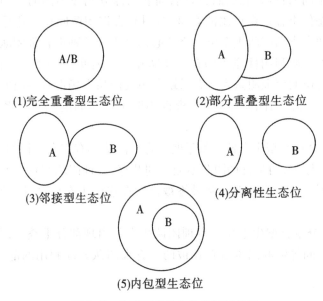

(1)完全重叠型生态位　　　(2)部分重叠型生态位

(3)邻接型生态位　　　(4)分离性生态位

(5)内包型生态位

图6-5　育训团队生态位的相互关系

6.5.2.2　育训团队的协同进化

作为育训共同体的重要组成部分,育训团队间的协调发展是育训共同体发展的基础和动力。育训团队间优势互补与协作创新保障了育训共同体的动态稳定。育训团队以及政府和提供专业化培训、教育和研究的机构之间因供求而形成特殊的互利关系,这种互利关系主要表现为互补资源的提供[①]。

在育训共同体中,育训团队间基本合作形式主要包括中心卫星型和网状结构型两种[②]。在中心卫星型合作形式中,中心团队是核心,规模远远大于卫星团队,提供核心技术;卫星团队通过为中心团队提供中间产品或服务与其发生合作关系,从而借助中心团队的力量来实现发展。网状结构型中的育训团队提供同类服务,目的是为了创造规模、节约成本,通过共享资源以实现自身利益的网状结构型集群互利方式。在网状结构型合作形式中,单个育训团队对其他育训团队的贡献主要是提高其他育训团队的竞争能力。提供竞争力的方式多种多样,包括专业化分工、提高创新能力、提供基础设施、共享技术和市场信息等。

要想在一定时间内保持相当数量的相关育训团队空间聚集,育训共同体内部成员之间的竞争与互利关系不仅必须达到一种动态平衡状态,还要形成一定的产出规模。如果能长期维持这种均衡,表明育训共同体内部成员均能找到自己的生态位,在这种生态环境相对稳定的条件下,才能实现育训共同体的稳定和协调发展。因此,建立良好的合作共生网络是协同进化的关键所在,建立良好的合作共生网络会使育训团队间在业务上相互联系,使得不同育训团队间专业化分工明确,以便实现各自优势的互补,取得共赢。各育训团队应该充分重视育训共同体内因产教融合所带来的这种竞争优势,共同建立完善的合作网络,避免稀缺资源的浪费,从而能够有效利用这种互利关系来推动育训共同体的协同发展。

---

① 赵红,陈绍愿,陈荣秋.企业群落演替过程与企业生态对策选择及其优势度比较研究[J].管理评论,2004(8):12-17+63.

② 何继善,戴卫明.产业集群的生态学模型及生态平衡分析[J].北京师范大学学报(社会科学版),2005(1):126-132.

7 育训共同体实践探索与案例分析

从前述对育训共同体的理论范式、组织架构、运行机理的分析中可以看出,育训共同体的本质就是推进产教融合的一种转换器和连接器。教育场域和职业场域若想通过"两场合一"实现职业教育对产业发展的赋能,简单功能互补式的对接是无法彻底解决人才供需矛盾的,这也是当前产教融合驱动力不强、融合力不够、创新力不足等问题的根本原因所在。因此,育训共同体提供了一种系统化、综合化的解决方案,通过跨界、融合、重构的转换与连接方法实现了基于人才供需匹配的"两场合一"。将育训共同体范式应用于技术技能人才培养的实践之中,关键是要实现育训共同体的运行机理,即重点解决两个方面的实现问题,一是要组建"两转换、两连接"的具体执行机构,二是要开发"两循环"的赋能平台。

江苏工程职业技术学院在提出育训共同体范式的同时,立足南通及长三角区域实际,秉持多方协同参与、共商共建共享的教育治理理念,在聚焦产教融合的基础上积极探索育训共同体范式的实现路径,通过统筹区域教育与产业的内外部资源,从"单体合作"走向"多元共治",从单一的"校企合作实训基地"向综合的"集团化共享平台"提升,从离散的阶段化的人才培养向集成的系统化数字化全周期人才培养与服务转化,在实践中促进学历教育与职业培训并重并举的现代职教体系建设,实现职业教育与产业发展的同频共振,从而带动区域职业教育在持续高质量发展方面取得了一定的成效。

本章通过江苏工程职业技术学院的三个典型案例详细分析了育训共同体运行机理的实现方法。这三个案例以参与育训共同体运行的多元主体的规模大小为主线,具有一定的代表性。其中,南通航空培训中心实践案例是针对江苏工程职业技术学院飞机机电设备维修专业的育训结合实现方案;绿色制造专业集群建设案例针对江苏工程职业技术学院现代纺织专业群以及新能源装备技术专业群的育训结合实现方案;南通中德职业教育集团建设案例是针对南通地区职业院校及相关专业共同实施育训结合的实现方案。

7.1 南通航空培训中心实践案例

为了提高飞机维修专业办学水平、更好地发挥飞机维修人员工匠精神，也为校企合作共同培养飞机维修人员提供有效途径、充分发挥校企双方优势，基于平等互利、团结协作、优势互补、共同发展的原则，江苏工程职业技术学院与南通华夏飞机工程技术股份有限公司于 2013 年进一步创新校企合作模式，通过共同出资入股的方式，合资成立了股份制航空培训办学实体，即南通航空培训中心。校企双方签订了《合作申报民用航空器维修培训机构协议书》，达成了共建南通航空培训中心的组织架构、资金投入、人员组成、场地安排等方面的共识，规范了校企双方对合作申报民用航空器维修人员培训机构的管理和监督职能，为南通航空培训中心向中国民航局申报CCAR-147 民用航空器维修培训机构合格证奠定了坚实的基础。

民用航空业作为南通"十二五"战略性新兴产业，得到了市委市政府的高度重视。南通航空装备制造业产业园、南通空港产业园、通州湾空港产业园等南通地区航空产业及相关航空类企业的迅速发展为南通航空培训中心开展以民用航空器维修为主的航空专业技能人才培训提供了得天独厚的区位优势，既是满足南通航空业人才需求的有效实践，也是以实际行动贯彻落实《江苏沿海地区发展规划》，呼应国家沿海开发战略要求，助推沿海地区社会和经济发展。南通航空培训中心在政策扶持、资质审定、师资培训、设备投入、资金筹措等方面还得到了中国民航局、中国民航科学技术研究院、国家空管委办公室空管局、民航华东地区管理局、民航江苏安全监督管理局、江苏省发改委、江苏省教育厅以及南通市委市政府等各级政府及部门的大力支持和帮助。

作为混合所有制校企合作实体，南通航空培训中心秉持育训结合理念，以育训共同体理念为指引，实施符合民航 CCAR-147、CCAR-66 法规要求的民用航空器维修人才。南通航空培训中心共享平台端以南通航空工程公共实训平台为核心，整合飞机维修专业学历教育、CCAR-147 民用航空器维修基本技能培训、CCAR-66 民用航空器维修人员执照考试笔试口试与基本技能考试的所有设施设备资源，为民用航空器维修技术技能人才教育与培训赋能。南通航空培训中心育训团队端以中国民航局民用航空器维修人员执照考试管理中心、民航华东地区管理局、民航江苏管理局为政府管理方，以全国民航 CCAR-147 培训机构协会为行业管理方，由江苏工程职业技术学院专业教师、南通华夏飞机工程技术股份有限公司及其他相关民航企业工程技术人员、南通及长三角区域民航专业学生与待培训人员等组成育训团队，各育训团队以培训中心年度各期培训、企业定向培训、民航专项培训等培训类型与培训批次进行划分，全面整合重构专业课程内容与行业岗位培训内容，探索了基于"一体两翼、四元驱动"的育训结合人才培养模式，成为实现育训共同体范式的成功案例。

7.1.1　南通航空培训中心育训结合人才培养模式

"一体两翼、四元驱动"的育训结合人才培养模式结合民航行业高技能、高素质、高标准、严要求的特殊用人需求，着力打造同时具有职业高端技能与精益求精职业精神的民航技术技能高职人才，构建了符合民航行业特色的育训结合人才培养模式，为高职院校民航类技术技能人才培养起到了一定的示范辐射作用。

7.1.1.1　逻辑结构

如图 7-1 所示，该人才培养模式在研究民用航空器维修技术技能人才培养目标定位的基础上，提出了以飞机维修专业教学与培训为对象的育训共同体实践应用方法。在育训结合的实施过程中，注重根据应用效果对目标定位、模式选择和实践探索的相关内容进行逆向反馈和正向推进，从而在不断改进和优化中形成了具有民航专业特色并具推广应用价值的高职教学改革成果。

7.1.1.2　核心内容

（1）培养目标。根据民航安全防范严、技术含量高、规范操作强的行业特点，凝练出民航技术技能人才的培养目标为：以校企联合培养为依托，培养具有匠艺技能、工匠精神、匠心理念，符合民航行业企业需要的新时代工匠型高职人才。该目标定位的核心是在一般高职人才培养目标的基础上，突出民航技术技能人才需求的三个要素：一是以专业技能熟练、创新意识突出、适应能力强为特征的匠艺技能；二是以积极的职业态度、坚定的专业操守、良好的人文素养为特征的工匠精神；三是以精雕细琢、精益求精、追求完美和极致为特征的匠心理念。

（2）培养模式。根据民航技术技能高职人才培养的目标定位，确立了"一体两翼、四元驱动"的人才培养模式，如图 7-1 所示。即以航空实训基地建设为载体，以民航培训机构资质认证、民航职业能力资格考证为两翼，以资源共享载动、协同管理推动、课证融通带动、社会服务拉动为驱动力的人才培养目标实现方法。该模式强调以实训基地作为匠艺技能、工匠精神和匠心理念培养的载体，因此必须突出实训基地的能力建设与人才培养这两个发展主翼。一是按照产教融合、校企合作的原则，通过校企资源共享与协同管理共建符合民航行业标准的产教融合培训机构，为工匠品质人才培养奠定基础；二是按照工学结合、知行合一的原则，通过课证融通与社会服务开展现代学徒制人才培养并实施民航职业资格考证培训，为工匠品质人才培养指明方向。

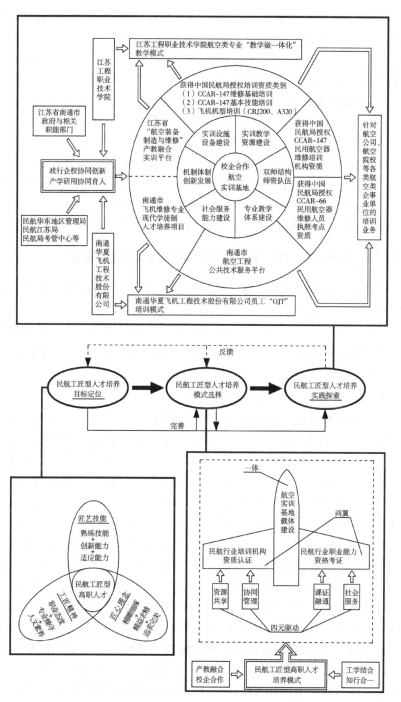

图7-1 "一体两翼、四元驱动"人才培养模式逻辑结构

7.1.1.3 创新点

（1）理论研究的创新。综合运用高职教育、协同管理理论，在理论层面创新提出了"以校企联合培养为依托，培养具有'匠艺技能、工匠精神、匠心理念'，符合民航行业企业需要的新时代工匠型高职人才"人才培养目标和"一体两翼、四元驱动"人才培养模式。

（2）实施方案的创新。以飞机维修专业为例，通过"载体"构建模块化、"两翼"目标具体化、"四元驱动"实效化的具体实施，在实践层面创新探索了工匠型高职人才培养的有效途径。

（3）实践应用的创新。实践成果使学校在江苏省高职院校中实现了四个"唯一"：唯一具有中国民航局授权的 CCAR-147 民航维修培训资质；唯一具有中国民航局授权的 CCAR-66 民航维修人员执照考点资质；唯一具有空客 A320 飞机机型培训能力；唯一建有市级航空工程公共技术服务平台。

7.1.2 南通航空培训中心育训结合实践探索

民航技术技能人才"一体两翼、四元驱动"育训结合人才培养模式自 2013 年在江苏工程职业技术学院提出以来，在教学改革与人才培养实践过程中不断完善。其教育教学理念已通过省、市多项教育教学改革研究课题的深入研究与实践，取得了较为系统和完整的理论体系与实践方案，实践应用效果显著。

7.1.2.1 建设产教融合"航空实训基地"

由于航空业对公共飞行安全的特殊要求，国家民航总局对航空类专业实训场所和条件的要求极为苛刻，因此在航空类专业的实训基地建设和管理中，学校和企业分别各自建立校内与校外实训基地的做法是无法沿袭和照搬的，也是行不通的。为此，江苏工程职业技术学院与南通华夏航空工程技术有限公司合作在江苏工程职业技术学院海门校区共建近一万平方米的航空专业实训基地，按照共建、共管、共享的原则，通过资源整合、资源互补和资源共享，使共建的实训基地符合民航法规的要求，发挥校企在实训教学、师资培训、职业资格鉴定、教材开发、技术推广与社会服务等方面的优势，形成充分开放的航空类实训平台，从而满足航空类专业教学和培训的需要。从实训基地管理的角度来看，这种校企共建共管共享的实训基地与传统观念上管理主体较为明晰的校内实训基地和校外实训基地有很大的区别，是校企双方协同合作进行探索和实践的创新成果。以下从机制体制、设施设备、实训资源、师资队伍、教学体系、服务能力 6 个模块综合探索航空实训基地建设的有效途径和方法，同时依托航空实训基地的载体功能，通过政行企校多方合作，全面实施江苏省航空装备制造与维修产教融合实训平台建设。

（1）机制体制建设。由实训平台承担单位江苏工程职业技术学院与实训平台共建企业南通华夏飞机工程技术股份有限公司共同成立航空装备制造与维修实训平台管理委员会组织和管理、航空装备制造与维修实训平台技术委员会支持和指导、实训平台负责人具体负责实施的管理体制。根据航空实训基地建设目标,建立并完善了实训平台校企协同管理机制、飞机维修设备校企共建共管共享机制、现代学徒制校企协同育人机制、实训平台校企协同投资发展与优化建设机制、实训平台师资队伍校企互兼互聘机制、实训平台教学资源校企共建机制等实训平台工作机制。

（2）设施设备建设。实训平台投入资金用于校企联合开发飞机标准线路模拟试验台、A320飞机拆装类维修网络实训平台实训资源库建设等多种航空装备制造与维修设备以及基于微资源共享的能够满足学生和企业员工自主学习需要的网络实训平台。其中,地方财政、学校、民航企业的资金投入各占1/3。

（3）实训资源建设。对接民航行业标准,根据航空装备制造与维修不同的岗位规范要求,分别从实训课程体系建设、教材与资源库建设、试题库建设、课证融通建设、实践教学软件建设、职业技能与职业精神融合建设6个方面构建专业实践教学体系并不断更新完善相应的实训项目与内容。

（4）师资队伍建设。实训平台配备实训指导教师80多名,其中学校专职教师和企业兼职教师各占约一半;专职实训教师中具有副高以上职称的不少于30%,具有硕士以上学位的不少于90%,双师素质比例为100%,企业兼职教师全部具有民航相关岗位资质(执照)。

（5）教学体系建设。进一步加强飞机机电设备维修、通用航空器维修、飞行器制造技术等专业模块化课程体系开发,课程内容更好地对接职业标准,注重体现模块学习内容与实际工作内容的吻合,实现与企业岗位零距离对接。进一步完善教师教学组织,教师考核制度、评价制度建设。创新相关制度运行机制,充分发挥评价体系的激励作用。进一步加强实践教学组织、培训实施管理制度建设。

（6）服务能力建设。实训平台年平均培训人数为600人,满足2 000人次/年的实习实训和1 000人次/年的职业技能培训,每年服务南通及长三角区域民航行业企业不少于10家,建设大学生创新创业训练项目扶持体系,为区域中高职学生、航空企业员工培训考证每年200人次以上,建成省内首家基于航空产业探索现代学徒制人才培养模式的实训基地。

7.1.2.2 成立校企合作"南通航空培训中心"

（1）获得中国民航局"CCAR-147维修培训机构合格证"。南通航空培训中心于 2013 年 8 月正式成立后,立即向中国民用航空局提交了 CCAR-147 培训机构筹建申请,并于当年 9 月 17 日通过了民航局华东地区管理局的立项批筹。经过一年的建设与审查,南通航空培训中心于 2014 年 9 月 1 日正式获得由中国民用航空局颁发的"CCAR-147 民用航空器维修培训机构合格证"。该合格证包含民用航空器维修基础培训和民用航空器基本技能培训两大类别的培训能力。

南通航空培训中心取得此项资质证书填补了目前苏中、苏北地区 CCAR-147 专业维修培训机构的空白,标志着江苏工程职业技术学院航空类专业校企合作取得了创新性成果,在国内开创由高校与民航维修企业合作开展 CCAR-147 培训的先河,从根本上解决了目前国内 CCAR-147 培训机构与 CCAR-145 维修单位之间合作的瓶颈问题,为我国高校与企业合作培养高素质民航机务维修人才闯出了一条新路。

(2)通过中国民航局考管中心 CCAR-66 维修技能培训资质认可。2015 年 3 月,南通航空培训中心通过了中国民航局考试管理中心 CCAR-66 维修技能培训资质认可,进一步完善了校企合作模式下的培训中心设备设施、培训内容、管理体系和运行机制,加强了校企双方师资队伍的教学培训能力。

(3)获得中国民航局"CCAR-66 部民用航空器维修人员执照考点资质"。2017 年 1 月,南通航空培训中心 CCAR-66 部民用航空器维修人员执照考点顺利通过民航局民用航空器维修人员执照考试管理中心专家组的验收审查,取得了中国民航局颁发的民用航空器维修人员执照考试考点资格证书。该考点占地面积为 1 000 平方米,拥有两个笔试和两个口试考场,一次开考可接纳 300 多名考生,极大地方便了江苏省内以及华东地区维修单位人员参加 CCAR-66 部基础执照考试。通过考试可获得民航维修人员基础执照,为成为一名民用航空器放行工程师奠定了基础。

作为国家级考试项目,南通航空培训中心考点的建成,是学校航空类专业建设在取得了 CCAR-147 民用航空器维修培训资质以及购置空客 A320 飞机用于教学和培训之后的又一重要举措,既标志着学校成为江苏省内唯一具有民用航空器维修人员执照考试资质的高校,也标志着学校成为江苏省内唯一同时具有 CCAR-147 培训资质和 CCAR-66 考点资质的高校,更标志着学校航空类专业办学紧贴民航行业,从民航行业资质能力培训到资质证书考试,形成了较为完整的办学体系,从而进一步奠定了学校在江苏省内高职院校航空类专业办学中的实力最强、资质最全、功能最优的首要地位。

(4)实现了飞机维修专业民航行业职业能力资格考证的常态化运行。从 2015 年开始,在取得了民航行业培训相关资质后,南通航空培训中心每年开展民用航空器维修培训 5 ~ 6 期。其中,CCAR-147 民用航空器维修基本技能培训班(ME/AV)4~5期、CRJ-200/700飞机机型培训班2期。每年培训及参加民航行业职业能力资格考证人数均在150人以上(其中学校飞机维修专业学生和区域内民航企业员工各占一半)。

7.1.2.3 建立校企协同人才培养体系

根据民航安全防范严、技术含量高、规范操作强的行业特点,并结合学校的办学传统及办学特色,以"产教融合、校企合作"以及"工学结合、知行合一"为指引,形成以航空实训基地为载体,以行业标准为依据的校企深度融合的人才培养理念。按照合作共赢、职责共担原则,探索人才培养成本分担机制,明确校企双方责任,建立健全校企协同育人管理机制,形成政府引导、校企共管、责任共担、资源共享、利益共赢的管理体制。以提高专业与行业契合度为导向,在国家招生政策范围内招收学徒(普通高中、中职毕业生或同等学力企业职工),以学校教师与企业师傅联合传授知识和技能为关键,以学生为中心、以课程为纽带、以实训基地为载体,校企联合实施"多教师""多课堂"的混合式教学改革,构建"校企融合、渐进过渡"的人才培养模式。

(1)校企共同开发课程体系,构建专业教学标准体系。在深入调研企业人才需求和召开实践专家访谈会的基础上,校企共同进行职业资格分析,提炼出专业、典型的工作任务,按照"从新手成长为实践专家"的技术技能型人才成长规律,以学习性工作任务为载体,建设基于工作内容的专业课程和基于典型工作过程的专业课程体系,共同制订专业教学标准、课程标准、岗位标准、企业师傅标准、质量监控标准及相应实施方案。专业课程结构设计的指导思想是以培养学生综合职业能力为目标,按照"基于社会生活过程"的公共课程开发理念和"基于工作过程"的专业课程开发理念,以系统论方法为指导,构建本专业"文化素质养成与专业教育有机融合""学校教育与企业教育相结合"的课程结构。

①公共课程。贯彻社会主义核心价值体系教育要求,按照"基于社会生活过程"的公共课程开发理念,围绕学生未来积极参与现代社会生活所必需的知识、能力与素质要求,将典型社会生活情境(问题、情景、事件、活动、矛盾)转化为学习情境,设计由思想品德类、生活通识类、身心健康类、创新创业类、公共艺术类等构成的系统化公共课程,通过必修课与选修课两种修读方式交叉实施。

②专业课程。以中国民航CCAR-66和CCAR-147法规为依据,对民航飞机维修岗位能力进行分析,将专业课程分为学校本位课程和专业本位课程,构建专业教育与岗位培训相结合、学校教育与企业文化相融合的专业课程结构,如图7-2所示。

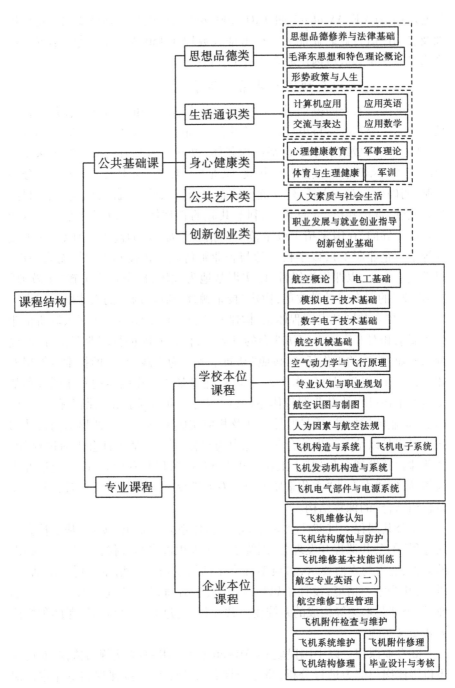

图 7-2　飞机机电设备维修专业课程结构

（2）统筹各类教学资源,实施递进式教学组织安排。虽然课程结构划分了学校本位课程与企业本位课程,但并不是简单的分成两段式进行授课。统筹利用校内实训基地、公共实训中心和企业实习岗位等教学资源,按照"职业认知——职业体验——职业实践"职业成长规律来组织与实施教学安排。每门专业课程都应是学校教师和企业师傅共同开发课程内容、共同实施课程教学。学校本位的课程由学校教师主导、企业师傅参与。企业本位的课程由企业师傅主导、学校教师参与。针对飞机维修,企业要严格遵守民航 CCAR-145 法规,很难长时间接受学徒"在岗学习"的情况,教学过程安排在学校课堂、校企共建的实训基地、企业车间三个线下场所,以及一个基于微平台的线上课堂进行。课程教学采用团队授课,一名教师主导、其他教师参与。一方面,可以通过录制简短的小视频,以及课堂中的视频通话技术进行教学;另一方面,利用微课堂,学校教师、企业师傅、学生可以不受地域限制就某一知识点及技能进行沟通、交流、学习、讨论,实现"多教师""多课堂"的混合式教学。

如图 7-3 和图 7-4 所示,学生在南通航空培训中心开展为期两个月的飞机部附件拆装训练专项教学。教学内容结合南通华夏飞机工程技术股份有限公司的飞机拆解工作,由企业工程师及学校专业教师共同实施教学。

图 7-3 飞机拆解现场专项培训教学

飞机拆装训练与《飞机结构》课程的学习交替进行,能够将学生在校内所学的紧固件拆装与保险、飞机管路拆装、密封胶施工、钣金加工等项目有机结合,在实践工作中融会贯通。学生不仅近距离接触到了飞机,而且在企业师傅和学校教师的共同指导下完成飞机部附件的检测拆装工作任务,进一步巩固了所学的理论知识,并掌握了实际工作的方法与技巧。

(3)标准和制度建设。专业核心课程标准建设。校企共同制定专业 6

图7-4 飞机部附件的检测拆装现场教学

门核心课程标准：飞机电气部件及电源系统、飞机维修基本技能训练、飞机构造与系统、飞机发动机构造与系统、飞机电子系统、飞机结构服饰与防护。采取过程考核和目标考核相结合的方法考核学生的学习情况。重点关注学习过程，以多元化考核方法如笔试、口答、陈述性汇报、答辩、报告、实际操作等，对学生的学习进行综合评价。专业核心课程从学习态度、学习任务完成的质量等方面进行考核。学习态度由教师和学习小组长共同考核。任务完成的质量包括任务完成数量、操作过程、实物（报告）质量等，可以是小组集体任务，也可以是个人的任务，可通过学生自我评价、学生互评与教师评价等多种评价方式共同完成。

（4）教学管理与资源保障。对接民航行业标准，根据航空装备制造与维修不同的岗位规范要求，教学资源库的内容便于教师使用和学生自主学习，教学资源库的建设要充分发挥企业技术人员的作用。校企合作完成以A320飞机为载体的课程资源库的建设，以A320飞机为载体，完成了飞机结构系统、飞机电气系统、飞机电子系统、飞机结构腐蚀与防护4门课程的教学资源库的建设。同时依托学校SPOC平台，完成在线网络课程的建设。

7.1.2.4 改革航空类专业课程教学体系

（1）基于"工学三段渐进"构建航空人才培养方案。学校根据航空产业及行业职业岗位在专业知识、能力和素质的方面对员工的共性要求，提出"1.5+0.5+1"的三年制工学三段渐进专业人才培养方案。第一阶段是在一年半的校内学习中完成专业基本知识的学习、能力培养和素质提高;第二阶段由学生选择专业方向,学校和企业共同根据不同专业方向所针对的企业特定岗位对知识、能力和素质不同要求开设企业定制课程,主要依托相关企业的场地和设备,通过校企合作共同实施,实现学生对航空类企业的深入了解以及对所选专业方向的进一步认知;第三阶段是在第二阶段以感性认识为主的基础上,按照理实一体化教学理念,根据专业方向所对应的航空类企业的工作过程和典型工作任务确定专业方向课程,依托校内外实训基地,由校企合作共同实施,实现学生对航空专业知识与技能的有效掌握,学生在民航企业岗位实习,实现专业学习与岗位就业的无缝连接。

(2)基于"学历教育与职业培训融通"构建人才培养课程体系。民航行业"高技术、高投入、高风险"的特点决定其用人单位逐步从重"学历"向重"能力"转变,使得高职航空类专业教育对人才培养质量的要求,已不能仅仅停留于教育标准(学历证书)的获得,而要将行业标准(职业技能证书)的取得纳入教育过程。学校遵循民航标准,将航空类企业的企业文化和生产经营活动作为航空专业建设与改革的根基,以航空职业技能岗位的知识、技能和态度为依据,确定专业课程种类与内容,构建体现航空职业技能岗位特征的专业课程体系,在坚持显性知识与隐性知识相依托、理论与实践相结合的基础上,校企共建具有民航安全理念、反映民航生产流程、体现民航技术规范、具备工学结合特点的航空类专业核心课程标准,并建设集专业教材、网络课件、案例分析等为一体的学做合一的立体化教学资源。

7.1.2.5 探索多种形式的办学模式和教学实体

基于南通市、江苏省以及长三角地区航空产业快速发展所带来的航空领域专业人才较为集中的优势,学校不断强化与航空制造、维修、服务等民航企业的交流合作,以双师型专业教师队伍建设为目标共建航空类专业师资队伍。通过内培外引持有民航相关证照的教师和专家,着力打造一支专兼结合、结构合理、能力突出的航空类专业师资团队。一方面,以岗位技能与实践能力的提高为目标、以专业教师到民航企业挂职锻炼为途径、以专业教师参加民航相关职业资格考证并取得资质为抓手,提高双师型教师的专业技能与职业素养。另一方面,以专兼结合为引导,加强对民航企业兼职教师的聘用、培训和管理,从民航企业聘请一线的专业技术人员参与实践技能课程的讲授,积极开拓专兼职教师(尤其是专业骨干教师)的培训途径,通过国内与国外相结合、高校与企业相结合的方式,不断完善师资培训制度,努力形成规范的师资培养环境,构建校企齐抓共管的师资队伍管理新机制。

学校为抢抓国家沿海开发战略机遇,呼应华东地区各大空港和航空产业园的建设,满足地方经济和社会发展对航空专业高素质技能型人才的需求,通过校政企多方深度合作举办航空类专业,专业类别涉及飞机维修、民航商务、航空服务等大类专业以及航空机电设备维修、航空电子设备维修、通用航空器维修、飞机结构维修与内装设计、航空物流、航材贸易与管理、空港服务与管理、空中乘务等专业方向。

学校与南通华夏航空工程技术有限公司、南通兴东国际机场有限公司、顺丰速运(集团)有限公司、乔治海茵茨飞机制造有限公司、南通通州湾航空工业科技有限公司、无锡亚捷通用航空公司、江苏艾雷奥特飞机工业有限公司等民航运输及飞机维修与制造企业签订了战略合作协议,共同开展订单式人才培养,在人才方案的制定、核心课程教学实施、企业顶岗实习等方面进行深入合作。

学校拥有一支由航空领域外籍专家领头的业务精、能力强的航空专业师资队伍,其中具有高级职称的教师约占40%,专任教师全部具有硕士以上学位并持有中国民航局颁发的民用航空器维修等资质证书,兼职教师全部来自民航运输和维修企业一线并持有中国民航局颁发的民用航空器维修执照等资质证书。学校还聘请了中国民航局、中国民航科学技术研究院、东方航空公司、南方航空公司、中信海洋直升机股份有限公司、中国民航大学、南京航空航天大学等单位航空业内专家30多名任航空专业专家指导委员会特聘教授,指导学校航空专业的建设与发展。

7.1.2.6　优化工学结合现代学徒制管理机制

为全面贯彻落实《国务院关于加快发展现代职业教育的决定》(国发〔2014〕19号)精神,通过探索形成产教融合、校企协同育人的基本制度载体和有效实现形式,不断深化学校"知行并进,学做合一"人才培养模式改革,提升技术技能型人才培养质量和针对性,根据《教育部关于开展现代学徒制试点工作的意见》(教职成〔2014〕9号)、《关于开展现代学徒制试点工作的通知》(教职成司函〔2015〕2号)和《省政府关于加快推进现代职业教育体系建设的实施意见》(苏政发〔2014〕109号)的有关要求,学校全面落实科学发展观,遵循高素质技术技能人才培养规律,以建立校企联合招生招工制度为突破口,以工学交替、实岗育人为基础,完善产教融合、协同育人机制,推进工学结合人才培养模式改革、专兼结合的师资队伍建设、柔性化教学管理与运行机制建设等,实现专业设置与产业需求对接、课程内容与职业标准对接、教学过程与生产过程对接、学历证书与职业资格证书对接、职业教育与终身学习对接,不断提高人才培养的针对性和有效性,提升学校人才培养质量和专业服务产业的能力。

学校根据不同的生源特点、企业用人需求和专业特点,按照高素质技术技能人才成长规律和工作岗位的实际需要,优选飞机机电设备维修专业与南通华夏飞机工程技术股份有限公司合作,联合招生,联合培养,探索现代学徒制人才培养模式的创新,推进在招生招工一体化、产教融合、双导师队伍建设、课程体系构建、教学管理、学生管理和质量监控评价等方面的试点改革,培养一大批具有"首岗适应、多岗迁移、全面可持续发展"的高素质技术技能人才,并形成一套较为完整的校企合作实施现代学徒制的体制机制、管理制度、实施方案和质量标准体系。

为了适应航空类专业对学生更高素质和技能的要求,学校在航空类专业人才培养过程中,注重将过程管理机制与企业真实工作流程相结合,进一步明确学校与企业在人才培养工作中的双主体地位,明确校企双方在航空专业人才培养中的责、权、利,努力探索校企合作共同建设、管理和培育航空类专业的创新机制。一方面,通过教学管理流程再造,规范各项教学管理,完善校企共同管理学生实施专业课程教学的管理机制,使之真正符合工学结合的教学管理要求。另一方面,在校外实训基地以及企业顶岗实习过程中,对学生的实习和实训环节进行严格管理和规范要求,实施与企业员工相同或相似的管理模式,与企业合作制订并不断完善相关的质量考核标准和实践监控体系,将其纳入学校总体教学评估之中,突出过程管理与过程考核的重要性与可操作性。以飞机维修专业为例,其工学结合现代学徒制改革试点模式是互融渐进过渡培养方式,工作实施方案如下。

(1)校企共同制订人才培养方案。现代学徒制的培养目标是完成"职业典型工作任务"所需要的综合职业能力,并在真实的工作情境中获得"工作过程知识"。基于这一培养目标,校企在深入调研企业人才需求和实践专家访谈会的基础上,进行职业资格分析,提炼出专业、典型的工作任务,按照"从新手成长为实践专家"的技术技能型人才成长规律,以学习性工作任务为载体,构建学徒制试点专业课程体系,并融合职业资格标准和职业技能鉴定以及合作企业员工培训与资格认定等有关内容,共同开发"校企对接、工学交替"一体化人才培养方案,实现"首岗适应,多岗迁移,全面发展"的培养目标。学生毕业时同时取得学历证书和职业资格证书。

(2)实施"三阶段递进"教学安排。"三阶段递进"教学安排是指按照"职业认知—职业体验—职业定位"三个职业成长递进阶段来组织与实施教学安排。即第一阶段发挥学校主导、企业辅助作用来培养学生系统的专业基本理论、基本技能,并通过企业参观以及企业文化宣讲完成职业认知培养。第二阶段通过学校和企业共同发挥作用,采用周期性工学交替和项目实训方式完成职业体验培养。第三阶段发挥企业主导、学校辅助作用,采用顶岗实习以师带徒形式完成职业定位培养。

(3)建立信息化教学平台。运用现代信息技术创设数字化学习环境、开发数字化学习资源和提供数字化学习方式,建立新信息教学及管理机制,服务学生数字化学习是实施现代学徒制人才培养的重要支撑。依托网络信息技术,积极探索与企业合作开发虚拟流程、虚拟工艺、虚拟生产、虚拟运营等数字化教学资源,搭建校企数字传输课堂,将企业的生产过程、工作流程等信息实时传送到课堂,使企业兼职教师在生产、工作现场直接开展专业教学,拓展学生学习空间,提升实践教学和技能训练的效果。加快学校 MOOC课程建设,打造"数字化课堂""数字化课程",增强学生探索学习与合作学习的能力以及信息加工处理和表达交流能力,并形成个性化的知识结构,获得学习反馈,调整学习起点和路径。

(4)组建"双导师"教学团队。根据学校《校企"人员互聘、职务互兼"专业教学团队建设管理办法》,通过校企双方组织行为,进行人员互聘、职务互兼,组建"双导师"教学团队,构建以专业教学法培训和企业实践为重点的"互培共用"的长效机制。学校聘请企业资深的工程师、技术骨干承担试点专业课程建设、人才培养方案制订、实践教学以及教学资源建设等工作,并作为学生的企业师傅,以一对一或一对多的形式,在岗位上将自己的技术、技能传授给学生。同时,学校选派专业带头人、骨干教师受聘兼任企业技术负责人或车间主任等,随同学生上岗工作,对学生进行针对性学习辅导,参与企业对学生学业的考核,承担具体的新产品、新技术研发和生产管理等工作。

(5)创新校企共同考核与评价机制。根据课程实施的主体不同,确定评价主体,将学生自我评价、教师评价、师傅评价、企业评价、社会评价相结合。校企双方将职业资格认证考核标注于岗位晋升等级考核标准,作为课程考核重要指标,推进课程考核与岗位资格考核贯通,学习性工作业绩考核、师傅评价与学习成绩的互认和衔接,建立以行业企业为主导,应用为目的的学校、校企、行业三方评价机制。推进现代学徒制学生与企业培训员工技能水平评价的互认互通,学生毕业时,校企双方联合授予学生"企业现代学徒制"学习资格证书。学生毕业时同时取得学历证书和职业资格证书。

(6)建立柔性教学管理运行机制。实行弹性学分制下的工学交替,根据企业的需要安排工学交替和顶岗工作时间;制定学校《现代学徒制日常教学管理暂行规定》;完善基于学分制的自由选课、教学评价、成绩管理、专业选择、毕业设计(论文)等教学管理制度,并研发配套的教务管理信息系统。实施学分奖励,对学生取得的国家职业资格证书、技能等级证书,可以根据专业培养目标和规格,以及专业教学实施方案中的有关规定折合成相应的学分;承认学生已有的学习和实践经历,在出示有效证明或通过测试后,允许免修相应课程并折合成学分;学生在参加国内外各种知识、技能、文艺、体育等竞赛中受到的表彰和获得的奖励,可酌情承认或奖励一定的学分。实行"学生学业预警制度",加强对学生学业情况的动态监控,及时将学生未按计划完成的课程学习、技能鉴定和学分取得等情况告知学生,督促学生按时完成学业。

7.1.2.7 推进产学研协同创新服务产业升级

学校紧邻南通国家高新技术产业开发区,其专业结构与布局与高新区中的行业和企业吻合度较高,其航空专业的设置与人才培养更是与南通高新区重点开发的航空产业紧密结合,为政校之间的合作奠定了坚实的基础,符合双方的发展目标和共性远景。为了充分发挥航空专业建设服务区域航空产业发展的作用,学校依托自身办学资源和师资力量,与南通国家高新技术产业开发区管委会合作,共同建设"南通市航空工程公共技术服务平台",紧密围绕航空运输、高端装备制造等战略新兴产业培育和重点产业升级,以科技资源集成开放和共建共享为目标,建设具有基础性、开放性、专业化特点的面向航空产业共性技术的创新服务平台,共同提升学校航空专业的社会服务能力及辐射作用。

(1)总体目标。按照"政府主导、统筹规划、集成开放、分步实施、共建共享"的原则,通过3年的建设,将南通航空工程公共技术服务平台初步建设成为适应南通市航空产业规划与发展方向,满足南通市科技创新和科技发展需要的,以共享机制为核心的航空专业科技基础条件平台、航空工程领域公共技术开放平台以及航空产业共性技术创新服务平台,填补从南通市到江苏省乃至整个长三角地区航空公共技术服务平台的空白,进而将其建设成为长三角以及华东地区航空及其配套产业的区域性重点公共技术服务平台。

(2)服务内容。南通航空工程公共技术服务平台主要为南通地区航空客货运输、航空装备制造、航空机务维修以及航空服务类企业提供人才培训、信息共享、研发设计、测试验证、成果转移、科技咨询等方面的技术服务。这些服务内容经整合后形成6个服务方向,每个服务方向通过相应的子平台建设项目予以实施,具体的子平台名称及其相应的服务内容如下:

①飞机内装与用品开发设计子平台。在开展航空器内部结构装饰开发的同时,结合南通纺织产业传统优势,拓展服务于航空工程技术与纺织工程技术的复合应用研究,重点在飞机内装设计、通用航空器内饰改造、飞机内饰复合材料研发应用、航空用品设计开发等方面为航空装备制造、航空维修以及民航运输企业提供技术服务与咨询等服务,帮助企业进行相关产品研发和试验,提升相应的设计能力、检测手段、安全技术与装备水平。

②航空维修技术研发子平台。为南通地区民用航空器维修企业解决生

产与经营中遇到的技术问题。提高民用航空器维修生产技术水平,开展工艺优化与改进,开发节能高效技术,提供设备改造及工艺设计、科技信息咨询、可行性研究等技术服务,提供良好的检测、分析手段和设施,帮助进行航空零部件产品性能分析、结构剖析、性能测试,改进航空器维修检测方法、设计与开发相应的维修设备,开展航空维修技术专利申报与技术成果转化的技术或咨询服务。

③航空设备制造服务子平台。针对南通航空装备制造业重点进行通用航空器生产制造的发展方向,与南通滨海园区通州湾空港产业园中的江苏乔治海茵茨飞机制造有限公司、四川中蓝通用航空有限责任公司等通用航空器制造企业密切合作,为企业的装备制造工艺、流程、管理以及通用航空器的测试验证提供技术服务,同时为通用航空器的售前、售后工作提供人员支持、业务咨询、设备维护、资料完善等技术服务。

④航空信息资源共享子平台。利用先进技术和管理理念深度整合航空信息资源,提供一站式综合信息服务,深入数据挖掘,形成具有航空特色的文献信息资源中心。共享子平台系统框架设计遵循代表数字资源管理发展趋势的数据开放技术和服务标准规范,通过资源加工系统、资源管理系统、数字门户系统、信息检索系统和用户服务系统加以实现,为南通地区航空类企业提供一个技术交流、信息共享的网络信息公共平台,注册企业数超过20家,建成以航空文献数字化、传播服务网络化为目标的高效快捷的航空信息资源保障体系。

⑤民航商务管理服务子平台。针对南通市打造融机场、港口、铁路和公路为一体的海陆空联动全天候、全方位的国际物流枢纽中心的规划要求,从南通民航客货运机场(目前南通市有正在运行的机场1个、列入中国民航局"十二五"规划正在着手建设的货运机场和直升机机场各1个)、航空贸易等民航商务企业的设立与运行、航空客货运输方案、航空客运票务、航空物流配送、航材贸易与管理、机场值机与客流引导、航空危险货物运输咨询等方面开展业务咨询和业务开发服务。

⑥航空职业人才培训子平台。为南通地区航空运输、制造、维修及服务行业开展职业技能培训与技能鉴定,每年培养人数在200名以上,有效提升了航空类企业员工的素质。通过培训,提高操作技能,使从业人员的知识得到更新,实现操作和管理的规范化和科学化。同时,为南通地区中高职学校航空类专业学生进行航空机务与民商商务类的技能培训与鉴定提供服务平台。

7.1.2.8　完善民航技术技能人才培养方法

在通过"一体两翼、四元驱动"大力提高学校民航专业办学实力、提升学生专业技能的同时,学校还通过多种方式丰富民航技术技能人才培养的方法与途径,不断改进和完善"一体两翼、四元驱动"人才培养模式。一是以民航职业技能大赛为抓手提高学生的匠艺技能。通过参加全国职业院校技能大赛(飞机发动机拆装调试与维修)、江苏省大学生创新创业大赛、全国软件和信息技术专业人才大赛等职业技能大赛,在熟练职业技能的同时,提高了学生的创新能力与适应能力;二是以实践创新训练项目为抓手培养学生的工匠精神。通过参加江苏省大学生实践创新计划训练项目、组建无人机制造与飞行控制学生社团、开展民航信息咨询服务等活动,在引导和端正学生职业态度的同时,提升了学生的专业操守与人文素养;三是以学生特色文化活动为抓手塑造学生的匠心理念。以学校诚信教育月和基础文明建设月为活动载体,努力打造学校文化品牌,彰显学校特色优势,塑造学生精雕细琢、精益求精、追求完美的匠心理念。

7.1.2.9 促进民航专业毕业生就业竞争力与专业对口率

学校将民航技术技能高职人才培养模式实践应用的落脚点放在促进民航专业学生充分就业和就业岗位的专业对口率上。以 2016 届飞机维修专业毕业生为例,通过以下几方面的探索和努力,实现了毕业生就业率 100%,民航行业资格考证 100% 通过,专业对口率 90% 以上:一是通过与德奥通航、圆通货运、南通华夏等 10 多家民航企业签订毕业生实习就业基地协议,确保每年约 100 名毕业生稳定的毕业就业渠道;二是通过与南通华夏飞机工程技术股份有限公司的订单式人才培养合作以及现代学徒制人才培养试点工作,实现了每年约 40 名毕业生在该公司的顺利顶岗实习与就业;三是通过与无锡汉和、昆山航理等 20 多家航空类企业的联系,拓展毕业生在无人机、飞机制造等领域的实习与就业工作;四是通过与新加坡科技宇航公司 OJT(在职进阶培训)培训项目的持续推进,每年选送约 30 名毕业生到新加坡科技宇航公司工作。

7.1.2.10 增强民航专业服务区域航空产业发展能力

(1)为江苏乔治海茵茨飞机制造有限公司进行产品配套服务。依托校企双方在飞机维修和航空商务两大专业领域的优势,开展飞机制造辅助研发项目合作,为江苏乔治海茵茨飞机制造有限公司 CH750 系列飞机的飞行员操作手册以及发动机等英文资料进行翻译和整理。同时,目前针对该公司正在进行的项目还有:航空活塞发动机温度无线监测系统项目、舵机自动化改造项目、飞机前起落架减震带故障检测装置项目等。

(2)为南通华夏飞机工程技术股份有限公司开发维修检测装置。学校利用其在航空机电、航空电子等方面的技术优势,为南通华夏飞机工程技术股份有限公司设计研发飞机维修相关检测设备,包括飞机液压元件静压测试平台、飞机气路元件冷气测试台、小型压床、螺旋桨平衡测试架、螺旋桨桨距测试平台等相关设备,完成了相应的结构方案设计、技术图纸设计以及零部件设计,研制了相关样机,并对样机进行了静压测试、冷气测试等平台测试工作。

(3)为南通兴东国际机场开展值机与客运服务项目。学校与南通兴东国际机场在订单培养、实习基地建设、企业员工培训、科研与师资合作等方面进行具体合作,利用民航商务管理服务子平台民航商务专业优势和资源,为机场进行值机与客运服务。该项目主要针对南通兴东机场客流高峰期间值机服务与客运服务需求,满足机场客运服务的要求。

(4)航空机务与商务相关行业技能培训。学校已陆续对南通华夏飞机工程技术股份有限公司、南通乔治海茵茨飞机制造有限公司、南通苗氏飞机维修技术咨询有限公司、通州湾航空工业科技有限公司等航空企业开展了相应的航空器维修与咨询服务。与此同时,南通航空培训中心所开展的民航机务和商务培训项目已经为南通当地民航类企业开展员工岗位培训,参加培训的企业有:南通华夏飞机工程技术股份有限公司、南通兴东机场有限公司、南通航空服务有限责任公司、南通新东方空运有限公司、南通蓝天航空服务有限公司、南通奥蓝航空服务中心、南通飞翔航空旅游咨询服务有限公司、南通新寰球物流有限公司、南通中外运敦豪有限公司9家民航运输企业。

(5)民用航空器内装设计。学校针对南通华夏飞机工程技术股份有限公司公务机改造中对飞机结构维修与内装内饰设计与施工的要求,积极组织校企双方专业教师与技术人员为其提供内装材料、内装布局、内饰方案设计、内饰效果图设计、内饰施工方案设计等方面的技术服务。

(6)机场新能源应用项目研发。学校与江苏省风光互补发电工程技术研究开发中心合作,为南通星旗太阳能科技有限公司研究开发机场太阳能屋顶光伏并网发电电站工程,部分技术和产品已应用到机场扩建工程中,采用太阳能与建筑一体化设计,在机场屋顶上建设大型太阳能光伏发电场,并且利用太阳能集热器替代屋顶覆盖层或保温层,既消除了太阳能对建筑物形象的影响,又避免了重复投资。

(7)为南通顺丰速运有限公司提供特殊时段物流服务。南通顺丰速运有限公司在南通兴东国际机场投放全货机,建立了覆盖国内主要经济区域的货运航线网络。2013年,顺丰公司在南通空港产业园的航空快件分拣中心开始运作,随着电子商务发展带来的快递业务量的爆发性增长,该分拣中心在每年特殊时段(如"双十一"和"双十二")对第一线物流操作人员的需求量大幅增加。为此,学校为顺丰公司在特殊时段的物流业务提供人力资源的支持,安排航空服务(航空物流)专业学生到分拣中心进行物流业务操作,同时对顺丰公司的现有员工进行业务培训,提高员工的操作技能,解决了企业的燃眉之急。

7.1.2.11 发挥民航高职人才培养示范辐射功能

2013年以来,南通日报、江海晚报、中国江苏网、江苏省经济和信息化委员会官网、江苏教育新闻网、江苏教育电视台、南通电视台等多方媒体分别以"校政企同创新 产学研共育人——江苏工院航空类专业育人模式探索""校企合作培养民航人才 南通航空培训中心获国家认可""江苏工程职业技术学院:校企合作培养民航机务维修人才""南通航空产业提质升级有突破""买架空客320,实训课就在飞机里上"为题对学校通过产教融合、校企合作开展民航技术技能高职人才培养的培养模式和成功经验进行了宣传报道。成果中所涉及的校企合作模式、人才培养方案等内容不仅在学校的教学实践中取得了较好的效果,而且被南京工业职业技术学院、镇江交通技师学院、徐州工业职业技术学院、南通航运职业技术学院、浙江交通职业技术学院等省内外10多所高职院校广泛采用和借鉴,带动了这些学校民航专业人才培养的快速发展。

7.1.2.12 推动学历教育和中国民航CCAR-147基础培训融合改革

(1)改革背景。根据《国家职业教育改革实施方案》(国发〔2019〕4号)、《国务院办公厅关于深化产教融合的若干意见》(国办发〔2017〕95号)、《交通运输部教育部关于加快发展现代交通运输职业教育的若干意见》(交人教发〔2016〕179号)、《国务院关于加快发展现代职业教育的决定》(国发〔2014〕19号)等文件精神,中国民航局在相关院校民航类专业开展在校生维修执照培训试点项目改革。该在校生维修执照培训试点项目,是为民航业拓展持照维修人员培养渠道,持续提升持照维修人员能力水平,配合民用航空器维修人员执照考试CCAR-66R3法规的修订和落实,由中国民航局飞标司牵头组织具有CCAR-147培训机构资质及CCAR-66考点资质的院校进行培训试点,利用在校生最后一学期顶岗实习的时间,组织学生参加民航维修执照培训并参加考试评估,通过考试评估的学生在毕业前可以申请民用航空器维修执照,从而持照走上工作岗位。

对于从事民航飞机维修的人员来说,是否持有维修执照是决定岗位收入及职务晋升的重要因素。考虑到维修培训资质、学习时间、培训成本等因素,国内不少院校对于飞机维修专业的学生一般只进行学历教育,学生毕业后先找航空公司工作,积累工作经历(民航局规定至少2年),方可参加民航维修基础执照考试,所有理论、口试和基本技能考试通过后,还要积累一定的指定维修经历才能申请维修基础执照。也就是说,飞机维修专业的学生一般需要毕业后 3~5 年甚至更长时间才能取得民用航空器维修基础执照。根据中国民用航空局规定，参加 CCAR-147 基础培训的过程认定为具备 2 年维修经历，培训合格后就可参加 CCAR-66 航空维修基础执照考试，这样的人员在参加工作初期有着很大的优势，可以比同龄人提前申请执照，在职业规划发展上可以"先人一步"，有着更大的主动权，深受业内人士的推崇，同时也是各航空类院校学生的追求方向。

（2）改革需求。民航维修不同于普通的汽车维修或机电维修，有着全国统一的人员管理体系，各民航公司的从业人员往往交流广泛、互通往来。在当前信息技术高速发展的时代背景下，全国民航类职业院校、毕业生以及用人单位相互之间信息基本透明，通过学校的职业规划课程宣传，学生对在校生维修执照培训试点项目非常关注，也充分了解其培训内容及对就业和职业生涯发展的优势与重要性，从学校公布报名信息后大量学生报名加入，学校不得不择优遴选这一现象就可以看出大家的关注程度和希望参与的迫切性。从校企合作的角度来看，开展在校生维修执照培训试点项目对于民航类专业育训结合实施校企合作专业教学改革意义重大，能够更好地发挥南通航空培训中心的校企混合所有制培训机构的育训功能，将学校的学历教育与企业的职业培训真正融为一体，是《国家职业教育改革实施方案》在民航飞机维修专业落实落地的具体体现，对进一步完善学历教育与职业培训并举的现代职业教育体系具有积极的促进作用。

（3）改革实施。2019 年 5 月 16 日，中国民航局飞标司在江苏工程职业技术学院召开了院校维修人员执照基础培训试点工作研讨会，试点院校的领导专家参加了研讨。2020 年 1 月 14 日，中国民航局飞标司在中国民航大学再次召开了在校生维修执照培训试点研讨会，明确了 7 所试点院校，部署了试点工作。江苏工程职业技术学院作为试点院校之一，根据中国民航局飞标司的统一部署启动了试点工作，依托南通航空培训中心，与区域内民航企业校企深度合作、协同配合，明确任务分工、制定试点工作方案，依据《民用航空器维修基础知识和实作培训规范》等法规，编写管理手册及程序手册、实施培训课程开发。新版民航机务维修执照改革适应了航空维修技术发展的新趋势和行业发展对维修人才培养的新需要，将为形成具有中国特色、国际认可的机务维修人员执照体系奠定基础，为实现中国民航类专业技术技能人才培养标准的国际化迈出坚实的一步。江苏工程职业技术学院能够成为新标准下在校生维修执照试点培训的 7 所院校之一，标志着学校民航机务类专业办学取得实效，学校以此次试点改革工作为契机，以试点带动课程建设，增强教师教学能力，提高专业办学水平，培养出国际认可的民航飞机维修高素质技术技能人才。

7.2　江苏工院绿色制造专业集群建设案例

7.2.1　绿色制造专业集群

《中国制造2025》的基本方针之一就是绿色发展,坚持把可持续发展作为建设制造强国的重要着力点,加强节能环保技术、工艺、装备推广应用,全面推行清洁生产;发展循环经济,提高资源回收利用效率,构建绿色制造体系,走生态文明的发展道路。提出全面推行绿色制造,加大先进节能环保技术、工艺和装备的研发力度,加快制造业绿色改造升级;积极推行低碳化、循环化和集约化,提高制造业资源利用效率;强化产品全生命周期绿色管理,努力构建高效、清洁、低碳、循环的绿色制造体系,全面推行绿色制造的战略任务,实现由资源消耗大、污染物排放多的粗放制造向绿色制造转变。绿色制造工程也被列为《中国制造2025》五大工程之一,到2025年,制造业绿色发展和主要产品单耗达到世界先进水平,绿色制造体系基本建立[①]。

现代纺织技术专业群是江苏工程职业技术学院的传统特色专业群,新能源装备技术专业群也是学校的重点建设专业群,都是绿色制造专业集群的组成部分。在《中国制造2025》绿色制造的大背景下,探索绿色制造专业集群基于育训共同体范式的绿色制造产业高端技术技能人才培养路径,对于贯彻落实新时代国家职业教育改革新思想和新要求,有效化解市场需求侧与人才培养供给侧之间的矛盾,提高技术技能人才培养质量具有重要意义和促进作用。

7.2.2　现代纺织技术专业群育训结合人才培养路径

纺织业价值链高端发展,催生纺织新业态、新要求,迫切需要专业形成新结构、新模式,增强服务能力;迫切需要树立多元质量观,探索适应新生源的"育训结合"新模式;"一带一路"纺织业跨国布局加快,迫切需要输出专业优质资源,共建国际通用标准,提升国际影响力。

7.2.2.1　组群逻辑

(1)面向高端纺织,确立人才培养定位。对接中国纺织业走向高端,培养能够胜任高端纺织产业的产品设计与开发、纺织智能制造、绿色染整生产、服装个性化定制、智能设备维护与管理、纺织现代商贸物流等职业岗位

---

① 中国棉纺织行业协会.中国棉纺织行业2015年度发展研究报告[M].北京:中国纺织出版社,2016.

(群)工作,具有大国工匠潜质的复合型纺织服装技术技能人才。

(2)面向全产业链,系统构建专业群。坚持科学主导工程理念,紧跟互联网+、中国制造 2025 催生的纺织新业态、新结构、新要求,对接纺织产业链纺织、染整、服装三个关键生产环节,建设现代纺织技术、染整技术、服装设计与工艺三个专业,对接纺织业智能化、品牌化、高端化、时尚化、国际化发展趋势,融入工业机器人技术专业和电子商务专业,跨界系统构建高端纺织专业群。以"串联生产链、并联价值链"为组群逻辑,构建高端纺织专业群。"串联"与生产链对接的现代纺织技术、染整技术、服装设计与工艺三个专业,"并联"工业机器人技术和电子商务专业,实现以面向生产链的专业串联,促进师资、课程、资源的"共享";将纺织生产环节的典型产品、典型设备和典型工艺融入工业机器人、电子商务专业中,提高并联专业的"特色";将智能制造、现代商贸融入现代纺织技术、染整技术、服装设计与工艺中,推动对传统专业"升级",最终形成专业群的叠加效应、聚合效应与倍增效应,推动专业交叉融合共享发展,如图7-5所示。

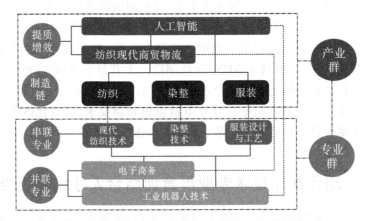

图 7-5　现代纺织技术专业群对接产业链及组群逻辑

7.2.2.2　坚持双主体育人,实践"四共享、五融合"人才培养培训模式

立足高端胜任力,深入实施具有本专业群特色的"四共享"校企合作机制下的"五融合"校企双主体人才培养培训模式,如图7-6所示;试点"学历证书+职业技能等级证书(1+X)"制度,构建专业标准体系,构建模块化"双基"课程体系。

(1)成立混合所有制"联发纺织服装学院"。学校与江苏联发集团共建学习型工厂,助推产教融合型企业认证。撬动联发集团优势资源,成立联发纺织服装学院,学院实行董事会领导下的书记、院长双负责人制度,下设行政事务部、教学管理部、专业发展部等五个部门,建立人员共享、设备共享、

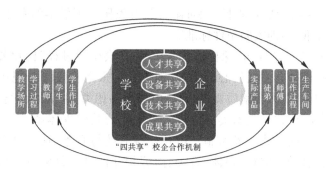

图7-6 "四共享、五融合"人才培养培训模式

技术共享、成果共享"四共享"校企双主体育人的长效办学机制。学院体制结构如图7-7所示。

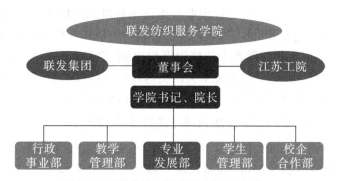

图7-7 "联发纺织服装学院"组织机构图

（2）深化"五融合"人才培养培训模式。依托联发纺织服装学院，借鉴德国"双元制"模式，吸取现代学徒制经验，校企共同实施"五融合"人才培养模式，即教学场所与生产车间融合，探索实施学生三天在学校、两天在企业的"3+2"模式；学习过程与工作过程融合，探索实施以生产要素为载体优化整合学习内容，按照工作过程实施学习过程；教师与师傅融合，探索实施校内教师、技能大师和企业师傅双师制教学；学生与徒弟融合，探索融合劳动者素养育训的学校学生和企业徒弟的双身份学习方式；学生作业与实际产品融合，探索以真实产品（作品、服务、工作）为结果的项目化课程实施方案。

（3）试点纺织服装"1+X"书证融合制度。在全国率先试点纺织服装"1+X"书证融合制度。依托学校牵头成立的全国纺织服装职教联盟，携手职业技能培训与评价组织，联合行业领军企业、国内纺织服装类职业技术学院，对接纺织产业高端发展，对专业群对应的岗位（群）的工作要求广泛调研，确定本专业群的职业技能等级证书（X），开发与各专业岗位（群）职业技能等级标准;借鉴国际认证,按照"书证融合",开发国际可借鉴的专业教学标准、顶岗实习标准、实训实验条件标准等。

(4)重塑"双基导向"课程体系。基于"社会生活过程"构建公共文化课程体系。厚植社会主义核心价值观,围绕学生未来积极参与现代社会生活所必需的知识、能力与素质要求,设计由思想品德类、生活通识类、身心健康类、创新创业类、共享艺术类等构成的系统化公共课程体系,通过必修课与选修课两种修读方式交叉实施。增开公益劳动与服务、勤工俭学等劳动课程模块,实现树德、增智、强体、育美、尚劳相互促进。分析现代纺织企业的岗位(群)设置及工作要求和高端纺织产业发展对技术技能人才的要求,基于"工作过程",凝练现代纺织技术专业群各专业人才培养目标和核心能力,提炼纺织产业链上的典型产品、典型设备、典型工艺,构建专业群共享课程模块;将智能化、品牌化、时尚化、国际化等新工艺、新规范、新标准融入专业教学标准和教学内容中,对接职业技能证书标准,构建"共享互通、理实交融、书证融合"的专业群核心课程模块;遵循学生认知与职业成长规律,以学生为中心,加大专业群课程中选修课课程比例,建设产品研发类、信息智能化类、服务贸易类、职业技能证书类四类选修课程群,满足专业要求、学生个性化、多样化、复合型培养需求。专业群课程体系见表7-1。

7.2.2.3 推进教材和教法改革,建设卓越课堂

以卓越课堂认证为抓手,以项目化、信息化、思政化和书证融合为重点,对所有教师课堂教学进行"质量认证",融入先进元素、先进教学手段,针对生源结构变化,推进教材和教法改革,持续改进教学。

(1)开发"产业先进元素+"的新形态教材。确立具有时代使命的培养目标,按照"三化一融合"(项目化、信息化、思政化和书证融合)改革要求,将智能化、品牌化、时尚化、国际化等先进技术、优秀文化、发展需求融入课程标准和教学内容中,提升教学任务项目的先进性,开发30本"先进元素+"的活页式、手册式新形态教材,保证教材内容的科学性和前瞻性。

表7-1 现代纺织技术专业群课程体系

公共文化课程体系(必修+选修)
五大模块:思想品德类、生活通识类、身心健康类、创新创业类、共享艺术类
专业群平台课程模块(必修)
走进高端纺织、纺织品识别与推介、智能化纺织设备、纺织电子商务实务、服装与服饰文化、纺织生产认识与操作、实用纺织英语
专业核心课程模块(必修)

续表 7-1

现代纺织技术	染整技术	服装设计与工艺	电子商务	工业机器人
纺织材料检测	染色工艺实施与管理	服装设计基础	纺织品网络营销与贸易	纺织智能设备维护与管理
织物分析与小样试织	印花设计与工艺实施	服装材料选用与再造	电子商务法律与网络安全	工业机器人机电系统维护
纺纱工艺设计与实施	功能整理工艺设计与实施	服装样板设计与制作	电子支付与结算	工业机器人操作与编程
机织工艺设计与实施	染整绿色生产技术	服装制作与工艺	电子商务系统构建与管理	工业机器人自动线安装与调试
纺织新产品设计与开发	测色与配色	服装品牌策划	物流与供应链管理	物联网通信技术与应用
纺织企业管理与信息化应用	染整企业管理与信息化应用	服装个性化定制与立体裁剪	网页配色与设计	纺织生产智能化与自动检测

共享(选修)课程模块

选修课(五大类模块)	产品研发与文化传承创新类	新型纤维材料与制品、色彩搭配与应用、纺织 CAD 与应用、针织 CAD 应用、智能材料概论、服装概论、产业用纺织品、非织造技术基础、花式纱线设计与纺制、文献检索与科技论文写作、纺织非遗传承与创新、艺术染色技艺、纺织历史与文化、绣花技艺、手工钩编产品设计与制作、中外服饰文化鉴赏、创意思维训练
	智能制造与信息化管理类	纺织新技术、纺织物联网技术、PLC 与变频器技术应用、工业机器人应用与维修、纺织管理信息化应用、纺织自动检测技术、工业机器人机械维护
	服务贸易类	纺织品跟单实务、纺织品贸易实务、纺织品产品展示、纺织品市场营销、纺织外贸英语、外贸单证制作、管理体系认证、品牌管理、商业摄影、计算机图形处理
	职业技能证书类	纺织品检验工培训、纺织染色工培训、电子商务师培训、服装制版师培训、纺织工艺师培训、染整工艺师培训、电工考证培训、智能纺织设备维护工培训
	实践项目类	纺织智能设备维护、染整生产认识与操作、缝纫机操作训练、纺织品跟单实训、纺织品跨境电商实训、专业创新创业训练、工作室研学、综合实践项目课程、顶岗实习、毕业设计

(2)实施"走班制"教学组织模式改革。立足学生个性发展,深化"行动

导向"和"混合式"教学改革,按照课程临时组"班"。专业选修课根据学生选课人数和课程教学形式,组成校内课程教学班,采用"走班制"组织教学;借助 MOOC 与 SPOC 在线学习功能实施线上线下混合式教学,跨专业(群)组建课程网络班,实行网络走班;根据需要到企业实施的实践项目,根据企业资源特点,跨专业组成实践项目企业班,实行企业走班。走班制教学学习,适应分流分层、弹性学制、多元评价机制培养,高效利用资源,还将加强沟通交流,促进专业的跨界融合,实现教与学的协同自组织。走班制组织如图 7-8 所示。

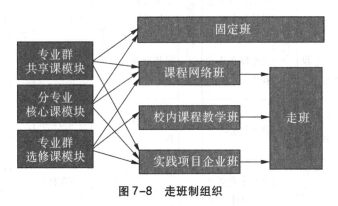

图 7-8　走班制组织

7.2.2.4　汇聚优质资源,打造高端纺织实践教学基地

以"先进纺织技术技能人才培养与创新中心"产教融合实训基地、纺织服装公共实训基地以及非遗项目传承基地建设为抓手,联合优秀企业,按照开放共建共享原则,打造集实践教学、社会培训、企业真实生产和社会技术服务于一体的高端纺织专业群实践教学基地,使其成为国家级高水平职业教育实训基地,辐射其他学校和企业。

(1)携手纺织行业领军企业共建校外实践教学基地。校外实践教学基地的功能是服务学生校外生产性实习、顶岗实习等实践教学环节实施,实践基地需要具备以下条件:一是企业规模大、产业链比较完整(至少包含一个专业全部要素),二是能代表行业技术先进水平,三是企业管理科学、理念先进、企业文化建设好。依据以上三项条件,遴选江苏大生集团、江苏联发集团、波司登集团、江苏阳光集团、江苏海澜集团、恒力集团等20个企业建设校外实践教学基地,每年安排学生进行生产性实践、顶岗实习和课程实践教学。

(2)依托产业学院共建开放共享的校内实践基地。依托联发纺织服装产业学院,以江苏省先进纺织产教深度融合实训基地和南通市纺织服装共享实训基地为抓手,汇聚企业和学校资源,重点打造"必维纺织品检测实训中心""大生智能化纺织技术实训中心""海澜绿色染整技术中心""联发面料服装研发实训中心""库卡纺织智能制造实训中心""京东纺织商贸物流实训中心"等校内实践教学基地,面向高端纺织开展高新技术技能实训、创新创业实践、社会培训等,辐射区域内企业与学校。

①牵手必维国际检测集团,打造必维纺织品检测实训中心,开发实施与国际接轨的新型纺织原料鉴别与检测、功能性纺织品检测、生态纺织品检测、安全纺织品检测等实践创新项目。

②牵手江苏大生集团,打造大生智能化纺织技术实训中心,开发实施智能化纺纱技术、智能化织造技术等实践创新项目。

③牵手江苏海澜集团,打造海澜绿色染整技术中心,开发实施绿色染整、印花、功能整理等实践创新项目。

④牵手库卡机器人有限公司,打造库卡纺织智能制造实训中心,开发实施纺织工业机器人操作与基础编程、机电系统维护、软件应用、智能纺织设备维护、纺织生产智能化与自动检测等实践创新项目。

⑤牵手京东商城,打造京东纺织商贸物流实训中心,开发实施纺织品网上营销、纺织品跨境贸易、电子支付与结算、纺织品物流与供应链管理等实践创新项目。

(3)依托"南通市现代纺织服装公共实训基地",推动政校企深度融合,全方位开展新技能培训。学校加强与政府和相关行业企业合作,政行企校共同投入建成"南通市现代纺织服装公共实训基地",借助先进的纺织、染整和家纺等仪器设备,针对南通市高校大学生、再就业人员、企业员工等群体,广泛开展职业技能培训、岗前培训、岗位技能提升培训和职业技能鉴定,开展纺织服装新材料、新工艺、新技术、新管理、新运营等品质培训,开设培训班160多期,开设针纺织品检验工考前培训、针纺织染色工培训等30多个培训项目,每年为南通大学、盛虹集团等机构培训6 000多人次。学校还联合江苏大生集团、大达棉纺织有限公司等纺织企业,开设"现代纺织技术"专业学历提升通道。通过系统、专项培训和学历提升教育,提高企业员工岗位技能和素质,为企业转型升级发展提供了技术和智力支持。2018年,按照江苏省与陕西省对接、南通市与汉中市对接援建的要求,学校和南通市、汉中市及江苏大生集团政行企校合作共建"南通-汉中纺织服装技术技能人才培训基地",采用短期技能培训、现代学徒制订单班等形式,提高汉中地区纺织服装从业人员技术技能水平,助力汉中市纺织服装行业的发展。

(4)依托"南通仿真绣传习所",承担非遗项目传承,培养传统技艺创新设计人才。江苏工程职业技术学院是江苏省首批非物质文化遗产保护项目沈绣(仿真绣)传承基地,馆内设有庄锦云刺绣设计工作室、南通市张蕾刺绣技能大师工作室、仿真绣研究所，为教师提供了研究平台，也是学生手工刺绣的实习场所，既是展厅也是课堂。沈寿刺绣传习所由国家工艺美术大师庄锦云后人、国家非遗项目苏绣（仿真绣）江苏传承人张蕾老师负责，与南通市非遗中心合作，开启院校非遗传承模式，面向社会免费提供仿真绣培训服务，传授手工刺绣技能，培养传统技艺创新设计人才千余人。培训课程受到大家的喜爱，社会影响面广，让学员学有所用，体现传统文化与时代精神的高度融合，有力推动非遗文化遗产的传承与保护、创新与发展。

7.2.2.5 构建"一园两平台四中心"，打造高端纺织与创意时尚产教融合集成平台

对标中国纺织业"科技、时尚、绿色"产业新定位，紧紧抓住中国纺织业数字化、智能化、时尚化、个性化、国际化趋势，围绕高端纺织专业群"串联生产链、并联价值链"的组群逻辑，系统设计实践教学体系，完善标准体系，开发实训项目与教学资源，为在校学生、企业员工、社会人员、国际留学生提供精准、高质量的实践资源。围绕"科创园—共享平台—专业中心"三个层级，按照"一园两平台四中心"整体架构推动集成平台建设，即以资本为纽带，与中国叠石桥家纺城共建高端纺织科创园，引入研发中心，组建中小微企业合作社，推动上下游互动；整合省、市级工程研发中心，建强省工程技术中心，开展集成技术的协同创新，建强省产教融合实训平台，面向专业群推动师资、设备、课程等资源共享、开放辐射。牵手行业领军企业，共建先进纺织、时尚设计、智能制造和商贸物流四大中心，成立产业学院，推动产业新技术在专业中的深度融入。

（1）依托平台，产教融合育人。先进纺织工程技术中心下设六个科技分中心，每个分中心下设若干个团队，如图7-9所示。以创新和科研项目为载体，学生通过双选进入各团队开展工作，提升学生创新创业水平。

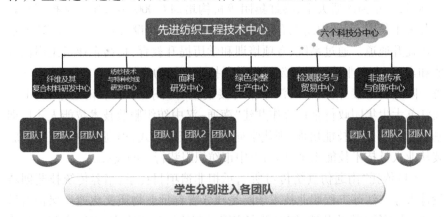

图7-9 先进纺织工程中心六个科技分中心

（2）实施"双线融合、双制驱动"培养模式。以创新项目为载体，将"课程学习"和"创新实践"两条主线有机融合，实施创新训练"导师制"和课程学习"走班制"人才培养模式，推动学生的学与用、知识与能力的合一。创新训练分为育创、练创、实创三段递进实施。

7.2.2.6 坚持"链合创新"，打造国家级技术技能创新服务平台

（1）政行校企协同打造技术技能积累高地——高端纺织科创园。以"链合创新"为牵引，对接南通市打造"创新之都"的战略定位，融入全球最大、万亿级家纺市场——中国叠石桥国际家纺城建设，积极呼应联发集团、大生集团、恒力集团等研发中心集聚需求，围绕产品设计、材料加工、生产制造和终端商贸等产业技术链上游，共同打造集实践教学、创新创业、四技服务、产业培育等功能于一体的高端纺织创新园，完成技术链上游的技术技能积累。以科技研发项目为纽带，探索人员、管理、投入、育人、创新五大融合运行机制，在师生与研发人员、企业研发与双创教育、生产过程与项目教学、教学成果与产品等方面相互交融，放大校企合作的"红利"，深化产教融合层次，探索政行校企协同育人新机制，激发企业协同育人的积极性和主动性，产生融合溢出效应。

（2）建强"江苏省先进纺织工程技术中心"。与高端纺织科创园内的规模以上企业合作，共建江苏省高校协同创新中心——江苏省先进纺织工程技术中心。针对江苏省、南通市高端纺织发展中的共性、关键技术，形成纺织新材料、智能化纺织、绿色生产三大研发方向，以项目为纽带，在体制机制、人才集聚、技术攻关、产品研发、成果转化等方面协同创新，推动纺织产业转型升级。企业团队进驻中心进行产品开发、技术研究和培训师生等工作，学校师生团队参与项目，面向高端研发，校企共建棉纺与毛纺快速成纱系统、高档提花与功能性面料开发设备、提花针织设备等，建设小样试制到大货生产的成套设备，完善中心功能。

7.2.2.7 开展"立地式"社会服务，汲取专业可持续发展养分

（1）落实张謇拔尖人才计划。依托学校成立的"张謇创新创业学院"，实施高端纺织创新创业人才培养。二年级开始从专业群各专业中选拔优秀学生组成"张謇班"，开展育优创新培养，学生进入由教授博士和技术技能大师组成的科技创新团队，通过参与科技项目和对企业服务，提升学生的创新创业能力，实现专业供给侧与产业需求侧融合。

（2）落实中小微企业"专精特新"服务计划。依托在"江苏省先进纺织工程技术中心"形成的技术技能积累和打造教师服务一家企业、做好一个项目、产出一批成果的"三个一"工程，建设纺织技术成果转移中心，搭建由"电商工厂""企业经营策划项目中心""国际贸易实务项目中心""智能物流仿

真项目中心""现代商贸研究中心"五大子平台，以提供纺织服装技术研发、产品升级、企业培训等服务，助推中小微企业向"专精特新"发展。形成100项创新成果和发明专利，服务100家中小微企业，拉动产生15亿经济效益。

（3）落实社会人员再充电计划。推进国家"学分银行"建设，联合国家开放大学探索，开发纺织、服装等岗位学习成果认定、积累与转换标准，建立毕业证书与职业技能证书的"免修、免试"等互通机制，推动学历、学位与职业资格及其他学习成果互认衔接，促进院校内学生和社会人员基于社会需求获取更多的职业技能证书，为技术技能人才终身学习、持续成长提供有效途径。面向在校生、社会人员组织实施基于职业技能的社会培训，每年完成10 000人的职业技能培训，率先开展纺织服装技能评价试点，每年评价2 000人。紧跟国家就业置顶的宏观调控政策，从应届生源延展至社会生源，面向退役军人、进城务工人员、企业失业人员等群体采取"文化素质+职业技能"等更加灵活的招生考核标准，按照"专业定制、类型组班"原则，基于"1+X""线上+线下"的工学交替弹性学制，向社会提供个性化的教育培训服务。

（4）实践"专业+培训"职教援疆模式。对接国家脱贫攻坚战略和江苏产业援疆，依托自治区政府在学校建立的纺织职教师资培训基地，构建"专业支撑+技能培训"扶贫模式，精准服务新疆伊犁轻纺产业园建设，为当地培训5 000人，打造职教援疆样本。继续和新疆维吾尔族自治区教育厅合作，开发纺织服装职教师资培训项目，完成新疆纺织服装类师资国培计划。

7.2.2.8 依托"一联盟两基地"，打造中国特色国际纺织服装职教品牌

（1）牵头成立"国际纺织服装职教联盟"。立足国际职教分工，发挥学校作为"中国纺织服装职教集团"理事长单位和"中国—东盟职业教育院校合作联盟"成员的平台优势，邀请"一带一路"沿线国家教育管理部门、纺织院校，联合"一带一路"跨国布局的纺织服装企业，共建"国际纺织服装职教联盟"。建立常态化的联盟成员协商与联动机制，共享信息资源，为中国纺织服装企业"走出去"提供企业经营决策参考。引进荷兰萨克逊应用技术大学等优质教育资源，发挥现代纺织技术专业群在"师资+课程+标准"等特色资源建设优势，开发国际通用的纺织服装专业教学标准和教学资源，向世界输出中国纺织服装职业教育优质资源。以专业群中的现代纺织技术等专业为试点，导入世界先进认证协议，树立"学生中心、成果导向、持续改进"的专业建设范式。

（2）打造纺织服装国际职业教育基地。与意大利艺术设计大学、荷兰萨克逊应用科技大学等开展国际交流与合作，共建"专业+文化"国际学生课程体系，提高课程教学和优质服务质量。优化生源结构，实施"中外学生伙伴计划"，为"一带一路"沿线国家培养纺织服装产业所需人才的留学生，以课

程学习、短期与长期的实习实训等形式,提升学历教育留学生、短期留学生项目吸引力,留学生总数占在校生比例达 5%,成为纺织服装职业教育留学目标院校。

(3)建立海外纺织服装培训和实习就业基地。有效整合国内外政府机构、行业协会、企业等资源,利用"江苏省先进纺织技术工程中心"和"南通市新型纤维材料重点实验室""南通市现代纺织服装共享实训基地"等资源优势,为"走出去"中资企业解决纺织服装产品研发、工艺设计等方面的技术难题,培训当地员工并提供学历职业教育。通过联合办学,开展纺织服装师资技能培训,增强专任教师服务"走出去"企业能力,与国外高校实现师资互换、共享。校企合作共建海外实习与就业基地,传播中国文化,为中国学生海外实习、就业和国际留学生实习、就业提供平台,增强专业群服务国际产能合作战略能力。

7.2.2.9　发挥辐射引领作用,立体化开展纺织服装师资培训

学校积极发挥示范辐射作用,承办了大批纺织服装类国培省培师资项目。纺织行业人才培养离不开师资队伍建设,学校加强与政府和行业、相关中高职院校的合作,共承担了纺织、染整、服装、家纺等 6 个专业,"纺织非遗传承与服装艺术设计骨干教师研修"等 12 期国家师资培训项目;承担了"纺织非遗传承与家居设计骨干教师研修""纺织服装类人才培养方案及精品课程开发""轻纺服装类专业负责人、骨干教师教育教学能力提升"等 6 期省级师资培训项目。此外,学校还接受山东轻工职业技术学院、成都纺织高等专科学校、浙江纺织服装职业技术学院、三明学院等省内外同行院校纺织专业带头人、骨干教师来我校接受专项培训。学校根据行业"支持中西部地区纺织产业发展"的要求,和新疆、陕西教育和人力资源部门对接,积极开展纺织人才培训工作。2012 年以来,学校受新疆教育部门委托,为新疆各职业院校培训了 300 多名专业教师。学校还从专业建设、培养方案、实训基地、教学团队等多方位对口支援新疆轻工职业技术学院国家骨干院校建设,在完成师资培训的同时,还接受该校近 200 名学生来我校完成 5 门主干专业课程的学习和技能鉴定。近年来,共有来自全国 30 余所院校的近 2 000 名纺织类专业骨干教师参加了培训,充分发挥了学校纺织服装职业教育示范引领作用,有力地支撑了区域纺织人才培养工作。

7.2.3　新能源装备技术专业群育训结合人才培养路径

7.2.3.1　建设背景

(1)发展新能源是世界各国的共同目标。目前,全世界的电力来源主要还是以煤炭燃烧发电为主,煤炭燃烧后的气体排放所带来的世界性问题越

来越引起世界各国的关注,具体表现为全球气候变暖、臭氧层的耗损与破坏、生物多样性减少、森林锐减、土地荒漠化等一系列问题。发展太阳能发电、风力发电等可再生能源的应用,替代以煤炭为主的能源结构,应对气候变化,保护环境,是世界各国的共同目标。

(2)国家产业政策支持专业群的发展。新能源产业是国家战略性新兴产业,在国家一系列政策扶持下,我国新能源产业得到飞速发展。江苏是新能源产业大省,无论是光伏产业、风电产业,还是新能源电动汽车产业,其规模在全国都处于领先地位。国家"十三五规划",江苏省"十三五"战略性新兴产业发展规划中都明确提出要发展分布式可再生能源利用,推行节能低碳的电力调度,大力发展新能源电动汽车。江苏新能源产业规模大,人才需求数量大,产业发展处于高端,急需培养一大批卓越技术技能人才支撑产业的发展。学校所在地江苏省南通市,濒江临海,具有丰富的风能和太阳能资源,新能源产业为南通市六大新兴产业之一。截至 2019 年 6 月底,南通地区电源并网装机总容量达 1 170.94 万千瓦,新能源合计装机达 384.6 万千瓦,占装机总容量的 32.8%。南通地区新能源装机量,仅次于盐城,位列全省第二,是国家确定的分布式发电示范城市之一。南通"中国制造 2025"城市试点示范实施方案中指出要全力推进新能源及新能源汽车产业,扩大总量、增强实力。在风电、光伏、新能源汽车等领域掌握国内领先技术,形成完善的产业体系。南通及周边地区新能源产业的快速发展,为新能源装备技术专业发展提供了良好的产业环境和就业前景。

(3)行业人才紧缺,迫切需要专业群加快发展。虽然我国新能源产业迅速发展,然而推动新能源行业前进的人才供给却捉襟见肘。高素质专业人才和核心技术的缺失,已经严重阻碍了我国新能源产业的健康发展。据估算,到 2020 年底,在风电领域的从业人员将会有几十万,其中包括几万名的专业人员。预计每年对新能源工程人才的需求有上万人,而全国每年相关专业的毕业生总量只有数千人。对于快速发展的太阳能产业而言,人才供应同样面临严重不足的局面。区域智能装备产业高速发展,迫切需要大批与产业高度匹配的人才和技术支撑。

(4)新技术、新需求要求专业群不断发展。新能源是世界新兴产业、国家战略重要部分、长三角主导产业,高端人才缺口巨大是专业群建设的机遇;在高速发展的新能源业态中,产业向智能、智慧、绿色经济形态快速转型,新产品、新技术、新工艺、新装备不断出现,要求专业群建设要跟紧时代发展的脚步。

7.2.3.2　专业群优势特色

新能源装备技术专业群建设以新能源装备技术专业为核心,涵盖工业机器人技术、新能源汽车技术、物联网应用技术、工程造价等专业,聚焦新能源发电及应用产业链,培养跨专业的高素质技术技能复合型人才。

(1)新能源装备技术专业优势特色。①全国最早开设"新能源装备技术"专业。学校于2010年设置了新能源应用技术专业,2013年建设成为国家重点专业。2016年,教育部高职专业目录调整,设置"新能源装备技术"专业,学校当年开设该专业,目前为江苏省骨干专业。

②全国最早举办"新能源应用技术师资培训国培项目"。依托专业建设,2012年7月,该专业率先举办了"全国新能源应用技术及专业建设骨干教师培训班",来自全国4省、7所高职院校的14名专业骨干教师参加了培训。2013年7月,成功举办了江苏省首届中职学校新能源应用技术专业骨干教师培训班,为江苏省9市14所中职学校的20名骨干教师开展了培训,其中12人取得了太阳能利用工高级工证书。2014年7月,再次成功举办了"全国新能源应用技术专业骨干教师培训班"国培项目,共培训了全国20所高职院校30名专业骨干教师。通过培训,展示了重点专业建设的成果,扩大了学校新能源技术专业的影响力。

③全国最早出版"新能源技术系列教材"。紧密围绕高职教育"以能力为本位、以职业实践为主线、以项目课程为主体的模块化"课程改革与建设要求,采用项目化课程的全新体系结构,突出为太阳能和风能发电技术应用一线培养高技能人才的教学特点,在校企合作的基础上开发出来的具有现代高职特色的工学结合系列教材10本,其中,国家"十二五"规划教材2部、省级重点建设教材2部、行业部委规划教材5部。"加强校企合作,推进新能源应用技术专业工学结合系列教材建设"获得2015年度南通市第二届高等教育教学成果二等奖、机械工业协会教学成果一等奖。

④育人成效显著,科研成果丰硕。近年来,该专业强化专业技术技能积累,努力提升学生创新创业能力,人才培养质量得到显著提升,学生先后获得了第六届"三菱电机自动化杯"全国大学生自动化大赛一等奖1项;全国高职高专"发明杯"大学生创新创业大赛中一等奖2项、三等奖3项;"国信长天杯"全国电子专业人才设计与技能大赛二等奖1项、三等奖1项;全国高等职业教育技能大赛发电系统安装与调试项目二等奖1项;江苏省优秀毕业设计(论文)一等奖1项、二等奖1项、三等奖1项;江苏省高等职业院校技能大赛三等奖4项;"互联网+"大学生创新创业大赛江苏省赛三等奖1项。

已建有"江苏省风光互补发电工程技术研究开发中心""江苏省智能网联汽车工程技术研究开发中心""南通市分布式发电与微电网技术重点实验室""南通市集群供电技术重点实验室""南通市新能源汽车电源技术重点实

验室"。近年来,专业教师共完成省级纵向项目4项,市级纵向项目6项,横向项目45项。获得江苏省教育科学研究成果三等奖2项,南通市科技进步二等奖1项,三等奖3项。取得发明专利授权16件、实用新型专利授权64件、软件著作权4件。

(2)其他专业的优势。工业机器人技术、新能源汽车技术、物联网应用技术、工程造价等专业都是学校优势专业,新能源装备技术专业群的建设进一步带动了工业机器人技术、新能源汽车技术、物联网应用技术、工程造价等专业的协同快速发展。

7.2.3.3　机遇与挑战

(1)新能源产业是"双高计划"重点支持的方向。教育部"双高计划"明确指出要重点布局在现代农业、先进制造业、现代服务业、战略性新兴产业等技术技能人才紧缺领域。新能源产业是国家战略新兴产业,属于"双高计划"重点支持的方向。

(2)按"双高计划"目标建设新能源装备技术专业群,促进专业协同发展。新能源是世界新兴产业、国家战略重要部分、长三角主导产业,高端人才缺口巨大是专业群建设的机遇;在高速发展的新能源业态中,产业向智能、智慧、绿色经济形态快速转型,新产品、新技术、新工艺、新装备不断出现,要求专业群建设要紧跟时代发展的脚步。长三角一体化的区位优势、产业向中高端发展以及破解能源短缺难题,为专业群建设带来机遇的同时,也带来人才培养规格升级、社会服务能力提升的挑战。

7.2.3.4　组群逻辑

确立"面向行业、依托产业、对接岗位"的专业指导思想,统筹资源,建设以新能源装备技术专业为核心,涵盖工业机器人技术、新能源汽车技术、物联网应用技术、工程造价等专业,对接全生命周期新能源装备制造过程的工作岗位,具有辐射引领作用的高水平新能源装备技术专业群,培养跨专业的高素质技术技能复合型人才。专业群建设思路按照"高水平、高效益、有特色、智能化"的要求,坚持校企合作,面向新能源装备产业链中零部件制造、太阳能风能电站设计、太阳能风能电站施工与维护、太阳能风能电站应用(智能微电网)、电站远程监控管理五个岗位群,通过协同创新汇聚专业群的优势资源和要素,打造"产业—岗位—人才—职业教育"的封闭链,促进产业与教育深度融合。

7.2.3.5　建设目标

依托行业协会、国内外龙头企业,契合长三角新能源产业发展,建成特色明显、优势突出、国内一流、世界领先的高水平专业群,使其成为国内示范,成为服务区域经济发展的技术创新高地。

(1)共建绿色制造产业学院,形成校企命运共同体。与世界领先的国内龙头企业合作,成立股份合作制性质的绿色制造产业学院、产业技术研究院,构建多元主体共同投入、利益共享、权责对等、运行流畅的治理结构,逐渐形成校企命运共同体。

(2)创新专业群人才培养模式,建立"多元"育人体系。按照职业教育要求和国际化专业教学标准,构建"1+X+Y"人才培养体系,建立"X"证书职业技能等级证书,建立"Y"证书岗位标准等级证书,探索实行弹性学制、学分制,对学生实行因材施教和多元化、个性化教育,积极开展"4+0"本科试点,建立学习、就业、再学习的培训通道,打造技术技能人才培养高地。

(3)创建产教协同模式,提升校企核心竞争力。建立绿色制造产业联盟、产业技术研究院,广泛服务企业发展,聚合优质产教资源,建成虚实一体实训基地、技能标准、模块化教学资源、智能化云平台和大数据应用平台,以内容新、数据广、技术含量高的优质资源成为同类院校示范。

(4)服务"一带一路"倡议,推进国际产教合作。与"一带一路"沿线国家建立新能源应用产业学院,为当地企业和中资企业培养优秀人才,拓宽国际交流与合作渠道,为推动国际产教合作提供支持。构建广泛适用的国际化专业教学标准,通过对接"1+X"证书体系,结合国际先进水平的职教理念,构建国际化专业教学标准。

7.2.3.6　建设内容与实施举措

(1)组建绿色制造产业学院,创新专业群人才培养模式。以新能源装备专业群为核心,组建绿色制造产业学院,形成命运共同体,聚焦产业,校企同频共振,课程思政化贯通实现立德树人,全面提高人才培养质量。融入国家行业标准、国内外知名企业技术标准,构建"1+X+Y"证书体系,探索"产教融合、育训结合"的人才培养模式,为培养复合型技术技能人才营造良好的制度、环境与文化生态。

(2)对接职业标准,共建优质教学资源。对接新能源产业职业标准,校企共建共享教学标准与教学资源,完善评价机制,持续更新资源。完善规范标准。组建结构化专业群课程资源开发团队,制定专业群教学标准、课程资源建设标准、资源开发与建设管理规范。开发优质资源。校企共同开发优质专业群教学资源,建设国家级、省级在线开放课程,建成新能源装备技术专业教学资源库。完善评价机制,制定资源建设评价指标,完善资源评价与使用效果评估机制,实施评估、跟踪与反馈。

(3)推进教材和教法改革,建设卓越课堂。以卓越课堂认证为抓手,以项目化、信息化、思政化和书证融合为重点,对所有教师课堂教学进行质量认证,融入先进元素、先进教学手段,针对生源结构变化,推进教材和教法改革,持续提高教学质量。紧盯新能源产业转型升级需求,将新技术、新工艺、新规范纳入教材,引入典型生产案例,编写新型活页式、工作手册式教材,应用 VR、AR、"互联网+"等新技术建设配套的信息化资源。

(4)优化师资结构,打造一流教师团队。引聘行业领军人才,培育专业群和专业带头人,打造技术技能大师和教学名师,培养骨干教师,形成高水平结构化师资团队,完善团队管理机制。教师定期到企业锻炼,参与技术研发,提升科研水平;定期参加教学能力培训、教学能力比赛,提升教学信息化水平。完善境外学习保障和绩效评价机制,组织参加国际学术会议,聘请国外专家来校讲学,提升专业群国际影响力。

(5)建设国际水平虚实一体"育训结合"生产性实践教学基地,实现开放共享。校企共建可共享、虚实一体"育训结合"生产性实践教学基地,实现全仿真企业真实生产过程和环境,建成包括太阳能电池封装线、风机制造与智能控制生产线、微电网与能源管理实训中心,可供长三角同类院校共享的实践教学基地集群,并在技术和设备达到世界一流、国内领先方面成为示范。制订"1+X"认证的职业技能等级标准,开发学习资源和题库,开展社会化职业技能培训认证。

(6)搭建多维技术技能创新平台,助力区域新能源装备制造产业转型升级。与行业领军企业共建"绿色制造产业技术研究院",积极开展光伏发电技术、风力发电技术、智能微电网技术、大功率离并网逆变技术、谐波治理技术、动力电池储能技术、电池均衡管理技术、快速充电技术等方向的研究工作,瞄准产业技术前沿,努力服务地方经济发展,增强专业群社会服务能力。在电站系统智能化施工、大型风力发电机组故障预判、储能及智能微电网方向展开应用型研究,占据产业高端。建立中小企业成长与发展支持平台、大学生专创融合创新创业平台、技术技能积累与数据平台和职业技能大赛平台,为长三角新能源企业发展、转型和提升提供有力支持,以大赛成果引领专业群建设和教学改革。

(7)利用优质资源,不断提升社会服务能力。依托江苏省风光互补发电工程技术研究开发中心、南通市分布式发电与微电网技术重点实验室、分布式发电与微电网技术协同创新中心、联合各成员单位的企业技术研发中心、院士工作站、博士后流动站的相关资源,积极开展科技服务。制定"1+X"职业技能等级标准,开发学习资源和题库,开展职业技能培训认证。拓宽培训面向,提升职业教育服务水平。实施退役军人、下岗失业人员、农民工和新型职业农民的专项技能培训,依托新能源类专业教学资源库及实训基地,对企业、农村、社区、中小学进行新能源知识普及工程、新能源产品智能应用推广工程和企业紧缺领军人才培养工程。对口支援西部院校,推动西部高校跨越发展。

(8)深化国际交流与合作,打造职教国际品牌。紧扣"一带一路"倡议,加强与"一带一路"沿线国家的交流合作,全力推进"一带一路"留学推进计划,招收一带一路沿线国家留学生,为"一带一路"沿线国家培养新能源装备技术技能人才,引进国际标准与优质教学资源,举办新能源装备技术专业国际技术交流会,增强专业国际化服务能力,提高服务水平。

(9)建立保障机制,实现专业群可持续发展。成立建设领导小组等各层级组织机构,建立健全相关工作制度,为专业群建设和运行提供多方协同、运行顺畅、务实高效的组织保障。建立和完善教师评价、考核、激励机制,为专业群建设和运行提供队伍保障。建立自主性的专业内部质量保证体系和常态化的质量保证诊断与改进机制实施质量监控评价、跟踪诊断反馈机制,保证人才培养质量满足产业需求。

7.3 南通中德职业教育集团建设案例

7.3.1 南通中德职业教育集团

7.3.1.1 成立背景

为了深入贯彻落实党的十九大精神、习近平总书记在全国教育大会上的重要讲话精神及《国家职业教育改革实施方案》等文件精神,促进南通市产教融合协同发展,探索推进南通产教融合试验区建设,江苏工程职业技术学院遵循育训共同体的融合创新范式,与同济大学中德职教联盟合作,于2019 年联合南通地区 8 所高职院校、13 所中职院校以及南通地区主要产业的领军企业共同组建成立了南通中德职业教育集团,借鉴德国先进的职业教育模式,引进德国优质职教资源,为区域人才供给侧和产业需求侧搭建合作平台,探索职业教育对接区域产业的育训共同体范式实现路径,助力职业院校更精准地进行人才培养改革,创新产教融合和校企合作模式,为南通及长三角区域的重点产业发展提供高素质技术技能人才保障,推进长三角区域经济一体化稳定、持续、高质量发展。

7.3.1.2 功能定位

南通中德职业教育集团的功能主要包含产教融合模式创新、校企合作模式创新、人才培养模式创新、国际先进标准引进、融合创新师资培养、教育教学标准完善、实验实训平台建设、育训结合聚力发展、质量保障体系完善9个方面。

7.3.1.3 重点任务

（1）加强国际合作，本土化国际先进职教经验、模式和标准，探索国际合作办学模式，培养具有国际视野的高素质技术技能人才。

（2）创新产教融合和校企合作模式，探索区域职业教育"育训共同体"范式的实施路径，基于"育训共同体"共同开发教学资源、共同建立实验实训平台、共同实施人才培养和考核。

（3）发布南通区域人才供需报告，指导学历人才培养和非学历人员培训工作开展，打造教育和产业协同发展的生态体系。

（4）完善和提升现代学徒制建设成果，借鉴德国行业与职业标准，校企合作开展国际标准本土化的职业培训与认证工作，服务"1+X"证书制度和产业转型升级，开展高质量职业技能培训。

（5）全力提升在通高职院校教育服务地方发展的能力，在区域范围内统一开展与国际标准对接的职业技能认证的基础上，在南通市出台支持在通高校发展促进校地协同创新与提升本地就业率政策的指导下，全面推动校地融合发展。

7.3.1.4 集团组成

南通中德职业教育集团是新时代南通职业教育改革的产教融合国际化大平台，集团由"南通产教融合协同发展中心、南通中德学院、南通跨企业培训中心"三大载体构成。通过这三大载体建设，深化产教融合、校企合作，推动构建南通区域高素质技术技能人才培养"育训共同体"，完善学历教育与培训并重的现代职业教育体系，进一步落实职业院校实施学历教育与培训并举的法定职责，为江苏职业教育改革和发展做出新的贡献。按照育训共同体范式的组织架构和运行机理，南通产教融合协同发展中心执行并实现产教融合连接器与育训结合连接器的功能，南通中德学院执行并实现学历教育转换器的功能，南通跨企业培训中心执行并实现职业培训转换器的功能。

7.3.2 南通产教融合协同发展中心

7.3.2.1 中心定位

南通产教融合协同发展中心负责搭建政行校企协同发展服务平台，由中国职业技术教育学会、同济大学中德职教联盟、南通市发改委、南通市工信局、南通市教育局、江苏工程职业技术学院联合牵头组建。为了实现产教融合连接器的功能，该中心全面调研南通地区重点产业对应企业的人才需求，每年根据调研结果发布《南通市劳动力市场人才需求报告》，既为南通地区职业院校培养所需应用型人才、劳动力转移培训和转岗培训提供实质有效的人才培养指南,也为南通中德学院专业建设以及南通跨企业培训中心培训体系建设提供理论依据及实际数据支撑。

7.3.2.2 产业调研

产业调研是南通产教融合协同发展中心持续性的工作。只有持续的积累沉淀与不断的精进,才能对产业发展的历史有更全面的了解,并从中发现客观的逻辑,才能对南通地方重点产业的现状有更深刻独到的理解,才能对地方产业的变迁和未来趋势形成更有价值的洞见。

(1)调研对象。产业调研的内容包括产业、行业、品牌、模式、企业、架构、岗位等多个方面。如图7-10所示,产业与相应企业的调研还要考虑到区域产业布局、产业链的结构与企业的研发、生产、销售、服务等相关环节。

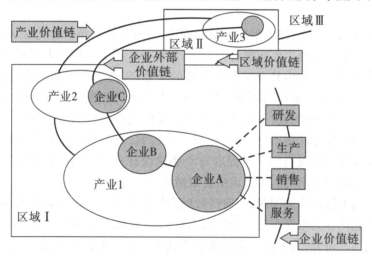

图 7-10　区域产业布局与企业组成

产业调研的对象选择原则有4个:一是要聚焦产业核心,关注密集程度,针对未来趋势;二是要注重行业企业积累、业态的初步形成、知名品牌确立;三是要明确企业本质核心趋同、国际参照标杆、跨界成功模式;四是要重视行业独立专家、知名企业高管、新创机构负责人等。

(2)调研方法。如图7-11所示,南通产教融合协同发展中心注重从六大维度、四大思维的角度开展产业需求调研。六大维度是指经济规律与商业逻辑维度、产业政策与地方经济维度、劳动力来源与构成维度、资源优势与配置成本维度、产业发展水平与地位维度、基础教育与地域文化维度。四大思维是指基础思维、交付思维、成长思维、对象思维。

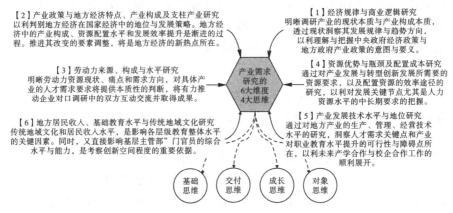

图7-11 产业需求调研的主要方法

结合六大维度、四大思维的调研方法,南通及长三角一体化区域的产业需求调研中遇到的主要问题有:一是不能充分了解完整的产业链构成;二是找不到被调研产业中具有显著代表性的企业;三是不知道如何界定选择调研对象,找不到关键性的调研对象;四是无法从产业视角出发提问,问不出关键性、本质性的问题;五是不知道收集哪些关键资料对调研有显著帮助;六是被调查企业往往不愿、无法提供相关资料,或提供的资料价值度低;七是从企业提供的资料中无法提取对专业建设有直接帮助与价值的信息;八是难以从企业提出的人才需求中提取精准的能力要求。

针对上述存在的问题,南通产教融合协同发展中心结合调研实际工作,发现问题产生的根源主要在于以突击性调研为主,缺乏对产业的经常性、持续性关注与研究;普遍缺乏对经济学基础概念的了解和理解,缺乏分析商业逻辑合理性的能力;经常认为行业知名企业或品牌机构型的特殊性能代表整个行业特征;经常把企业董事长或总经理作为调研对象,而无法同一线主管经理交流互动;调研前的准备工作大多集中在问卷设计,缺少了极其重要的调研前的产业研究;缺少对业务链的了解与理解,难以对不同业务板块划分的本质、意图、价值做分析;缺乏对企业的客户群、伙伴群、竞争对手等直接影响方分类与关联研究的能力;经常出现调研与调研目的、成果要求的脱节,难以经得起质疑和推敲。

在深入分析了产业需求调研存在的问题及问题产生的根源之后,南通产教融合协同发展中心的调研工作逐步取得了成效,为后续的产教融合工作奠定了坚实的基础。

(3)调研透视。产业发展是客观经济规律推动所致,我们经常将产业与行业混淆以致本质被表象遮蔽。因此,在进行产业需求调研的基础上,要以问题导向为引领,如图 7-12 所示,由表及里、由内到外、由点到面深入透视调研结果。调研透视的核心聚焦于两个方面:一是开放性问题设计,即驱动产业发展的核心是什么? 推动产业转型的核心是什么? 目前创新探索实践对行业发展最深刻的影响在哪里? 二是关键性指标设置,即产业稀缺性资源是什么? 影响效率的最大瓶颈在哪里? 消费需求发生的最深刻的变化是什么?

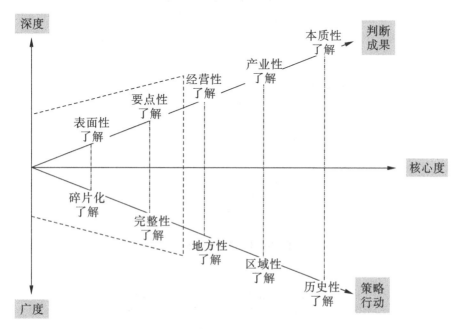

图 7-12　产业需求调研的透视分析

(4)产业需求研究。产业需求研究是南通产教融合协同发展中心开展调研工作的关键内容,主要包括以下 6 个基础环节,如图 7-13 所示。

①专业分析:确定调研目标、成果标准,并制定执行策略。

②罗列问题:以大类专业对应的产业为对象,罗列对目标产业要进行研究的问题。

③案头作业:收集信息资料,形成最初的判断,给出充分的理由,并更新修正面访调研的主题与内容。

④找到关键人物:行业高层与学者专家,逐层深入层层论证。

⑤判断观点论证认可:切实理解所研究的产业,厘清产业未来发展的方向,获得业内人士的认同。

⑥成果材料制作提交:结合产业研究成果与所在职业院校的实际情况综合形成产业调研报告。

以江苏工程职业技术学院的"老年服务与管理"专业为例,如图7-14所示,通过该专业所对应的养老产业需求分析,可以细分为护理医疗产业、金融投资服务产业、健康娱乐产业,然后再针对各产业深入研究其所涉及的行业或服务领域,从而全面了解和把握整个产业链的组成与发展动态。

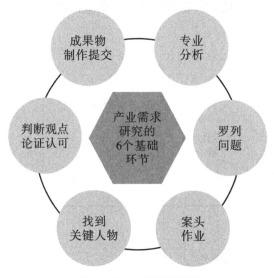

图7-13 产业需求研究

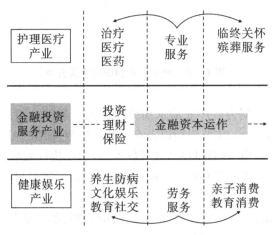

图7-14 养老产业需求分析与研究

7.3.2.3 专业调研

(1)专业分析与目标、策略制定。在产业需求调研的基础上,根据专业门类进行专业背景、专业设置、专业师资、专业基础等方面的专业分析与专业建设目标与策略的评估。

（2）产教融合分析。专业分析的目的是要与产业需求调研相结合，为基于产教融合的学历教育专业与课程建设以及职业培训岗位标准制定进行基础性分析。如图7-15所示，通过教育专家与产业专家的评估与分析，从工作岗位到人才培养方案、教学组织计划再到课程开发标准，形成完整的产教融合分析过程。

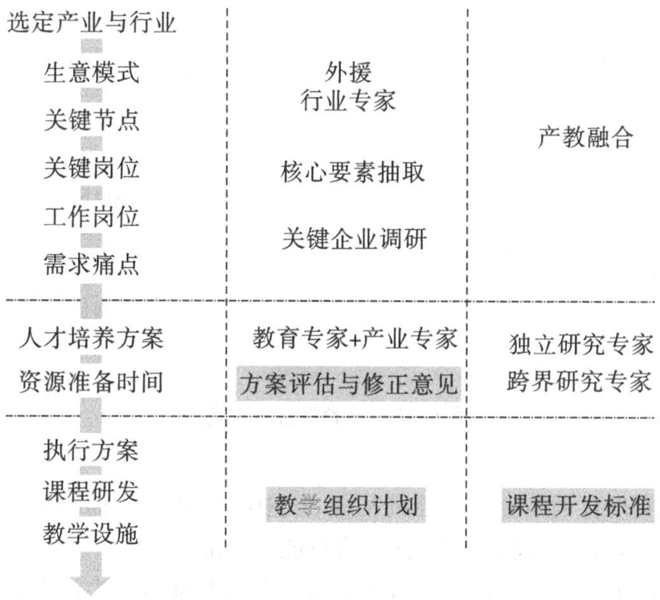

图7-15　产教融合分析步骤

南通产教融合协同发展中心在全面调研南通地区重点产业对应企业的人才需求的基础上，每年根据调研结果发布《南通市劳动力市场人才需求报告》，既为南通地区职业院校培养所需应用型人才、劳动力转移培训和转岗培训提供实质有效的人才培养指南，也为南通中德学院专业建设以及南通跨企业培训中心培训体系建设提供理论依据及实际数据支撑。同时，指导区域内职业院校根据调研情况明确各自的产教融合建设目标与层次规划，如图7-16所示，分别以工作室、实训室、产业实践基地、产业学院为载体，实施不同层次的校企共建。

7.3.2.4　南通产教融合信息化服务平台

针对育训共同体共享平台端前台、中台和后台功能的实现，该中心还牵头建设了南通产教融合信息化服务平台，纳入中国职业教育产教融合信息化服务系统，通过云平台搭建南通技术技能人才数据库以及在线数字化课程资源库。

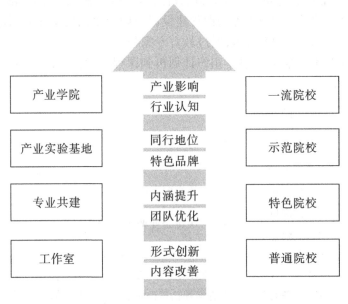

图 7-16　产教融合层次类型

为了实现育训结合连接器的功能,该中心推动各育训团队首先从产业分析开始,明晰企业岗位需求,然后进行能力标准建设。

再以能力标准去建设专业课程体系,使学生对学习生涯和职业生涯成长路径始终有清晰的认识。

同时,基于企业典型工作任务的分析,从工作领域的工作任务转换到学习领域的学习任务,构成专为应用技术型人才打造的教学实施与服务平台,学习过程模拟工作过程开展项目式课程教学,以学生为中心,打造"人人皆学、处处能学、时时可学"的移动虚拟学习空间。

南通产教融合信息化服务平台由前台、中台、后台这三个平台构成,是技术技能人才的育训数据平台和终身学习培训平台。前台专注于了解人才培养、人才媒体、人才服务的需求和业务逻辑,开发以技术技能人才培养为中心的产品和服务。通过前台的企业端、院校端、学生端,学生和员工能够及时了解企业岗位需求、认知岗位能力组成、明确学习渠道与内容,各项学习或培训成果都可以在平台上以区块链的数据记录方式固化下来,形成对应每名学生和员工教育培训的知识、能力和素质"标签",众多具备"标签"的学生和员工便构成了一定区域的技术技能人才"淘宝库",平台也就成了技术技能人才"淘宝网",进而推动市场需求侧与人才供给侧的匹配情况在平台上实时动态反映出来。

后台专注于提供政策导向与基础大数据的软硬件设施建设。它既是中台和前台的大型综合信息中心与数据中心,也为各育训团队提供方针指引和功能支持。

南通产教融合信息化服务平台的数字中台专注于对接前台的业务信息,并从后台获取基础支撑。如图7-17所示,中台的结构包括业务中台和数据中台,业务中台对接前台从岗位分析到能力分析,再到知识技能分析与课程模块搭建整个职业教育业务流程的数据输入输出处理,为前台提供产教融合学习成长平台、教学教务平台、职业测评与认证平台、人岗匹配平台等针对不同育训团队运行的个性化、定制化软件工具支持;数据中台对业务中台运行沉淀下来的数据进行综合分析,通过众多微型服务模块、人工智能和用户信息的应用软件、云计算和中间件操作环境等计算能力服务更高层面创建抽象分析系统,在为后台提供大数据的同时,得到后台进一步的共享数据与基础运算服务支撑。

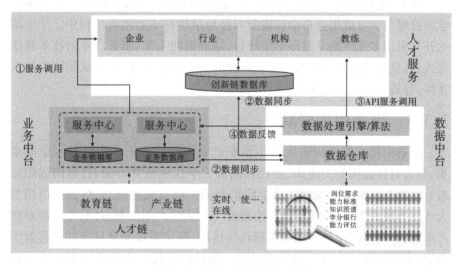

图7-17　数字中台结构与功能

如图7-18所示,"三平台"是从共享平台端数字赋能的角度进行的功能化设定,即由产教融合信息系统的共享平台数据链将技术技能人才培养的产业链、教育链、人才链、创新链连接贯通,形成立足学校、基于企业、面向园区、深化平台的系统化、生态化、全链条的技术技能人才培养育训共同体网络系统。

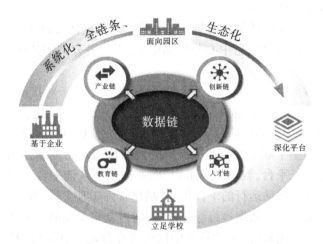

图7-18　基于数据链的产业链、教育链、人才链、创新链连接

同时，从知识结构到能力素养实施多维度、全过程的评价，学生完整的学习过程与学习成果会自动转成学习经历呈现在中心信息平台中。学生端的开发采用多维度的全过程学生评价，培养面向未来、服务产业的技术技能型人才，企业端打破数字孤岛建立企业的技术技能人才库，形成集团内的人才库，打通学生就业与企业招聘的通道。

7.3.3　南通中德学院

南通中德学院由同济大学中德职教联盟和江苏工程职业技术学院牵头，负责对接德国有关组织、院校和同济大学优质教育资源，打造南通职业教育对德合作交流的窗口。该学院借鉴德国职教先进理念，将德国应用型人才培养模式本土化，重点针对南通市"3+3+N"产业发展方向，专业群对接产业群，开发对接岗位需求的课程教学模块，制定对接职业标准的课程教学内容，实施对接工作过程的教学过程。依托该学院一方面建立了南通市职业教育专业建设委员会，吸纳南通地区各职业院校参与，纳入中国职业技术教育学会专业建设委员会及学术委员会体系；另一方面优化了各个育训团队的课程教学环节，实现了课程标准和教学内容的重构。该学院的课程教学资源与南通跨企业培训中心的岗位培训资源有机衔接，能够以数字化技术助推课程学分与岗位证书的互认互换。

7.3.3.1　学院定位

借鉴德国模式，对接德国资源（德国工商会、德国手工业协会、德国应用科技大学等）与同济大学优质学科资源（电子信息学院、机械学院、材料学院、汽车学院等），由江苏工程职业技术学院联合南通区域 2 所本科院校、8 所高职院校、13 所中职院校共同建立的学历教育服务体系，打造服务地方产业（南通"3+3+N"产业体系：第一个"3"是指高端纺织、船舶海工和电子信息三大重点支柱产业；第二个"3"是指智能装备、新材料、新能源和新能源汽车三大重点新兴产业；"N"是指符合产业发展导向、有利于发挥自身优势的若干产业）的高素质技术技能人才培养基地，是一所"没有围墙的大学"。

7.3.3.2　建设目标

南通中德学院建设的总目标是以全面深化产教融合为出发点和落脚点，将南通中德学院打造成为地方离不开（打造区域职业教育和地方产业协同发展的生态体系）、同行都认可（打造中国现代职业教育服务体系，引领新时代南通职业教育创新发展）、国际可交流（打造南通职业教育对外交流窗口）的平台学院，探索中职、高职、本科应用型人才培养衔接贯通，推动新时代南通区域职业教育创新发展。

南通中德学院依托同济大学及中德职教联盟在工程教育领域的学科优势及服务地方经济发展的经验，以江苏工程职业技术学院专业建设为基础，开设"信息技术、智能制造、轨道交通、汽车、现代物流、旅游、建筑、大健康"八大专业群，每个专业群选择至少一家行业标杆企业共同参与办学，专业建设与产业发展全面对接，采取"学分制、菜单式、模块化、开放型"的教育教学模式，探索高等职业教育"大类招生、通识教育、专业培养、多元发展"的人才培养理念和培养体系。南通中德学院建设的分目标为：

（1）打造区域职业教育和产业协调发展的生态体系。以市（区、县）为单位形成一个主产业对应一个人才基地，服务区域经济发展和产业转型升级。

（2）建成可示范引领的职教改革示范基地。即基于产教融合和校企合作模式创新的政校企行协同的产教集团；基于校区、园区、社区三区融合的办学模式；基于破解招生就业"两张皮"问题，实现招生即招工的产教协同模式；基于优化资源配置、完善终身职业教育和培训体系的培训基地与职业院校互补模式；基于本土化德国模式和经验，辐射"一带一路"国家的一流国际合作水平。

7.3.3.3　建设思路

同济大学中德职教联盟和江苏工程职业技术学院共同建设南通中德学院具有坚实的合作基础。首先，合作理念契合。同济大学开展中德合作的办学理念与江苏工程职业技术学院作为国家示范性高职院校、国家双高计划建设单位、江苏省高水平高职院校的产教融合办学理念完全契合，两校间通过交流合作，借助中德职教联盟平台优质资源，更有利于建设南通中德学院。其次，专业对接吻合。目前，中德职教联盟通过产教融合共同推进的

"信息技术、智能制造、大健康、汽车、现代物流、旅游、轨道交通、建筑"八大类专业，均属于江苏工程职业技术学院重点专业建设范畴，完全符合江苏省"十三五"重点产业发展规划要求。最后，实施路径链合。同济大学作为教育部中德职教合作示范基地，将更加主动对接国家战略，担当国家使命，输出同济模式和同济智慧，助力中国现代职业教育发展。江苏工程职业技术学院有能力也有义务承接同济中德合作模式在江苏高职教育领域的实践应用。

总体建设思路有 3 个：一是专业链对接产业链，围绕南通"3+3+N"产业建立对应的专业群，引进借鉴德国职业标准，推进"1+X"证书制度试点；二是对接德国和同济优质资源，依托南通中德学院先期建立南通市应用型人才培养专业建设委员会；三是打造江苏省职业教育对德合作交流的窗口，推进中外合作办学项目及机构设立。

（1）专业链对接产业链。对接的目标有 3 个方面，分别为：专业设置与地方产业发展对接；课程内容与职业标准（行业企业标准）对接；教学过程与生产（工作）过程对接。对接的举措如下：

①融入区域产业体系，建立产业人才培养基地——专业设置与地方产业发展对接。如图 7-19 和表 7-2 所示，专业设置与地方产业发展相对接，基于产业链上岗位能力胜任模型培养专业人才，打造区域职业教育和产业协调发展的生态体系。

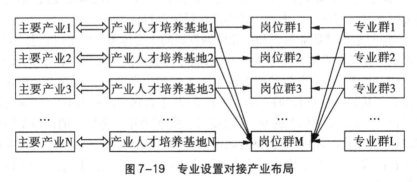

图 7-19 专业设置对接产业布局

产业人才培养基地也是服务产业培训基地，在为区域产业人才培养服务的同时，能够输出其基于"信息技术+"的服务模式与功能体系。产业人才培养基地在"信息技术+（国际合作、师资培养培训、课程设计、人才培养方案、质量管理体系）"方面，对全省、全国的职业院校具有示范引领作用。

表7-2　南通县(市、区)重点产业定位

序号	县(市)区	重点产业		
1	海安县	智能装备	新材料	现代物流
2	如皋市	船舶修造	电力装备	软件及服务外包
3	如东县	能源及装备	化工	现代物流
4	海门市	海工装备	化工	现代物流
5	启东市	海洋工程	电力能源及装备	旅游休闲
6	通州区	智能装备	新材料	航空产业
7	崇川区	高新电子	高端装备	商务商贸
8	港闸区	船舶配套及装备	纺织服装	科技服务
9	开发区	电子信息	精密机械	新医药
10	苏通科技产业园	新能源	新材料	现代商务
11	南通滨海园区	能源石化	高端装备	海洋经济

②引进德国职业标准,推进"1+X"证书制度试点——课程内容与职业标准(行业企业标准)对接。

③联合行业标杆企业,实施校企双主体育人——教学过程与生产(工作)过程对接。如:利用南通中德学院的合作资源,依托相关专业成立华为信息学院、科大讯飞人工智能学院、中车智造学院、SAP数字技术学院、国药大健康学院等。

(2)建立南通市应用型人才培养专业建设委员会。如图7-20所示,对接南通"3+3+N"产业格局,建立全市专业建设委员会,共同推进师资队伍建设及人才培养方案的开发。

①专业建设委员会人员构成模式为"1+1+X",即同济专家+德国专家+地方院校教师(行业企业专家)。

②专业建设委员会的工作职责:一是全面系统规划改革方案;二是全程全方位实施改革指导;三是政、校、企、行、研多元合作;四是秉持产教融合、校企合作的办学方向;五是完善职业教育和培训体系。

③专业建设委员会的工作思路:一是坚持国家政策、国际经验、标杆企业、区域产业、院校基础的改革导向;二是遵循国家职业标准、德国职教条例、行业技术趋势、真实岗位任务、专业相关标准的改革依据。

(3)打造江苏省职业教育对德合作交流的窗口。一方面全面对接同济大学中德工程学院。同济大学中德工程学院在2014年李克强总理和默克尔

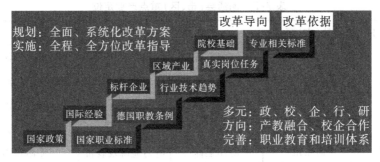

图7-20　专业建设委员会工作思路

总理签署的《中德合作行动纲要》中被誉为中德高等教育合作的成功典范，在2015年、2016年德国教科部和中国科技部先后发布的《中国战略》以及《德国战略》中被列为中德教育和科技合作的范例，默克尔总理在2017年6月1日中德论坛共塑创新的主旨发言中再次将中德工程学院誉为中德教育科研合作的典范；另一方面积极探索推进中德合作办学项目。加强与慕尼黑应用科技大学、代根多夫应用科技大学的合作办学，推进中外合作办学项目与机构的设立。

7.3.3.4　机构组成

南通中德学院通过理念输出和模式引领，提升政、行、校、企现有资源服务社会的质量和效益，共同建设校企双主体育人平台，打造一所"没有围墙的大学"，开创基地共建、师资共享、学生共育的新模式，其组织机构如图7-21所示。

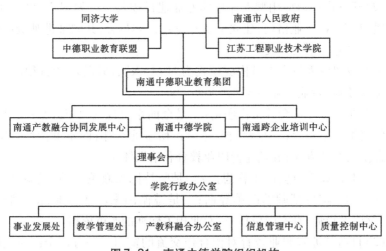

图7-21　南通中德学院组织机构

南通中德学院各年度招生专业的课程开发与设计均借鉴德国先进工程教育及职业教育模式,在中德职教联盟的指导和帮助下完成课堂教学和实习实训,将德国职教与中国职教、江苏职教、南通职教的实际情况相结合,实现德国应用型人才培养模式的本土化。

7.3.3.5 团队构成

依托南通中德学院建设南通市职业教育教师教学改革创新团队,按照国家职业教育创新团队的建设要求建设区域性创新团队。南通地区的创新团队建设重点聚焦在汽车运用与维修(含新能源汽车)、现代物流管理、电子商务、Web 前端开发、工业机器人应用与维护、人工智能技术与应用、云计算与大数据运用、物联网技术、建筑信息模型制作与应用、新能源与环保技术、养老服务、家政服务、幼儿保育与学前教育等重点产业领域和民生紧缺的专业。

(1)高职院校教师教学改革创新团队。首批建立高职 15 个大类专业的创新团队,每个创新团队遴选 20 人参加,面向南通当地所有高职院校进行选拔,由同济大学中德职业教育联盟制定实施方案。

(2)中职院校教师教学改革创新团队。建设重点聚焦在汽车运用与维修(含新能源汽车)、现代物流管理、电子商务、Web 前端开发、建筑信息模型制作与应用、养老服务、家政服务、幼儿保育与学前教育等重点产业领域,首批建立中职 8 个大类专业的创新团队,每个创新团队遴选 20 人参加,面向南通市当地所有中职院校进行选拔,由同济大学中德职业教育联盟制定实施方案。

7.3.3.6 特色优势

南通中德学院协同打造品牌专业,创新人才培养模式,构建人才供需平衡体系,促进区域经济和产业发展,具有 6 个方面的特色优势:一是专业协调员团队持续全面指导(同济专家+企业专家+德国专家+职教专家);二是全面改革(德国经验和资源+国家政策导向+社会实际需求+区域职业院校实际);三是全面打造师资队伍(国内培训+国外培训+企业锻炼+返岗实践指导);四是确立正确的人才培养目标(标杆行业+区域企业+德国职业岗位能力需求);五是打造多元协同育人模式创新(整合资源+群智开发:基地共建、资源共享、人才共育);六是提高国际交流合作水平(国际经验借鉴+服务"一带一路"+全面国际合作)。

7.3.3.7 建设内容

南通中德学院的建设布局主要涉及以下 8 个方面:一是办学定位与目标,包括南通市职业教育现状分析报告、南通市产业发展人才需求报告、专业链与产业链对接分析报告、标杆企业及行业技术发展趋势分析报告、专业职业面向的工作任务分析;二是建设方案,包括人才培养方案修订、专业建设方案修订、职业教育体系规划方案;三是师资队伍,包括教师评价体系建设、双师型教师能力标准、专业协调员团队持续指导;四是课程资源建设,包括"1+X"课程标准、构建"1+X"模块化课程体系、教材开发、职业规划图与课程地图绘制、课程能力标签、学习领域和教学情境设计;五是质量保障体系,包括专业人才质量标准(能力、知识、素质)、德国职业教育条例与岗位能力标准、质量保障体系建设;六是实验实训平台建设,包括完善实验实训标准、构建符合需求的校企协同育人平台、打造育训结合的技术技能人才培养基地;七是国际合作,包括国际院校对接、标准制定、教师互访、学生访学;八是信息化服务平台建设,包括线上线下课程资源、学生学习效果画像、校企协同交流平台。根据上述 8 个方面的建设布局,具体细分为以下 15 个方面的建设内容:

(1)专业链与产业链对接分析。以新能源汽车专业链与产业链对接为例,根据区域产业需求,以区域产业调研、行业调研、人才需求调研为实施路径,深入开展地方产业分析,帮助职业院校完成专业建设与区域产业的有效对接,满足产业人才需求。

(2)专业职业面向的工作任务分析。为了了解和分析与专业对应的职业岗位群的工作内容以及完成这些任务所需的职业能力,通过调研标杆企业、网络信息归纳等方法,将某一职业或岗位群中需要完成的任务进行分解,作为职业院校人才培养目标合理化调整的依据。

(3)标杆企业及行业技术发展趋势分析。根据当地产业及行业特点,分析标杆企业及行业技术发展趋势,帮助职业院校进行专业的合理设置以及人才培养方案的动态更新。如图 7-22 所示,标杆企业及行业技术发展趋势分析由专业分析、罗列问题、案头作业、行业企业专家访谈、判断观点论证、提高分析报告等环节构成,能够解决职业院校不了解产业发展动向的问题,并及时提供设置专业合理性的产业依据。

(4)专业人才质量标准(能力、知识、素质)。依据行业和岗位要求以及职业院校学生实际情况,帮助各职业院校设计符合岗位需求的专业人才标准,实现社会、市场、企业和学生个人发展需求的深度融合。通过企业调研、行业访谈、问卷调查、数据分析等方法建立突出职业精神和职业能力培养与训练的专业人才标准,对接职业标准、行业标准和岗位规范,更新人才培养标准,把职业岗位所需要的知识、技能和职业素养融入学生教育培养的过程之中。

(5)构建"1+X"证书制度的模块化课程体系。紧紧围绕职业岗位群和工作过程,以"1+X"证书制度为指导,以产业群和职业岗位群的分析为依据,

图 7-22 标杆企业及行业技术发展趋势分析

按照应用导向性原则整合专业群课程内容,构建基于职业能力培养的"公共课程+职业技能模块"课程体系,打破职业教育中学科课程体系,构建基于工作过程及岗位核心能力的行动体系课程体系设置。

(6)构建"1+X"课程标准。如图 7-23 所示,依据国家职业教育改革实施方案、"1+X"证书制度试点方案等国家职教政策,融合基于培养职业核心能力的课程开发方法,帮助各职业院校开发符合教学过程对接工作过程、课程标准对接职业标准原则的课程标准,解决目前职业院校缺乏以学生为主体,基于培养职业核心能力的课程标准及开发手段。

(7)课程能力标签。为了解决学生缺乏主动求知的欲望,知识灌输式教学方式下学生参与度不够,教学形式单一,考核方式单一,未能充分激发学生的潜能等课程教学中存在的问题,如表 7-3 所示,结合企业岗位工作过程和职业院校人才培养目标及规格,综合分析确定学生应具备的能力要素,建立各个能力要素对应的知识点和知识点应用,在此基础上建立课程模块以及课程能力标签。开展基于工作过程的课程设计,与企业广泛交流、有效对接,校企共建课程,共同制定教学大纲、课程标准。课程设计遵循职业院校学生的认知规律,考虑知识点的合理分配以及知识结构和学习能力的由简到繁、循序渐进,在培养目标中强调能力的培养,而非单纯的训练技能。打破传统的课程章节,构建"工作过程完整"而非"学科完整"的教学过程。最后形成模块化课程能力标签,通过表格的形式,呈现对知识、能力、素质的要求。

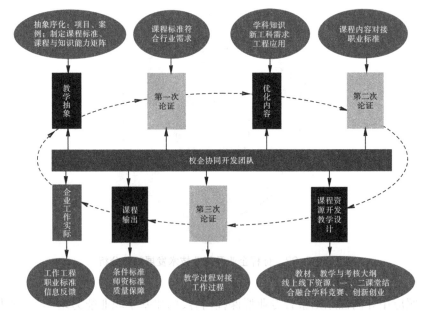

图 7-23　校企协同课程标准开发

表 7-3　职业岗位典型工作任务分析示例

职业岗位	典型工作任务	知识	能力	素质
施工员	1. 工程图识读 2. 工程图绘制 3. 施工进度控制 4. 施工质量监控 5. 资金控制 6. 施工组织编制 7. 施工准备 8. 竣工验收	1. 熟悉国家有关各项技术规范、规程和标准 2. 掌握建筑、结构施工图的制图、识图知识 3. 掌握工程施工组织设计知识 4. 掌握施工管理知识 5. 掌握土建工程的造价知识 6. 掌握建筑工程施工技术 7. 熟悉施工质量检验流程	1. 能贯彻执行国家的有关各项技术方针、政策，执行各项技术规范、规程和标准 2. 具备识读施工图的能力 3. 具备进行施工组织设计和施工管理的能力，并具备一定的工程造价能力 4. 具备主要工种的操作能力 5. 具备施工质量检验的能力，具有处理施工中一般结构或构造问题的能力 6. 熟练使用 CAD、Revit、BIM 平台等软件 7. 熟练使用 project 或其他进度编制软件	1. 具有健康的体魄和健全的人格，良好的行为习惯 2. 履行道德准则和行为规范，具有社会责任感和社会参与意识 3. 具有质量意识、环保意识、安全意识和创新思维 4. 具有自我管理能力，有较强的团队合作精神

　　(8)职业规划图与课程地图绘制。为了帮助职业院校教师整合优化课

程体系、对学生学业规划提供导向、持续改进教学质量,结合企业岗位职业生涯路径和职业院校人才培养目标及规格,综合分析梳理课程体系各要素之间的关系,并用图形予以表示,明确标示学生就业成才的有效路径。职业规划图与课程地图两者结合起来展示所学课程规划与未来职业生涯选择的关联,起到路标指向的作用,便于统筹规划学习生涯和职业生涯,从而激发学生的学习兴趣、提升学生的学习成效,实现学业与职业的有效衔接,充分体现了学生主体的理念。

(9)人才培养方案修订。协助职业院校依据产业链分析、岗位群工作任务与能力需求分析建立模块化课程及质量保障体系,自主制订人才培养方案,满足专业设置与产业需求对接、课程内容与职业标准对接、教学过程与生产过程对接的要求。

(10)专业建设方案修订。通过调研区域经济社会发展需求,借鉴德国双元制并结合职业院校办学特色修改完善等方法实现专业群建设充分与行业规范、职业标准深度融合。专业群建设符合区域经济发展和产业布局的要求,具备资源开放互补,专业与行业规范、职业标准深度融合。

(11)双师型教师能力标准。指导和协助学校开展双师型教师队伍培养,解决职业院校缺乏高水平"理论教学+实践教学"的"双师双能力"师资队伍的问题。教师是课程设计、实施和评价的主体和对象,要建设高水平线上线下课程必须有高素质的双师型教师队伍,更好的实施模块和结构化教学,更好地将职业教育改革落实到日常教学过程之中。

(12)教师队伍建设。为了解决教师怎么教的问题,为职业院校提供诊断咨询,梳理院校需求,制定培训手册,做好师资培训所需要的前期准备工作。对比传统的教学方法和情境教学法,分析产教融合课程的特点,根据诊断结果及学校实际,找到适应本校产教融合课程的教学新模式,推出适应职业教育发展的先进教学方法。根据需求为职业院校提供解决方案,组织职业教育专家及行业专家有针对性地开展讲座,教师实地考察、校际交流、校企交流。在组织培训的同时,跟踪返岗实践效果,确保培训质量。职业教育走产教融合的必由之路需要双师型教师,学校要培养高素质技术技能人才,需要提升教师的素质,加大人才队伍建设,适应科技进步和经济发展,促进教师专业成长,师资培训能够通过再学习,达成以上目标。培养适应经济发展的创新人才,必须要深化教学方法改革,在教育教学中通过情景的真实性、开放性,让学生在学习中感受更深刻、兴趣更持久,在实践教学中更好地实现教学目标。

(13)完善实验实训标准。实验实训实际上就是职业技能实际训练,广义上涵盖了校内实训和校外实训,指的是按照人才培养方案与目标,为了完成实训教学、职业技能训练的任务,对学生开展职业技术应用能力训练的实践教学过程。当前职业教育还存在体系建设不够完善、职业技能实训基地建设有待加强、制度标准不够健全、企业参与办学的动力不足、有利于技术技能人才成长的配套政策尚待完善、办学和人才培养质量水平参差不齐等问题。借鉴德国双元制模式,联合政校企三方,校企合作、校校联合,共建共用与区域产业发展相适应的高水平实验实训基地是破解这些问题的有效建设内容。

(14)教材开发。教材是"三教改革"的重要载体,专业教材应随信息技术发展和产业转型升级情况保持动态更新。通过工作情境和岗位任务分析、设计与实施实训方案等方法建设一大批校企"双元"合作开发的规划教材,倡导使用新型活页式、工作手册式教材并配套开发信息化资源。

(15)线上线下课程资源。指导并协助职业院校按照国家相关政策要求构建体系化的高水平的在线课程,打造"金课",基于信息化平台进行混合式教学,整合并发展职业院校的线上线下课程资源。结合课程建设手册、课程运行指导手册、课程资源清单,协助职业院校基于信息化平台搭建文档框架、诊断模块、课程列表、建课手册、上线资源、课程运行等内容。

7.3.4 南通跨企业培训中心

根据《国家职业教育改革实施方案》的相关要求,以建设南通跨企业培训中心为载体,构建对接南通产业,面向人人的终身职业教育培训体系,形成"人才资源的诞生地和辐射源",打造"人才生态体系建设的样板田",探索构建南通地区人才发展服务平台。南通跨企业培训中心由南通地区国家级或省级产教融合型企业牵头,联合南通市公共实训基地、德国工商业协会培训中心、德国手工业协会培训中心以及西门子、大众、华为等行业标杆企业共同推进建设,实施基地共建、资源共享、人才共育。该中心一方面借鉴德国跨企业培训中心及转岗教育中心的先进模式,引进德国100多个工种的职业培训标准,结合南通地方企业实际情况,在消化吸收的基础上形成符合区域产业发展要求的本土化职业岗位培训标准;另一方面以需求为导向不断更新完善培训体系和内容,加强针对地区发展紧缺工种的培训及地区失业人员、退役军人的技术技能提升和转岗培训,为不同群体提供对接产业发展最新生产技术以及企业岗位最新能力要求的不同等级的菜单式、模块化培训,协同行业标杆企业共同开发培训包、认证包,并由同济大学中德职业技能认证中心牵头开展企业岗位技能等级认证。

7.3.4.1 建设目的

(1)建立起统一、有序的一体化人才市场。"人才一体化"是整合区域间人才资源的重大战略举措,是促进南通区域经济提升、产业结构升级的重要推动力。南通人才一体化的前提和重要体现形式是建立起统一、有序的一体化人才市场。南通跨企业培训中心是多功能的能力培养中心、技术转移中心和人才事务服务中心。以南通跨企业培训中心为载体,紧跟科技、经济和社会发展的要求进行人才需求预测,以行业企业职业标准为导向,与行业标杆企业联合制定培训标准、准入标准、评价标准,构建多元、多层次的对接南通产业的面向人人的终身职业培训体系;调整区域之间培训质量差异,开展高质量的技术技能培训,推动地区剩余劳动力转移和高质量就业;完善技术技能人才大数据平台及反馈体系,建立政校企行人才发展服务平台,定期发布南通地区劳动力市场人才需求报告,促进南通市建立起统一、有序的一体化人才市场。

（2）发挥教育的基础性、先导性和战略性作用,提供人才保障。推进地区经济高质量发展,人才队伍建设是重要突破口。教育是第一生产力和人才第一资源重要结合点,是推动经济社会发展的原动力,是提升区域创新能力和核心竞争力的必要手段,终身教育职业培训体系建立可发挥基础性、先导性和战略性作用。南通跨企业培训中心将整个南通区域视为一个职业教育培训功能区,统筹协调推进区域内技能培训一体化,即在更大范围内进行统筹规划、合理布局、整合资源,共建共享。

（3）促进职业院校师资队伍建设领域协作和联动。通过南通跨企业培训中心建设,发挥跨区域联合实验室功能,形成需求导向的联合共管机制,搭建应用人才一体化协同发展平台,形成职业技能人才的错位培养机制,提供师资培训与协作联动平台,完善区域教育现代化指标体系建设,促进教育领域与职业领域深化协作,紧扣"一体化"和"高质量"两个关键,将南通建成长三角产教融合示范区。

7.3.4.2　中心定位

南通跨企业培训中心结合南通地方产业的实际情况,引进德国职业培训标准,聚焦企业人才需求、紧缺型技术技能工种、地区失业人口再就业、退役军人、社会在职人员技能提升、在校学生及教师技能提升,为不同群体提供不同等级的对接地方产业企业岗位群、岗位能力要求的菜单式、模块化的培训。

（1）职业培训服务体系。借鉴德国职教模式,对接行业企业,推动校企协同,建立面向人人、对接地方产业的终身技能提升职业培训服务体系。一方面对接德国跨企业培训中心模式,全德境内共计960家跨企业培训中心,通过这些培训中心对接地方产业,每年发布对接产业岗位的培训手册;另一方面对接德国国家职业标准体系,德国联邦经济能源部《职业目录》(2018

年)公布了共计 328 个职业工种标准,是南通跨企业培训中心实施职业岗位培训,建立符合本地岗位实际情况的培训标准的重要依据。

(2)职业培训服务对象。服务对象包括职业院校教师、在读学生或毕业生;失业、无业、再就业人员;企业在职人员;退伍、农民工、转岗人员等。

(3)职业培训服务宗旨。南通跨企业培训中心秉持"人人都有一技之长"的培训服务宗旨,构建多元、多层次的对接南通产业的面向人人的终身职业培训体系。

7.3.4.3 建设目标

以南通跨企业培训中心建设为载体,完善职业教育和培训体系,助力南通区域产业发展、乡村振兴,针对南通"3+3"重点产业,建立六大产业的人才培养基地,形成六大产业的终生职业教育培训体系,推进长三角区域经济一体化产教融合试验区建设。

7.3.4.4 建设思路

(1)多元协同。以习近平新时代中国特色社会主义思想为指导,南通市人民政府、同济大学、中国职业技术教育学会、江苏工程职业技术学院牵头,携手德国巴伐利亚文教部、德国汉斯赛德尔基金会、德国手工业协会培训中心、德国慕尼黑跨企业中心,西门子、大众、华为等行业标杆企业及我国相关区县、院校,共同推进建设,实施基地共建、资源共享、人才共育。

(2)多功能平台。南通跨企业培训中心聚焦企业人才需求、紧缺型技术技能工种、地区失业人口再就业、退役军人转岗就业、社会在职人员技能提升、在校学生及教师技能提升,为不同群体提供不同等级的对接地方产业企业岗位群、岗位能力要求的菜单式、模块化的培训。南通跨企业培训中心还提供技术转移中心和人才事务中心等服务,以实现最大限度的资源共享、最大效率的资源利用,促进人才市场的一体化建设。

(3)高质量和可持续发展。高质量和可持续发展建立在 7 个方面的基础之上。一是需求/能力调研分析。聚焦南通重点发展领域,通过一系列的企业和院校调研、系统性的市场观测和评估等,联合行业企业和院校专家共同构建面向人人的终身职业教育的培训体系,培训体系、培训课程及培训内容每年定期进行更新和完善;二是培训管理从前期准备、培训阶段到培训结束实施全流程、标准化管理;三是结构合理的师资配置、师资培训和职业发展路径;四是透明化、标准化、流程化的教学管理和教学过程管控;五是完善的质量管理体系;六是构建和发展与企业、院校、政府及相关机构多领域多层次的交流与合作;七是以客户为导向的市场和运营管理。

(4)师资队伍建设。双师型师资缺乏是我国职业教育发展面临的困境,职业技能培训也不例外。南通跨企业培训中心一方面制定科学的培训方案,抓紧师资队伍培养;另一方面采取更加灵活的用人机制,完善聘任机制和师资共享机制,实施产教融合、校企协同育人。

(5)首期计划。先期在南通市区试点,建设南通跨企业培训中心。南通作为长三角一体化核心城市,具有较好的示范效应,对长三角其他地市的跨企业培训中心建设可起到引领作用。

7.3.4.5　建设方案

(1)组织架构。先期依托江苏工程职业技术学院建设南通跨企业培训中心,制定南通跨企业培训中心的运营管理体系,开发对接产业发展前沿、对接最新科技的面向人人的终身职业教育培训体系。后期辐射各区县、产业园区,结合当地产业特色与南通总体产业布局,依托每个区县的职教中心建立区域性跨企业培训中心(卓越中心)分支机构。

(2)服务内容。南通跨企业培训中心全面对接区域产业供需,通过引进德国职业标准、对接产业需求培训、第三方考试认证、职场准入、转岗培训等服务,借鉴德国先进经验,制定双元制职业教育标准,为人人职业发展提供终身服务。

南通跨企业培训中心构建面向职业院校、企业、学生、员工的职业培训体系,服务南通产业转型升级与乡村振兴,劳动力转移聚焦长三角现代服务业及装备制造业,从而有力地保障学生、员工终身学习的需要以及企业持续用工的需要。

7.3.4.6　资源支撑

(1)培训及认证标准。引进并学习借鉴德国328个职业工种标准,结合南通地区产业和企业实际情况,进行职业工种标准化制定与改造。

(2)师资来源。建设南通跨企业培训中心的管理运营团队、教育教学团队。教育教学团队的建设与职教创新团队可以部分融合。

(3)培训模式。教师由同济及德方统一进行培训,共同开展认证。教材采用德国标准与本土实践相结合的办法开发与制定。教法采用远程教学与校企合作实习实训相结合的方法实施。培训内容主要涉及1项中心任务(职业技术技能认证)、2类通用能力(核心素养+数字技术与应用,如图7-24所示)、N个特色产业(纺织、建筑、智能制造、现代物流、大健康等)。

以养老及健康养护职业岗位技能等级认证为例,如图7-25所示,南通跨企业培训中心实施由同济大学中德职业技能认证研究中心牵头制定的老年护理人员岗位培训标准、培训课程及考核体系,对应于养老机构运营管理的初、中、高级等级认证以及养老照护员的初、中、高级等级认证。

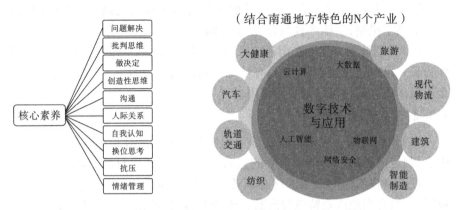

图7-24 南通跨企业培训中心培训内容

图7-25 中德联合认证(以健康养护为例)

参考文献

[1] 夏建国.基于人才分类理论审视技术本科教育人才培养目标[J].中国高教研究,2007(5):5-8.

[2] 郭广军,龙伟,刘跃华,等.高素质应用型技术技能人才培养模式探索与实践[J].中国职业技术教育,2015(15):70-76.

[3] 中国人力资源市场信息监测中心.2017年第一季度部分城市公共就业服务机构市场供求状况分析[EB/OL]. http://www. mohrss. gov. cn/SYrlzyhshbzb/jiuye/gzdt/201704/t20170414_269460. html.

[4] 练玉春.校企合作,看上去很美?[N].光明日报,2015-11-10(15).

[5] 陈星.应用型高校产教融合动力研究[D].重庆:西南大学,2017.

[6] 李薪茹,茹宁.多学科视域下我国职业教育与产业协同发展研究综述[J].高等职业教育探索,2019,18(01):4-10.

[7] 顾绘.产教深度融合:学理依凭、机制内涵与实施寻径[J].中国职业技术教育,2017(33):8-11+26.

[8] JOHNSEN H,TORJESEN S,ENNALS,R. Higher Education in a Sustainable Society[M]. chan:Springer International Publishing,2015.

[9] YAGER J, SILVERMAN J, RAPAPORT M. Joel Yager. " Adapting to Decreased Industry Support of CME:Lifelong Education in an Industry-Lite World"[J]. Academic Psychiatry,2011,101-105.

[10] 吕景泉.职业教育高质量发展:制度创新永远在路上[J].中国职业技术教育,2019(7):24-28.

[11] 宋志敏.深化产教融合、校企合作的"双主导双主体四驱动"模式探析[J].高等职业教育(天津职业大学学报),2018,27(3):36-41.

[12] HOLLAND J H. Adaptation in natural and artificial systems[M]. MIT Press,1992.

[13] ELLY D B. Teaching in Innovative Vocational Education in the Netherlands [J]. Teachers and Teaching:Theory and Practice,2012,637-653.

[14] ROSSI FEDERICA. The governance of university - industry knowledge

transfer[J]. European Journal of Innovation Management,2010,132.

[15]刘晓,石伟平."机器换人"背景下的职业教育发展策略[J].职教论坛,
2016(34):16.

[16]国务院关于印发《中国制造2025》的通知[Z].中国政府网,2015-
05-19.

[17]王丽媛.高职教育中培养学生工匠精神的必要性与可行性研究[J].职
教论坛,2014(22):66-69.

[18]贾文胜.高职教育专业建设的五大问题浅析[J].高等工程教育研究,
2014(4):165.

[19]华文立,徐勇,张红梅,等.基于关键岗位能力的高职课程开发研究与实
践——以软件技术专业编程方向为例[J].中国大学教学,2012(5):
46-50.

[20]彭小红.高职新能源汽车技术专业人才培养模式研究[J].求知导刊,
2015(11):49-50.

[21]黄玲青,曾良骥.六位一体课程模式高职教材开发的探索与实践[J].教
育与职业,2008(36):123-125.

[22]周建松,唐林伟.高等职业教育校企合作长效机制研究[M].浙江:浙江
工商大学出版社,2014.

[23]杨克.中国制造业多元制技能人才培养模式研究[D].武汉理工大
学,2009.

[24]VISNJIC I. Servitization:when is service oriented business model innovation
effective[J]. Service Science Management and Engineering, 2012 (6):
30-32.

[25]邓成.当代职业教育如何塑造"工匠精神"[J].当代职业教育,2014
(10):91-93.

[26]国务院关于加快发展现代职业教育的决定[Z].中国政府网,2014-
06-22.

[27]教育部等六部门关于印发《现代职业教育体系建设规划(2014-2020
年)》的通知[Z].中国政府网,2014-06-16.

[28]王若言.职业教育信息化建设与发展研究[D].湖北工业大学,2015:34.

[29]刘娟,张炼.英国三明治教育发展历程及其政策举措分析[J].现代教育
科学,2012(1):35-39.

[30]李长华.五国中等职业教育人才培养模式的历史比较[J].比较教育研
究,2001(6):32-36.

[31]赵蒙成.立德树人是职业教育质量的关键内涵[J].职业技术教育,

2019,40(10):1.

[32]闫志军,朱如楠.新时代我国职业教育需求特征与改革取向研究[J].河南教育(职成教),2019(5):16-19.

[33]管丹."校企合作"与"产教融合"概念辨析[J].职教通讯,2016(15):41-42.

[34]孙善学.办好新时代的职业教育[N].中国教育报,2019-04-04(8).

[35]中华人民共和国职业教育法[Z].1996-05-15.

[36]国家中长期教育改革和发展规划纲要(2010-2020年)[Z].2010-07-29.

[37]国务院.关于印发国家职业教育改革实施方案的通知[Z].国发〔2019〕4号,2019-01-24.

[38]在全国教育大会上,习近平总书记提出这些新要求[EB/OL].[2019-03-09].http://www.sohu.com/a/253237151_387107.

[39]李玉静.职业教育现代化必须坚持中国特色的制度创新[J].职业技术教育,2016,37(10):1.

[40]边伟军,罗公利.基于三螺旋模型的官产学合作创新机制与模式[J].科技管理研究,2009,29(2):4-6.

[41]武汉市机械工业促进办公室课题组.三螺旋理论视角下武汉先进制造业产学研结合调查[J].长江论坛,2009(1):19-24.

[42]亚里士多德.亚里士多德全集:第9卷[M].北京:中国人民大学出版社,1994.

[43]马克思,恩格斯.马克思恩格斯全集:46卷上册[M].北京:人民出版社,2016.

[44]斐迪南·滕尼斯.共同体与社会:纯粹社会学的基本概念[M].林荣远译.北京:北京大学出版社,2010.

[45]托马斯·库恩.必要的张力[M].范岱年,纪树立,罗慧生,等译.北京:北京大学出版社,2003.

[46]习近平.决胜全面建成小康社会 夺取新时代中国特色社会主义伟大胜利——在中国共产党第十九次全国代表大会上的报告[M].北京:人民出版社,2017.

[47]约思森.系统生态学导论[M].陆健健,译.北京:高等教育出版社,2013.

[48]孟景舟.普通教育和职业教育的历史演进[J].职教论坛,2011(31):4-8.

[49]戴安娜·布莱登.反思共同体:多学科视角与全球语境[M].严海波,等

译.北京:社会科学文献出版社,2011.

[50]吴国胜.技术哲学经典读本[M].上海:上海交通大学出版社,2008.

[51]石中英.知识转型与教育改革[M].北京:教育科学出版社,2001.

[52]杜永兵.浅论区域职教共同体与区域经济的关系[J].职业圈,2007
(10):18-19.

[53]杨亮.市场手段作用于区域教育共同体资源配置过程中存在的问题分
析[J].教育与职业,2011(9):169-170.

[54]郭苏华.从职业教育需求看校企利益共同体的构建[J].职业技术教育,
2012,33(16):5-9.

[55]马庆发."十二五"职业教育发展方略八大关键词[J].职教通讯,2011
(3):1-5.

[56]孔伟.哲学视域中的共同体理论——兼论马克思的共同体思想及其当
代意义[J].中国人民大学学报,2018,32(3):88-97.

[57]斐迪南·滕尼斯.共同体与社会:纯粹社会学的基本概念[M].林荣远,
译.北京:北京大学出版社,2010.

[58]邹良影,刘程灿.高职院校"双创型"实践育人共同体建设探究[J].中国
职业技术教育,2019(9):86-89.

[59]陈越骅.伦理共同体何以可能——试论其理论维度上的演变及现代困
境[J].道德与文明,2012(1):39-44.

[60]于尔根·哈贝马斯.现代性的哲学话语[M].曹卫东,译.南京:译林出
版社,2011.

[61]汤姆·R·伯恩斯等.经济与社会变迁的结构化:行动者、制度与环境
[M].周长城,等译.北京:社会科学文献出版社,2010.

[62]安东尼·吉登斯.现代性的后果[M].田禾,译.南京:译林出版
社,2011.

[63]杨海华,俞冰.新型城镇化进程中的职业教育需求与供给侧改革路径探
讨——基于苏州样本[J].职教论坛,2017(21):28-33.

[64]马和民,周益斌.走向对话与支持的教育共同体[J].南京社会科学,
2010(3):116-121.

[65]欧阳河.试论职业教育的概念和内涵[J].职教与经济研究,2003,1(1):
1-8.

[66]柴志明,冯溪屏.社会学原理[M].杭州:浙江大学出版社,2005.

[67]丹尼尔·贝尔.后工业社会的来临:对社会预测的一项探索[M].高铦,
王宏周,魏章玲,等译.北京:新华出版社,1997.

[68]张康之,张乾友.共同体的进化[M].北京:中国社会科学出版社,2012.

[69]丹尼尔·贝尔.资本主义文化矛盾[M].赵一凡,蒲隆,任晓晋,译.北京:生活·读书·新知三联书店出版,1989.

[70]何颖.行政学[M].哈尔滨:黑龙江人民出版社,2007.

[71]李传双.国外企业参与职业教育激励机制研究与启示[J].中国高教研究,2011(6):83-85.

[72]赵景来.关于治理理论若干问题讨论综述[J].世界经济与政治,2002(3):75-81.

[73]丁煌.西方行政学说[M].中国广播电视大学出版社,2009.

[74]马本江.信用、契约与市场交易机制设计[M].北京:中国经济出版社,2011.

[75]石伟平.比较职业技术教育[M].上海:华东师范大学出版社,2001.

[76]魏晓峰,张敏珠,顾月琴.德国"双元制"职业教育模式的特点及启示[J].国家教育行政学院学报,2010(1):92-95.

[77]张云德.社会中介组织的理论与运作[M].上海:上海人民出版社,2003.

[78]姜大源.德国职业教育[J].中国职业技术教育,2006(2):56-57.

[79]陈德权.社会中介组织管理概论[M].沈阳:东北大学出版社,2010.

[80]History of WACE[EB/OL].[2012-12-22].http://www.waceinc.org/history.html.

[81]About WACE and CWIE[OL].[2012-12-22].http://www.waceinc.org/about.html.

[82]WACE by-Laws[OL].[2012-12-22].http://www.waceinc.org/by-laws.html.

[83]孙凯.国外中介组织在高等教育改革中的作用与启示[G].改革开放与中国高等教育——2008年高等教育国际论坛论文汇编,2008:375-380.

[84]教育大辞典[Z].上海:上海教育出版社,1992(12):229.

[85]金东海.发达国家教育中介组织及其借鉴意义[J].西北师大学报(社会科学版),1995(6):64-67.

[86]杨云峰,王永莲.职业中介组织的研究与功能发挥[J].中国职业技术教育,2012(6):83-88.

[87]杨小敏.深化产教融合法治建设要跟上[N].中国教育报,2018-05-22(9).

[88]和震,李玉珠,魏明,等.职业教育产教融合制度创新[M].北京:科学出版社,2018.

[89]曹仰锋.生态型组织:物联网时代的管理新范式[J].清华管理评论,

2019(3):74-85.

[90]张玉喜,赵丽丽.政府支持和金融发展、社会资本与科技创新企业融资效率[J].科研管理,2015(11):55-63.

[91]罗洪云,张庆普.知识管理视角下新创科技型小企业突破性技术创新过程研究[J].科学学与科学技术管理,2015(3):143-151.

[92]郑延冰.民营科技企业研发投入,研发效率与政府资助[J].科学学研究,2016(7):1036-1043.

[93]王姣.组织间信息系统协同形成机理研究[D].吉林大学,2008(10):42.

[94]吴绍波,顾新.战略性新兴产业创新生态系统协同创新的治理模式选择研究[J].研究与发展管理,2014(1):13-21.

[95]赵莉,王华清.高新技术企业专利管理与技术创新绩效的关联:技术锁定的调节效应[J].研究与发展管理,2015(3):114-125.

[96]洪银兴.产学研协同创新的经济学分析[J].经济科学,2014(1):56-64.

[97]LEBEAU L M,LAFRAMBOISE M C,LARIVIÈRE V,et al. The effect of university-industry collaboration on the scientific impact of publications:the Canadian case, 1980 - 2005 [J]. Research Evaluation, 2008, 17 (3): 227-232.

[98]张光明,谢寿昌.生态位概念演变与展望[J].生态学杂志,1997(6):46-51.

[99]文育芬,赵桂慎.企业生态与涉农企业竞争力[J].生态经济,2005(6):23.

[100]谢守祥.企业生态特性[J].管理科学,2004(1):28.

[101]许芳,李建华.企业生态位原理探析[J].求索,2004(7):43-44+94.

[102]赵红,陈绍愿,陈荣秋.企业群落演替过程与企业生态对策选择及其优势度比较研究[J].管理评论,2004(08):12-17.

[103]何继善,戴卫明.产业集群的生态学模型及生态平衡分析[J].北京师范大学学报(社会科学版),2005(1):126-132.

[104]中国棉纺织行业协会.中国棉纺织行业2015年度发展研究报告[M].北京:中国纺织出版社,2016.